U0916068

合作　共享　发展

——图书馆文献提供服务

主编　唐　晶

國家圖書館出版社

图书在版编目(CIP)数据

合作　共享　发展——图书馆文献提供服务/唐晶主编. —北京:国家图书馆出版社,2009.10

ISBN 978 - 7 - 5013 - 4093 - 4

Ⅰ.合…　Ⅱ.唐…　Ⅲ.图书馆工作—情报服务　Ⅳ.G251

中国版本图书馆 CIP 数据核字（2009）第 171316 号

书名　合作　共享　发展——图书馆文献提供服务

著者　唐　晶　主编

出版　国家图书馆出版社(原北京图书馆出版社)

（100034 北京市西城区文津街 7 号）

发行　010 - 66139745　66151313　66175620　66126153

66174391（传真）　66126156（门市部）

E - mail　btsfxb@ nlc. gov. cn（邮购）

Website　www. nlcpress. com→投稿中心

经销　新华书店

印刷　北京联兴盛业印刷股份有限公司

开本　787 × 1092(毫米)　1/16

印张　15

字数　200 千字

版次　2009 年 10 月第 1 版　2009 年 10 月第 1 次印刷

书号　ISBN 978 - 7 - 5013 - 4093 - 4

定价　46.00 元

编 委 会

主　编： 唐　晶

副主编： 刘庆财　马文筠

编　者： 刘庆财　王广生　唐　晶　马新蕾
胡月平　马文筠　张　煜　翟　蓉

目　录

序　　言

随着信息化、网络化、数字化在图书馆领域的深入，馆与馆之间的合作、文献资源的共建共享已是大势所趋、人心所向。文献提供服务作为一项传统性与现代化并存的合作服务方式，怎样在这样一种环境下求得生存和发展，在更广阔的领域开拓新的共享途径和服务机制，全面提升为读者服务的品质，这是图书馆界研究讨论的热点。

美国文献家赫伯特说过：“知识的一半，是知道到哪里去寻找它。”从一部书、一篇文章，到特制的信息、特定的主题；从纸本印刷品到多载体信息、多媒体信息、数字化信息、电子出版物；从物理的馆藏，到虚拟的数字化资源；网络环境下，图书馆走出传统的“藏书楼”，成为“信息集散地”。开放的理念，丰富的资源，扩大了图书馆用户的范围，激活了需求的增长，促进了文献提供服务的大发展。

联合与合作是文献提供服务发展的必由之路。在这方面，学习借鉴国外同行的一些先进的理念和经验是十分必要的，但试图简单仿效或硬性统一于某一种模式也是不可取的，根据我们的实际情况探索适应我国国情的合作发展方式才是明智之举。

文献提供服务在复制、信息网络传播等方面会涉及知识产权问题。目前我国并没有专门针对文献传递的法律规定，开展文献提供服务确实存在一些法律障碍。怎样提高防范意识，采取有效对策，合理规避和化解法律风险，既要保证用户得到文献产品后没有知识产权纠纷，同时又要达到实现信息资源共享的目的，使文献提供服务在法制的轨道上健康有序地发展，这也是必须面对的现实问题。

本书编者均系图书馆一线工作者，这是他们根据长期工作中经常遇到的各种实际问题以及切身体会，并查阅了大量的有关参考文献的基础上总结的。编辑出版《合作 共享 发展——图书馆文献提供服务》一书，目的就是通过交流与探索，给图书馆的文献提供服务工作带来一些启迪。

张玉辉

二〇〇九年三月十一日

前　言

一、简论人类知识的保存和传播史

人类的产生，无疑是宇宙间的一个奇迹。而人类自产生以来不断发展进步：直立行走，从神的手中盗取火种，照亮万古的长夜，创造出一次又一次辉煌，在这个蔚蓝色的星球上每一个角落留下了深刻而又伟大的足迹。其间，虽也有多少次曲折和徘徊，但那一把文明的灯火始终没有熄灭，且愈加放射出热能和光亮，给后来的人们指引出灿烂的方向。这一把圣洁而神奇的灯火，就是人类不断积累和传播的知识和文明。

总体来看，自人类来到这个世界，形成社会以来，人类知识和文明的保存和传播的历史，大致经历了三个重要的阶段。[①] 第一阶段，人类将产生于劳动中的经验和知识，从自然和协作中获得的信息，转移记录到物质载体上，如结绳记事、壁画石刻等。迄今为止依然是人类知识和文明的主要载体的文字，最初形态是象形文字，而这些最古老的文字即象形文字就源自于此。由此，人类知识和文明的传承和保存，开启了超越时空限定的历史，使得人类群体积累创造的知识和经验得以长期有效保存，并一代代传播下去，后来者利用前人的积累，更好的改造自然和自身，加快了人类的历史进程和文明的进步。尤其是后来文字产生，达到这次阶段的高潮。

人类知识的保存和传播历史上出现的第二个阶段，是以印刷术的发明为标志。作为中华民族在古代文明史上的重要贡献之一，印刷术的发明无疑是一个伟大的事件。在此之前，虽然产生了文字，但文字不是作为神卜刻在龟骨上占卜上天旨意，便是作为祭品刻在泥板上颂扬英雄史诗，刻在石头或竹简上的依然是绝少数精英们的情绪和意志，且其保存和传播受到很大的限制。西方和所谓的死海古卷(Dead Sea Scrolls)[②]，我国有秦始皇“焚书坑儒”之说，也都直接或间接地说明了当时人类知识保存和传播的状况之贫瘠。印刷术尤其是活字印刷出现

---

① 朱明泉. 人类知识保存和传播史上的三次革命. 图书馆工作与研究，1999(5)

② 或称死海经卷，是为目前最古老的希伯来文圣经，“死海古卷”被称为二十世纪最伟大的考古发现。

之后，作为知识主要载体的文字和书籍，可以大批量生产和销售，极大地扩大了知识的受众范围，且即使原本因为战乱或天灾失去，也因为复制品的存在，而使知识和文明得以传承和保存。

人类知识的保存和传播史上第三个阶段的出现，则与现当代的科技飞速进步密不可分，其标志便是计算机和网络的产生和发展，当前已经发展到数字信息化的阶段，这是知识传播和积累的必然结果，反过来又极大地促进了知识的传播和积累。计算机的横空出世，无疑是人类史上迄今最不可思议的发明之一，从知识保存和传播的视角上来看，其产生意义可以与人类取得火种，照亮漫漫黑夜相媲美。从固态的载体中解脱出来，个人对于知识的增添、筛选、保存、传输和利用等方面都达到一种极致的自由境界。声像、图案、符号、文字等都可以作为介质转存、传播，并且有立体化、高保真、体积小而容量却巨大的特性，尤其是网络开通及其飞跃式发展，使人类进入一片前所未有的理想获取、传播知识和信息的自由之地。

作为人类知识与文化保存和传播极为重要场所的图书馆，产生于上述第一个阶段，具体来说，产生于文字出现之后，与神庙伴随而生，带有宗教特质①。但是，还有一个悬而未决的问题，这就是图书馆为何而来？图书馆和其后的文献提供又有何关系呢？那么，首先就让我们来关注第一个问题。

二、图书馆为何而来

这个问题可以改换一下说法，也就是图书馆的诞生及其意义。

据考证，图书馆一词最早产生于拉丁语中，即 Libraria，其意思是指“藏书的地方”。所谓古代图书馆，就是指藏书的地方，它跟今天的图书馆有本质区别。

西方古代最早的图书馆，如今可确认的是大约公元前 3000 年两河流域的苏美尔人的尼普尔城（Nippur，位于今伊拉克中部的希拉城东南）神庙图书馆。19 世纪末由考古学家从神庙的废墟中发现了约 6 万块楔形文字泥板书，内容载有神庙相关记载、献给神的赞歌及苏美尔神话等。在两河流域，目前相关资料保存最为完整的是公元前 7 世纪的亚述巴尼拔（Ashrbanipal，前 668—前 627 年在位）国王的图书馆。

最值得一提的是建于公元前 4 世纪的亚历山大里亚图书馆（今埃及亚历山大），其国王托勒密一世有一个梦想：要把世界上所有的文献、所有值得记下来的东西全部收藏。托勒密王朝花了非常大的精力，招聘大名鼎鼎的学者到图书

① 王子舟.图书馆产生特点与演进路径.图书馆论坛，2007(12)

馆任职，采取各种手段搜集图书，扩充馆藏，期望达到这个目标，甚至不顾国家的其他目标，在那个时代，提出这样一种追求，被认为是"古代世界的光荣"。的确，亚历山大图书馆是希腊时代名副其实的文献中心，在长达200多年的岁月里作为希腊文化中心发挥独特的作用。

传说我国夏代就已经有图书馆，但目前尚缺乏足够证据，不过据学者考证，我国殷墟时代确有图书馆，且如上所说图书馆是伴随着神庙而出现的。殷商旧地位于今安阳市西北郊区，其中小屯村东北一带，集中出土了大量的刻辞甲骨，是旧殷墟的中心所在，也是当时宗庙和宫殿所在。甲骨上的刻字或毛笔绘字是我国能确定的最古老的文字形态，称之为甲骨文；而刻辞甲骨则可以说是商代的一种书籍形式①，其内容多为占卜，这些集中性的刻辞甲骨发掘说明殷商晚期的皇室图书馆就被设置在宗庙之所。后来，至周朝的时候已经设有专门管理图书馆之官职，据《史记》记载，李耳（世称老子）曾为周藏室史，就是藏书之史，或称柱下史，所以老子可以说是我国历史上第一位国家图书馆的馆长②。

西周末年，礼乐崩坏，群雄奋起，一些史官从此逐渐流入民间，他们携带书籍收徒授课，自己也从事著述，于是民间开始有书籍以及私人藏书活动。《墨子·天志上》记载："今天下之士君子之书，不可胜载。"③《庄子·天下篇》刊载："惠施多方，其书五车。"④可见，私人的藏书活动开始增多，而"藏书的地方"被统称为"藏书楼"。藏书楼和皇室藏书室一样都是我国的早期图书馆，如汉代的天禄阁、东汉的东观、隋代的观文殿、宋代的崇文院、明代的澹生堂、清代的知不足斋、清代的铁琴铜剑楼等。

综上所述，早期的图书馆具有神庙和宗教祭祀等特点，后来又具备藏书室的特征，它保存的知识文本是档案与书籍的混合体，内容多为占卜与祭祀的记录，或是王室文件或神话与法令。从人类知识与文明保存和传播的角度上讲，初期的图书馆是一个知识保存的机构，到了后来，图书馆开始增强其社会知识传播的功能。

三、那么，图书馆为何而来，因何而产生的呢？

图书馆产生的前提有两个：其一是文字的产生，其二是图书的产生。文字产

---

① 殷商时期已经出现简册，如《尚书·多士》载："惟殷先人有典有册，殷革夏命。"

② 因为战乱等原因，当年王室所藏书卷，绝大多数都销声匿迹，散作历史烟尘，故，作为这些古书籍的读书笔记而完成的一部《道德经》，于古代知识的保存和传播方面极具价值和意义。

③ 孙诒让. 墨子闲诂：卷七·天志上第26.//诸子集成［四］. 北京：中华书局，1954

④ 王先谦. 庄子集解. 北京：中华书局，1987

生和应用的结果使人类物质文明和精神文明得以记录下来，而图书（包括石刻和泥刻本以及羊皮卷和竹简等形态）则渊源于成文的记录和档案。图书，在起初是神谕之物，带有宗教特性，必然需要精心呵护般地收藏和存放，皇朝的神庙作为起初的藏书室便应运而生，后来的藏书楼等形态也主要是为保存和收藏图书而产生。从这个意义上讲，图书馆是为了图书（文字为载体的知识储存的主要形态）的收藏和保存而生[①]，也可以说是为了人类知识的保存而来，直至今日其作为人类知识记忆职能依然是图书馆的要义所在。

图书馆知识传播的功能，也很早就出现。如古代苏美尔图书馆的书吏，不仅管理图书馆而且也教人识字；我国古代私学发展也和私人藏书活动密切相关，原有书吏携带书籍，开设私学，保存的书籍开始被使用，记载的知识也开始被提供给后学者。随着历史的发展，尤其是知识保存和传播史上的第三次革命成果——计算机和互联网的出现和跳跃式发展，人类知识的载体不仅限于书籍，开始多元化。通过电脑和网络可以自由选取和编辑的海量信息，几乎可以与人类以往获取的所有知识的总和相媲美，我们开始进入高速变化的信息化数字化时代。在这样的阶段，以往图书馆知识的传播功能不断增强，其形式也由以往的书籍借阅，开始过渡到所藏和所收集、加工的情报和信息等文献形态的提供。

以上可以看出，传播知识和文化是图书馆与生俱来并不断被强化的一个体现其本质价值的职能，而文献提供等知识传播方式的产生和发展，正是图书馆自身按照其演变规律演变到近现代社会，履行其传播知识和文化的一个新的样态和模式。文献提供等图书馆的知识传播职能和方式本身也随着新技术的跳跃式进步和发展，出现新的发展和演变，已经超越原有图书馆所规定的职能范畴，成为整个社会信息和情报等知识元素从制造生产、传播媒介、流通销售、制作加工、到（再）销售流程的一个经济运营范式，远远超越了图书馆原有文献提供的限定，出现了众多数据制作和销售商、信息中介及情报机构，如 EBSCOhost，AIC（Advanced Information Consultants），JST（Japan Science and Technology Agency），TDI（TDI Library Services，Inc），Infotrieve 等。更深远来讲，谷歌、百度等搜索引擎巨头的运作模式，也可以纳入这个视野，作为文献（信息和情报）提供发展到新阶段的一种范例进行分析和研究[②]。

我们从人类知识保存和传播的角度，简述了以文字产生、印刷术发明和计算

① 但从其起源于神庙图书馆的视角来看“我们之所以发明图书馆，是因为我们自知没有神的力量，但我们会竭力效仿。”见翁贝托·艾柯. 书的未来（上、下）. 慷慨译. 中华读书报，2004－02－18（22）；2004－03－17）（22）.

② 谷歌和百度等，其作为互联网条件下的搜索引擎巨头涉及多个领域，但其核心的营销理念不外是信息和情报的搜索加工与提供。

机网络出现为标志的人类社会三次变革。图书馆诞生于文字出现之后,起初带有宗教的因素和藏书室的特点,说明图书馆与生俱来带有知识保存的职能;其次,图书馆带有知识传播的职能,并跟随着社会的发展和需求愈加强化了这种倾向;其后,计算机和网络的出现将人类带入了一个信息数字化的时代,人类知识保存和传播手段有了日新月异的进步,作为知识保存和传播重要场所的图书馆也顺应时代潮流,出现了新的职能模式,文献提供便是其中重要的形式之一,并因技术和理念的更新而不断改进。概而言之,文献提供由图书馆的知识传播这一最基本职能演变而来,并随着新技术和自身的发展而超越了图书馆对其的限定和原有的范畴。当前的文献提供已经成为在整个社会信息和情报等知识元素由制造生产、传播媒介、流通销售、制作加工、到(再)销售的流程中的一个(经济)运营范式,不仅众多信息中介和情报机构可以纳入其中,甚至谷歌和百度等也可以作为当前文献提供发展到新阶段的一个例证。

第一章　文献提供服务综述

第一节　文献提供定义

当前对图书馆向外延伸服务来说，主要有参考咨询服务、信息推送服务、专题制定服务、馆际互借服务、文献传递服务等。而这些服务从总体来看又可归结为文献提供服务，从广义上说文献提供服务是图书馆借助各种信息载体满足读者或用户需求的一种服务方式，它的内容涵盖非常广泛。“文献提供(Document Supply)是国际上常用的一种表述，是指广义上利用各种资源，以任何形式满足用户的文献需求。‘任何形式’包括文本、图片、音视频、印本或者这些形式的组合；‘各种资源’既包括图书馆，也包括情报所、商业出版者、贸易或者专业协会、政府机构、全文数据库、商业文献传递公司、信息经纪人、公司和个体研究者等。”①早期的文献提供服务起源于图书馆文献的外借，为了文化传播、知识共享，17 世纪开始出现了借书服务，这种服务就带有文献提供的意味。馆际互借主要是图书馆之间的馆际合作，是资源共享的一种模式。19 世纪中期，德国的默尔(Robert Von Mohl)首次提出图书馆之间藏书建设分工协调的思想；1893 年德国就制订了馆际互借条例；1901 年，美国国会图书馆就开始对其他馆实行馆际互借服务，并开始对人约 400 多家图书馆提供印刷目录卡片；1917 年，美国图书馆协会就制定了《美国图书馆互借实施规则》，它是世界上第一个馆际互借规则；1938 年，国际图联制定了国际互借规则；20 世纪 60 年代以馆际互借为主的文献提供服务在欧美国家盛行起来的。由于这种服务新颖且具有很强的吸引力，读者利用其他图书馆获取资料的数量逐年递增，馆际互借的规模也日益扩大，不论是申请方式还是工作程序都趋于人性化，用户可以更方便、更快捷地利用图书馆，图书馆也可以为读者提供个性化的知识、信息服务。

随着多媒体、网络技术的日益成熟，知识的载体已不再是纸张一统天下，磁、光介质已大量应用，机读图书、光盘等电子出版物的出版量越来越多，网络信息也日益增多，人们对信息的需求更是与日递增。传统的馆际互借服务已远远不

---

① 范丽莉. 我国图书馆文献传递服务研究. 武汉：武汉大学出版社，2004

能满足读者对图书馆在时空上和数量上的要求,其服务方式上发生了很大的变化,于是在馆际互借的基础上又发展了文献传递服务。

世界范围内的信息技术革命,已经使整个社会发生了深刻变化。在信息爆炸的年代,网络作为一种全新的信息控制手段,以其信息量大、传输方便、不受时空局限、共享性强等优势显示了强劲的生命力,使图书馆的工作与服务环境发生了深刻的变化。在知识经济和网络信息浪潮的双重冲击下,图书馆如何适应、如何生存、如何发展就成为现实问题,图书馆为读者服务的重点也从文献"实物的传递"到"信息的传递",从提供文本信息服务向活化的文献提供服务转移。

从以上分析中,我们可以给图书馆的文献提供服务下一个定义:文献提供服务是针对用户的要求,利用各种资源来满足其需求的一种服务方式,它涵盖了馆际互借与文献传递服务,是一种以提供信息、知识及技术为主要内容的服务。

第二节　馆际互借、文献传递、文献提供的区别与联系

一般而言,大家已经达成共识认为"文献提供",涵盖"文献传递"和"馆际互借"。这种看法已被许多的图书馆在实践中所采纳,如大英图书馆的文献提供中心(BLDSC)就是一个典型的例证,我国国家图书馆和上海图书馆也成立了文献提供中心,在文献提供的大框架下将文献传递和馆际互借服务纳入其中①。

一、国内有关图书馆馆际互借与文献传递定义的表述

《社会科学大词典》是这样表述馆际互借的:是图书馆之间根据事前订立并保证共同遵守的互借规则,相互利用对方藏书,以满足读者需要的一种服务方式,它只能满足读者的特殊需要,不解决一般读者的阅读要求。表面上看它是馆与馆之间相互借书,实际上是一个馆代替它的读者向另一馆借书。它是图书流通工作的深入与扩展,也是图书文献资源共享的一种传统方式。②

《中国大百科全书》的定义为:"图书馆之间根据协定相互利用对方馆藏以满足本馆读者需要的文献外借方式。它是馆际合作的一种形式"。③

《中国百科大辞典》对馆际互借的描述是:"图书馆实现资源共享的一种方式。图书馆之间相互借用彼此的藏书、设备、书目等资源,以满足彼此工作或读

---

① 范丽莉. 我国图书馆文献传递服务研究. 武汉:武汉大学,2004

② 彭克宏,马国泉. 社会科学大词典. 北京:国际广播出版社,1989

③ 中国大百科全书编辑委员会《本卷》编辑委员会,中国大百科全书出版社编辑部. 中国大百科全书·图书馆学情报学档案学. 北京:中国大百科出版社,1993

者的需要。”①

《图书情报词典》对馆际互借的定义为：“馆际互借是图书情报机构之间根据事前订立的并保证扼守的互借规则，相互利用对方的藏书，以满足读者需要的服务方式。”②

许四洋等指出：“馆际互借从字面意思来看，是指一个图书馆应其他图书馆的要求，向非本馆的用户出借文献资料本体或复印件。其中有两点值得注意：一是 interlibrary 不仅仅发生在图书馆之间，其他类型的信息服务机构也可以提供此项服务；二是 loan 的一部分内容是出借必须返还的文献资料本体，更多则是提供不需要返还的文献资料复印件。”③

《图书馆学与资讯科学大辞典》指出：“文献传递服务是应使用者对特定的已确知的出版或未出版文献的需求，由图书馆或商业服务单位等资料供应者将需要的文献或其代用品在适当的时间内，以有效的方式与合理的费用，直接或间接传递给使用者的一种服务。”④

陈益君认为：“文献传递是最近几年来随着互联网的普及，电子文献、网络文献的迅速增长而流行起来的文献服务术语，是网络环境下图书情报及相关机构为满足用户的实时需求，提高服务效率而采取的服务手段，文献传递服务是传统馆际互借服务在网络环境下的延伸和拓展，所谓文献传递服务是指由信息提供者将储存信息的实体传递给使用者的活动。”⑤

刘霞把文献传递定义为“是将用户需要的文献从文献拥有地直接传递给用户的一种服务，它起源于馆际互借，但馆际互借指的是图书、期刊等文献载体的直接外借服务方式，而文献传递则是指不提供原件，只提供复制件的文献外借服务，它是一种非返还式的馆际互借，具有返还馆际互借无可比拟的优点。”⑥

二、国外有关图书馆馆际互借与文献传递定义的表述

勒·烈文孙（苏联）在其文中说：“馆际互借——图书馆与图书馆之间，通过一定的约定，按照一定的借书规则，彼此互相借用图书，叫做馆际互借，馆际互借是在对图书所有权不变更的情况下，以一方之所有满足另一方之所无。”⑦

---

① 中国百科大辞典编委会．中国百科大辞典．北京：华夏出版社，1990

② 王绍平．图书情报词典．上海：汉语大词典出版社，1990

③ 许四洋，袭继红，李健康．中日图书馆馆际互借状况及对比研究．图书馆杂志，2005

④ 胡述兆．图书馆学与资讯科学大辞典．台北：汉美图书有限公司，1995

⑤ 陈益君．期刊文献传递与知识产权保护问题．图书情报工作，2001

⑥ 刘霞．高校地区性文献传递系统的构建与运行．图书情报工作，2001

⑦ 勒·烈文孙著；李希泌译．馆际互借的组织与技术．文物参考资料，1954

Smith 在其文中说："在北美馆际互借用于表示公共性质的图书馆或文献信息机构之间的互借文献；而文献传递表示商业性质的文献传递服务。"①

Lor 将"文献传递"界定为从收费性质的商业性文献信息机构获取复印或电子版文献而开展的业务，而馆际互借是指图书馆之间根据相互签订协议而提供短期的文献借阅业务，即使出借馆提供的是原文复印件。②

Martin 指出："面对文献资源的不足，图书馆的传统对策是馆际互借，这是图书馆之间的交易，而不是个人之间的。信息环境的日益复杂引入第二种对策——文献传递。尽管两者之间有着相同之处，但是区别是很大的。最大的区别在于馆际互借基于图书馆之间的协议，而文献传递是个人交易，利用图书馆尽力将文献传递给个人，是以提供和申请的经济前提为基础。"③

三、馆际互借、文献传递和文献提供的联系

随着科学技术的发展和书刊数量的增加，依靠个人能力搜集资料越来越困难，非常迫切需要图书馆的帮助，于是咨询工作迅速发展起来。19 世纪 90 年代，大型图书馆已经普遍设立了专门的参考咨询工作机构，有专门的工作人员，咨询工作也由最初的口头咨询，提供工具书，发展到电话、书信咨询，既而是有组织、大规模、高效率地为读者提供原文、二次文献、专题检索的服务，为党政军服务，在重大决策、科研学术方面更是发挥着巨大的作用。

图书馆界有的学者认为文献提供就是馆际互借和文献传递，但总的来说三种方式不能等同，三者之间具有明显的差别，但相互又有衔接。馆际互借作为最初的共享形式，只是在图书层面上的外借，是在图书馆或文献信息机构之间进行的外借，是文献返还型的服务；而文献传递是借助网络发展起来，在网络环境下的非返还型服务，它所面对的对象不仅是图书馆和固定单位，而且包括个人用户；文献提供服务是在以上两种方式的基础上按照读者的要求所提供的全方位文献提供服务，它既包括原始图书的互借，也包括单篇文献的传递，同时还包括为读者收集、整理的特定服务，如专题检索查询，它可以说是参考咨询工作的初级阶段。

---

① M. Smith. interlibrary loan and Document supply: time for a merger? Interlibrary and document supply, 1997:25(1)

② P. J. Lor. Document supply. In Maurice Line. Librarianship and information work world-wide: London: Bowker-Saur. 1995

③ Murray S. Martin. Interlibrary Loan and Document Delivery: Cost and Fees. The bottom line: managing library finances, 1996, 9(4)

第三节　文献提供的意义和作用

一、文献提供大大便利了科学工作者进行科学研究的需要

现代化的建设，门类繁多，规模巨大，而且遍布全国。各项现代化建设工作，不管是政治的、经济的、军事的、文化的都离不开文献资料，而且各个地区、各个单位的文献资料，由于购书经费的限制，以及收藏的范围不同，往往是在进行科研工作时不够使用，在很大程度上要依赖于藏书量丰富，种类齐全的收藏机构进行文献提供，或者进行馆际互借与文献传递。

二、文献提供可以扩大文献的利用范围，并为科学研究提供有利的文献支撑

文献提供能充分发挥文献的作用，在文献利用的基础上进行归纳、整理为科学研究以及技术进步提供了科学参考。随着社会的发展，科学的进步，图书馆、科研信息部门的观念和作风较之过去有了很大的发展，但离世界的差距和社会的要求还差得很远。书库里有多少长眠在架子上的书刊从来就没有动过，馆际互借与文献传递就是使这些书刊苏醒过来的办法，就是使这些书刊活起来的途径，它显然可以扩大书刊的使用范围，更充分地发挥书刊的作用。

三、文献提供能够补救图书馆藏书之不足

就全国范围来说，我国科技文献的基础还是比较薄弱，同时副本还较少，各个图书馆和各个系统的文献保有量还十分有限。就一馆来说，也是感到图书资料的缺乏，当然藏书薄弱是有不少原因的，例如，书价的上涨，购书经费的不足，以及由于一些历史原因使采访工作出现了中断，另外，贫富的差距、地区的差异、人文环境的不同致使文献资料分配不平衡等。在这种情况下，要想满足科研读者的需要，达到信息资源共建共享的目的，只有依靠文献提供、馆际互借与文献传递工作的发展才能解决这一部分问题。

四、馆际互借可以促成采购分工和节约购书经费

在采购工作中，重复的现象非常突出，这不仅表现在全国范围的采访工作上，即使在一个地区或一所高校中，也普遍存在着这种现象，这种现象的证明，可以从全国各地的购书经费的统计中清楚地看到，这样做大量的浪费国家的资金。当然，重复是不可避免的，有时某些书刊的重复还是必要的，因此，作好分工采购

是必要的，但只有能够很好开展馆际互借工作，分工采购才能可行并行之有效。

五、文献提供是解决科研需求的好方法

任何一个图书馆或文献信息机构都不可能全部的满足科研读者的需要，例如一个科研读者急切的需要某一本文献上的数据，向图书馆请求，而图书馆恰好没有收藏这本文献，需要向其他馆求助。在这种情况下，即使有力自购，往往是来不及的，只有通过馆际互借方式解决，这是唯一的"急救良方"。

六、文献提供、馆际互借和文献传递能降低拒绝率，发挥图书馆的作用，实现文献资源共建共享

由于开展了馆际互借，能够把本来不能借给读者的书而借给了读者，不仅满足了读者的需要而且还降低了本馆的拒绝率，另一方面提高了图书的利用率，并加强了多馆之间联系。过去图书馆之间互助合作是不多的，通过馆际互借可以大大加强彼此的联系。还可以开展在其他方面的合作，例如分工采购、根据本馆情况进行补藏，馆际互借可以帮助阅览、外借部门更好满足读者的需求。

七、文献提供可以促进国际文化交流

馆际互借的范围越来越扩大了，许多图书馆和文献信息机构都与国外有着长期的业务联系，经常互借图书，这就使一国的文化便利地传播到另一国家。

第四节　怎样才能搞好文献提供工作

一、要有整体观念和为科学研究服务的热情

对于文献提供，某些图书馆和信息机构可能有如下一些想法：认为自己的文献多，无求于人；认为自己是专业图书馆，无求于人；认为自己藏书精，不愿出借；认为图书馆系统不同或性质不同，不能互助合作；强调客观困难，忽略为科研服务的重要性；不真正关心科学工作者的需要，孤立地看待为科学研究服务的工作等。以上这些想法都是不正确的，必须把文献提供工作看成是充分利用全国文献资料以便更好地为广大读者，特别为科研读者服务的不可缺少的重要措施。任何图书馆、文献信息部门在这一问题上都要有大全意识，只有这样，文献提供工作才能更好地开展起来。

二、减少条条框框、扩大提供和借书范围，尽可能地满足读者的需要

图书馆中存在着一些条条框框，这是不可回避的，文献提供工作中也有，例如限制使用馆际互借的读者条件过严、使用图书的限制过严、种种手续过多等，这都或多或少地影响文献提供工作的开展和利用，必须根据具体情况，尽可能地减少这些条条框框。关于馆际借书范围的限制也较多，例如，期刊不外借、解放前的外文书不外借、工具书不外借、近三年的外文书不外借、台港图书不外借等，这不外借、那不外借很多限制，而通过馆际互借要借的书刊，往往就是这些书刊，因为普通和容易收集的书刊哪馆都有，在这种情况下，吃亏的当然是科研读者，这与我国的科研发展极不相称。总的说来，图书馆与图书馆之间的借书，对于图书的完整和安全是比较有保证的，在不影响馆内和当地大量需要和更有效地使用情况下，是可以考虑放宽借书范围的，应当根据具体情况，采取不同的外借措施。

除了以本馆馆藏尽量满足读者的需要外，还应利用他馆馆藏为读者服务，如当我们查出本馆未入藏读者想借的图书时，应通过联合目录或联机检索方式查看其他馆有无此书，不要认为本馆没有，自己的责任就尽到了，甚至理直气壮地拒绝请求。

三、要掌握文献提供的规律，做到变被动服务为主动服务

掌握文献提供规律，就是要研究通过文献提供方式，用户或读者经常检索的是什么学科，以便我们在日常的工作中，有意识地收集读者需要的文献，主动提供给读者，要善于观察和判断各种情况，如当地和外地科学研究情况、其他图书馆或文献情报机构的收藏特点和收藏情况。

结合文献提供工作，应就以下几方面熟悉本馆藏书：

（一）本馆藏书有什么特点，哪种、哪类文献最丰富和最系统，哪种、哪类文献最缺乏。熟悉这些情况，才知道读者所需要的文献哪馆最全，并有目的的建立馆际互借关系，以便一方面补充自己馆藏不足，另一方面为做好提供工作奠定基础。

（二）各种各类藏书中都有哪些基本著作，特别要熟悉那些适合于科学研究工作的书刊文献，尽可能地熟悉一些参考工具书和主要书刊内容。

（三）各种各类藏书，特别那些科研工作者常用的书刊资料，都放在什么地方，他们的排架情况如何，可供利用的情况如何。

（四）要熟悉本馆的各种检索方法和检索途径以及各种索引的使用方法，对于外文期刊要熟悉刊名的缩写法。

掌握其他馆的馆藏情况,可以从以下几个方面入手:

(一)注意经常搜索其他馆的馆藏目录,特别是各地区的联合目录,并科学地加以整理,随时注记本馆未入藏的书刊。

(二)读者需要的书刊本馆未入藏时,应多查几馆的目录,看看究竟哪些馆藏有此书,以便随时解答读者。

(三)通过参观、访问或座谈,了解其他馆藏情况,通过网上搜索、数据库查询,了解文献的收藏情况。

(四)图书馆各个部门要步调一致,加强合作。图书馆的采、编、阅、藏等几个方面要协调一致,这对开展馆际互借工作有着很大的影响。例如在采访方面缺乏分工,则一个地方所购的书刊多有重复现象,这将大大减少可以相互借阅的品种;分类编目的不统一,则给联合编目带来很大困难;借阅规章制度的不一致,则互借时往往产生问题;如果互借过程中不肯相互照顾、替对方着想,则互借双方均感人力、物力的浪费,如此现象都是互借工作中的障碍。为了把互借工作做好,应该避免上述错误,争取步调一致,加强合作。

(五)变被动服务为主动服务,加强工作的主动性。在文献提供活动中,一般是读者或用户提出文献请求,工作人员按照读者或客户的要求满足读者需求,读者或用户处于主导地位是主动者,而工作人员则处于次要地位是被动者,特别在馆际互借工作中,被动状态普遍存在,有的甚至采取观望、躲避的态度,总是认为馆际互借工作不是图书馆的基础业务,是可有可无的工作,这是极其不应该的。文献提供在网络环境下的图书馆活动中,不但是图书馆的基础业务,而且是基础业务中最应该发展的业务,是图书馆未来的发展方向。要想做好这方面的工作应从两方面入手,主动多做一些工作:

1. 宣传工作

总的来说,这方面的工作做得还很不够,甚至有的图书馆怕人知道有这项工作,多一事不如少一事的想法依然存在,如,不少公共图书馆这项工作一直做得不是很好,主要是不敢向读者宣传此事;高等院校、科学院系统图书馆虽然工作做得好一些,但仍然缺乏宣传。宣传的手段是多种多样的,例如在报刊、广播或互联网上不断发表一些有关文献提供、馆际互借、文献传递的消息,建立文献提供协作网等,在开各种科学工作会议时就介绍这种提供文献资料的方法,在馆内各阅览室经常张贴有关文献提供的方式和通知,布置一些其他图书馆的有关资料,利用读者借书或查找资料的机会向读者介绍这一服务的模式,召开文献提供工作会议讨论此项工作,向有关部门经常发送有关文献提供的通知,向互借单位印发宣传册等,宣传方法可根据具体情况,随时创造。

2. 互借工作

在馆际互借工作中存在着只依赖一些大的图书馆的馆藏,而忽视自身馆藏的建设,有的图书馆可以利用别馆的藏书为己所用,一旦别馆向本馆互借时,则是百般托词不想借,这样工作非常被动,甚至有暗箱拒绝的现象,这是极其要不得的。图书馆与图书馆之间,在互借图书时,应该主动互相提供便利,例如经常主动地介绍本馆的藏书情况,告诉对方本馆新增的书目,在当地开展电话、手机和通信借书并互派专人送书,经常举行访问、座谈以改进互借工作,对外地图书馆要严格互借手续,加快邮寄的时限并遵守对方互借规章。

(六)努力克服文献提供服务中的困难。开展文献提供服务工作,就目前各馆的条件来说,的确有的图书馆是有不少困难,但是这项工作是未来图书馆的发展方向,各个地区的图书馆都应该把这项工作当成基础业务来抓,因此,要努力克服困难。客观困难可能有以下几个方面:

1. 藏书

在文化部系统图书馆里,除了国家图书馆和几个重点馆以外,一般藏书都是不够丰富和全面,购书经费也不够充足,对一个地区来说,公共图书馆往往比不上高等院校或科学院系统的图书馆,这样在开展馆际互借工作时,就有顾虑,实际上也受到了限制。例如有的图书馆就认为高校图书馆向公共图书馆借书,高校图书馆没有的,公共图书馆更没有,当然馆际互借不只是为配合其他系统或者其他方面的图书馆,但也不能忽视这种互相配合的作用,因此就必须在自己的藏书方面逐渐培养特点,也就是说要有一些别馆没有的东西,这样你才能和人家进行“互借”,不过培养特点不能理解为替其他图书馆补缺,还应该有自己的藏书体系,在克服藏书方面的困难上,要善于确定藏书范围和采购方针,适当进行分工采购,有计划地进行图书交换,要善于利用他馆的藏书为本馆读者服务。

2. 经费

文献提供中的馆际互借工作中包括邮费、包装费,这在一些图书馆中是感到困难的问题,尽管这些费用是由申请馆来承担的,但由于地区的不同,邮费也是不一样,如果照上述“由近及远”的原则建立互借关系,那么同城的互借与外地的互借在收费上又有所不同,所以如何确定收费标准,对于那些开展互借工作好的大馆来说一直是个棘手的问题,如果费用偏低,互借的书越多,补贴也就越多,如果偏高,申请互借的图书馆又负担不起,所以互借图书的费用以互借成本为准,在此基础上,各个图书馆都应拿出一定的经费,作为此项工作的成本。

3. 人力

文献提供服务是一种劳动密集型工作，每项文献提供的申请完成，都需要投入相当大量的时间和人力，而且其中环节很多(从本馆到本地区再到全国和国际)，所以要朝着规模化发展，增加设备并投入大量的人力，此外人力的水平是需要考虑的，因为这项工作不仅需要相当高的业务水平，而且需要懂若干种外文，这是应该设法配备或培养的，这样才能发展此项工作。

第五节　国内外文献提供发展历史

一、我国文献提供发展简述

我国文献提供的发展始于1924年6月的“上海图书馆协会章程”有关馆际互借内容的规定。据查“上海图书馆协会章程”第三条第二项规定“实行图书互借及交换制度”是最早记载有关馆际互借的材料，而真正开展馆际互借业务并有据可查的，还得以国家图书馆(当时称“北京图书馆”)为最早，根据该馆第二年度(1927—1928年)报告中说:“本馆为专门学者谋便利起见，与其他图书馆相约，实行图书馆间互贷办法，如专门学者有所需而为馆所未藏者，得由本馆向他馆际出供应之;他馆遇有此等需要时，亦由本馆贷之，本办法曾与各馆互为贷借”，从此，该馆每年年度报告中都有该项业务工作。为了把馆际互借工作规定为全国各图书馆的一项正常业务，在中华图书馆协会第一次年会(1829年1月)时，李继先和曹祖彬曾分别提出有关馆际互借的方案，结果得到了大会的通过，从此以后，馆际互借得到了全国图书馆界的重视，“近来各地图书馆多渐有准予借书出馆者，而馆际借贷制亦应需要而起，如北平图书馆及太原图书馆协会各馆皆有此项规定，即其征也”。当时“北平图书馆与北平市各图书馆办理互借者近三十所图书馆，并与全国各图书馆互借，如天津南开大学、南京金陵大学、国学图书馆、及政府各部(如立法院、内政部、实业部等)、上海中央研究院、武昌文华图书馆学专校等，且与南京金陵及女子大学制定彼此互借办法”。此外，1931年前后，北京各图书馆还编有期刊、图书及西文书刊的联合目录以便利馆际互借工作①。

1937年由于战争的爆发，图书馆事业遭到了严重的迫害，馆际互借工作陷于停顿，解放前馆际互借的历史虽然已有二十几年的发展，但由于战乱频繁，图

① 李钟履．馆际互借．省市图书馆工作人员进修班讲稿．南京，1957

书馆事业也受到了很大的影响。

1949 年后，随着新中国的成立，我国的图书馆事业也得到了迅速发展，在发展的同时，借鉴了苏联的经验以及我国增加了对图书馆的投入，把图书馆馆际互借工作提高到相当重要的地位。

50 年代初，文化、教育、科研等方面的不断发展，给馆际互借的发展创造了条件和环境，像北京图书馆、中国科学院图书馆，以及一些规模较大的高等院校图书馆，除了迅速而大量地开展了机关团体外借工作外，都相继地恢复或创办了馆际互借工作。1953 年以前，各馆的馆际互借工作，一般还是停留在一个地区内进行，只有北京图书馆率先有计划地、大规模地开展了全国范围的馆际互借工作，但图书馆馆际互借仍无一个完善的制度，更没有形成系统，服务面窄，借书量小，处于初级阶段。1956 年，在全国图书馆工作会议和高等学校图书馆工作会议上，政府对开展馆际互借工作提出明确指示，这对于馆际互借工作起到了很大的推动作用，许多高校图书馆纷纷和其他图书馆建立了馆际互借关系，各个省市公共图书馆也加强了这方面的工作，就国家图书馆（当时称北京图书馆）来说已与 240 个图书馆建立了互借关系。

1988 年国家图书馆已与全国各省、市的公共、科研、大学等 300 多个单位的图书馆建立了馆际互借关系并与 94 个图书馆建立了国际互借关系，其中涉及 35 个国家和地区，包括美国、苏联、英国、法国、日本等发达国家，以及印度、朝鲜、津巴布韦等发展中国家。

1997 年为适应馆际互借规模的扩大，服务内容的深化，国家图书馆在馆际互借的基础上，又发展了文献传递服务，成立了文献提供中心。国家图书馆馆际互借发展的历程，从以借书为主的一般服务，发展到目前以文献传递为主，以借书、专题查询为辅的文献提供服务，从读者服务角度反映了国家图书馆事业跨越式的进步。现在国家图书馆正在朝着文献提供网络化服务体系发展，网络化服务是文献提供中心重要组成部分和对外服务的一个重要窗口，通过 Internet 向广大用户提供一次文献提供服务和二次文献检索。该体系由文献检索、服务导航、自助服务等子系统组成，任何一个 Internet 用户都可以免费查询该系统，并可通过特快专递、E-mail、传真、邮寄等方式要求该系统提供所需的一次文献，用户可随时通过自助服务子系统查询所申请文献的流通状况、个人账户等动态信息，使读者不到图书馆便能轻松地使用一些服务功能。

社会各界对文献信息的需求带动了馆际互借的发展，同时也给我们提供了一个良好的客观环境。目前在中国有许多图书馆和文献信息机构都建立了馆际互借和文献传递业务，从全国范围来看，有四大馆际互借及文献传递系统，一是高校图书馆馆际互借及文献传递系统（CALIS），二是科学院系统的馆际互借及文献传递系统(CSDL),三是国家科技图书文献中心的文献传递系统(NSTL),四是国家图书馆馆际互借与文献传递系统,这充分标志着馆际互借及文献传递工作越来越受到社会的重视,不管是高校馆际互借系统还是科学院系统都有着各自的特点和各自的优势,这些特点和优势不同程度地满足了各个不同用户对文献的需求。

1. 高校图书馆馆际互借和文献传递系统

高校图书馆馆际互借和文献传递系统(CALIS)是经国务院批准的我国高等教育"211工程"总体规划中两个公共服务体系之一。作为国家经费支持的中国高校图书馆联盟,CALIS的宗旨是,在教育部的领导下,把国家的投资、现代图书馆理念、先进的技术手段、高校丰富的文献资源和人力资源整合起来,建设以中国高等教育数字图书馆为核心的教育文献联合保障体系,实现信息资源共建、共知、共享,以发挥最大的社会效益和经济效益,为中国的高等教育服务。

"九五"期间设在北京大学的CALIS项目管理中心联合各参建单位,建设了文理、工程、农学、医学四个全国文献信息中心,华东北、华东南、华中、华南、西北、西南、东北七个地区中心和一个东北地区国防信息中心,发展了152个高校成员馆,建立了一系列国内外文献数据库,包括联合目录数据库、中文现刊目次库等自建数据库和引进的国外数据库,采用独立自主开发与引用消化相结合的道路,开发了联机合作编目系统、联机公共检索(OPAC)系统、馆际互借与文献传递系统等,形成了较为完整的CALIS文献信息资源服务网络。在此基础上开展了公共目录查询、信息检索、馆际互借、文献传递、网络导航等网络化、数字化文献信息服务,对保障"211工程"各高校的重点学科建设、培养高层次人才、支持科研创新等发挥了重要的作用。

2. 科学院系统的馆际互借及文献传递系统

中国科学院文献情报系统自上世纪90年代初建立文献供应中心起,文献传递与馆际互借服务得到初步发展。跨入新世纪后,中国科学院院级文献情报机构进行了整合并进入院创新试点工程,全院文献情报系统借建设中国科学院国家科学数字图书馆(CSDL)工程之力,坚持"资源到所,服务到人",着力建设并初步形成数字化、网络化资源与服务体系,资源供应能力、服务效率和效益大幅度提升,其网络服务系统提供了外文期刊数据库、会议录、图书、论文、标准等多种载体的文献传递服务。除此之外,CSDL还提供一站式服务,不管是单位还是个人都可成为CSDL的注册用户。2006年用户电子文献资源直接下载量达到1700多万篇;作为文献资源的补充获取方式,同年全院院内文献传递服务数量达到30 000余篇,为全国用户提供文献近70 000篇。

3. 国家科技图书文献中心的文献传递系统

国家科技图书文献中心(NSTL)是2000年6月12日由国务院领导批示,科技部联合财政部等五部委成立的一个虚拟式的科技文献信息服务机构。NSTL采取“统一采购、规范加工、联合上网、资源共享”的运行机制，其目标是建立一个国家级的科技文献信息资源保障与服务体系。NSTL网络服务系统作为对外服务的重要窗口，通过Internet向全国用户提供全方位的科技文献信息服务，具有以下鲜明的特点：

首先，系统拥有丰富的文献资源。可供免费检索的二次文献数据库涉及期刊、学位论文、科技报告、专利、标准、计量检定规程、科技成果、研究报告、计量基准、图书、工具书等各文献类型。

其次，具有灵活多样的馆藏揭示和检索渠道。以目录、目次、题录、文摘和全文多种方式揭示馆藏资源，提供普通检索、高级检索、期刊检索和分类检索四种检索方式。

第三，提供多种原文文献订购模式、订购途径；收费标准低廉，付费方式多样，服务效率高。NSTL非常注意控制版权风险，在系统页面显著位置刊登版权声明，并在具体服务中尽到提醒责任。为更好地发展NSTL原文传递服务，NSTL将建立用户研究与服务监测体系，积极推进“图书馆普遍服务”（LUC），促进“公平”、“普遍”和“开放”，进一步推动服务共建，扩大资源共享的范围，为建设创新型国家提供坚实的科技文献信息资源的保障。

4. 国家图书馆馆际互借与文献传递系统

国家图书馆文献提供中心成立于1997年，截至目前共与558家国内图书馆、96个国家550个单位建立过馆际互借关系，中心采取文献提供、定题检索、馆际互借、国际互借、文献快递、网络传输等多种方式，为中央国家机关、重点教育、科研生产单位以及社会公众提供全方位、多层次、多渠道的信息服务。工作日内，随时回复读者申请及查询；一般申请在递交申请的2个工作日完成传递手续；10个条目以下的申请，可先处理后结账；文献提供满足率达到83.95%，在文献传递的方式上采用新技术，如Ariel、FTP、HPPT等专用传递或下载软件。

2008年按照国际标准馆际互借协议ISO 10160/10161（第二版）开发研制了国家图书馆馆际互借与文献传递系统，该系统支持借阅（返还式）及复制（非返还式）的馆际互借事务，具有较强的账户、统计和用户管理功能，借助ALEPH系统平台，实现了馆际互借自助服务并即将投入使用。同时国家图书馆探求新的馆际间合作模式，作为全国馆际互借与文献传递中心国家图书馆正在逐步解决现存的管理分散、收费标准、服务规范不统一，物流环节风险大等问题，进一步加大对新技术运用的研究与实践，完善国家图书馆分层服务体系，改善服务模式、服务内容和服务手段，扩大全球中文文献提供中心的影响力，打造管理科学、技术先进、服务高效优质的世界品牌。

二、国外文献提供发展简述

大英图书馆文献提供中心原名国立科技借阅图书馆，成立于1962年，后原国立科技借阅图书馆与国立中央图书馆一起并入大英图书馆新成立的大英图书馆借阅部，科学参考图书馆改名为科学参考与咨讯服务部，也并入该借阅部，成为一个新的部门，其后，该部门被更名为大英图书馆文献提供中心。大英图书馆文献提供中心是全国馆际互借的核心，它拥有馆际互借所需的馆藏，负责英国所有馆际互借的统计资料，以及地区图书馆系统的馆际互借业务，在规划和协调英国全国馆际互借工作方面起着重要的作用。

最初的馆际互借是以图书馆之间进行补藏为主，随着读者需求的增加，各馆的馆际互借业务也随之开展起来了。到1893年德国就制订了馆际互借条例，1905年德国图书馆设立了参考咨询部，主要负责查找图书的收藏地点，以便各馆之间进行馆际互借，1924年德国制定了全国馆际互借规则，同时许多国家也先后制定了馆际互借规则，建立了馆际互借中心。

1901年美国国会图书馆开始对其他馆实行馆际互借服务，并开始对大约400多家图书馆提供印刷目录卡片。1917年美国图书馆协会制定了世界上第一个馆际互借规则——《美国图书馆互借实施规则》，1968年修订为《全国互借规则》。之后，英、俄等国家图书馆也颁布了相应的法令，20世纪30年代，英国几乎全部的公共图书馆、主要的专业图书馆和许多大学图书馆都参加了馆际互借；60年代，以馆际互借为主的文献传递服务在欧美国家盛行起来；70—80年代，随着计算机技术的发展，涌现出一批大型文献传递服务机构。

进入90年代，网络技术、远程通讯技术和数据库技术的不断发展，对于电子出版物、网络数据库和数字图书馆的起步和发展起到了很大的推动作用，建立完善的图书馆文献提供网络化服务体系，标志着文献提供服务进入了一个新阶段。从而促使电子文献提供服务进入全盛发展时期。目前，文献提供服务在世界各国都得到了前所未有的快速发展。从而揭示了国际文献提供研究领域的特点、实力和水平及其发展态势。

第六节　文献提供流程

文献提供服务是图书馆资源共享的一种合作方式，也是图书馆向外延伸服务的结果。文献提供服务包括馆际互借、文献传递和为读者收集、整理的特定服务，图书馆经过馆际互借，彼此利用了对方的馆藏，达到了资源共享的目的。由于科技的发展,网络技术的应用,使得图书馆之间借助网络在回复对方申请时能更加迅速和便捷,双方的业务不仅限于互借对方资料上,而是通过网上进行文献传递,比最初的馆际互借服务又向前迈进了一步,提高了馆际互借与文献传递的工作效率。文献提供流程包括提出申请(Borrow)及接受申请(Lend)两部分,具体程序分为 3 个阶段:申请阶段、回复跟踪阶段和处理完成阶段。其进行的步骤如图 1 –1 所示:

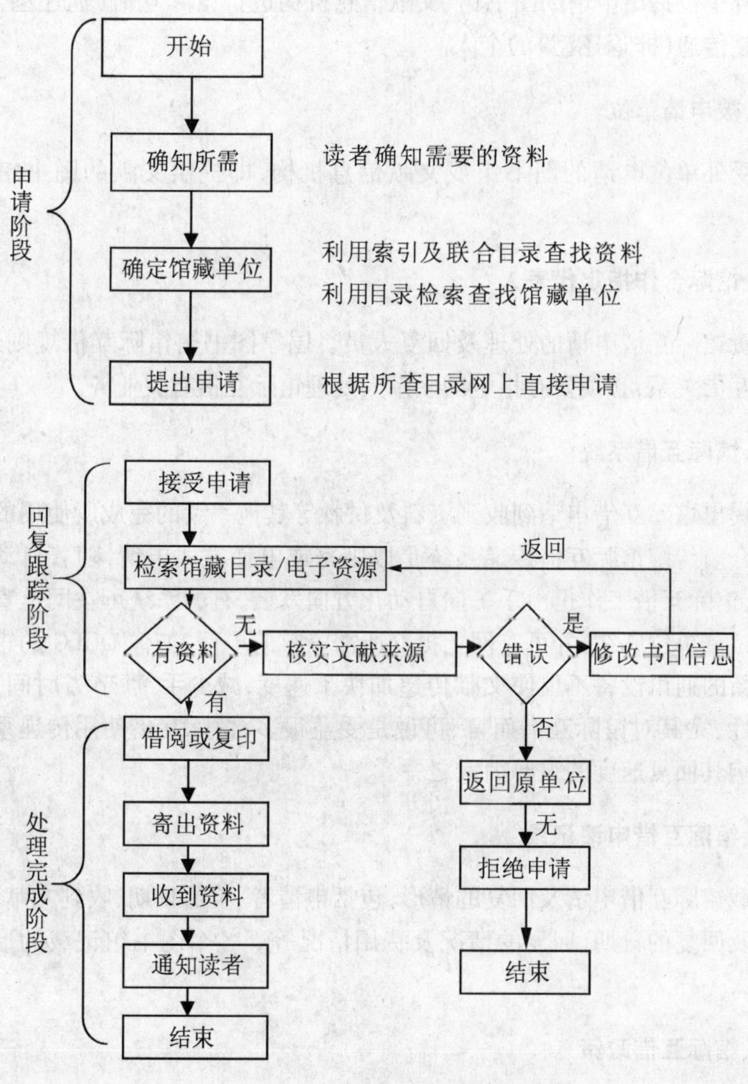

图 1 –1

一、申请

由图书馆或读者通过馆际互借、文献传递系统或以E-mail、电话、信件、传真(Fax)向拥有所需资料的图书馆要求借阅原本或代为复制资料的过程。

二、申请单位或个人

向外单位提出申请的图书馆、文献信息机构进行馆际互借(返还型)或要求进行文献传递(非返还型)的个人。

三、被申请单位

接受外单位申请的图书馆或文献信息机构,即提供文献的图书馆或收藏单位。

四、馆际合作指定代表人

负责馆际互借申请的处理及回复人员。国家图书馆馆际互借规则规定:建立馆际互借关系,必须要有指定的联系人处理馆际互借有关业务。

五、馆际互借系统

从提出馆际互借申请到收到资料及付款等其他手续的完成所使用的传递工具或媒介。传统馆际互借传递系统是以邮寄或电话方式申请,随着自动化程度的提高,馆际互借工作也由手工向自动化方向发展,有的系统可在网上直接迅速检索到馆藏单位所在,并可在网上提交所需资料的申请,如像OCLC的馆际互借系统。新的通讯设备不仅使文献传递加快了速度,减少手续、节省时间,更提高其正确性,尤其对馆际互借而言,可说是受益很多,馆际互借使用传递系统的快慢是影响其回复速度的重要因素之一。

六、馆际互借申请记录

记载馆际互借申请及回复的情形,包括申请者、申请日期、收到文献日期、收到申请及回复的日期、回复的情况及费用情况等。各个图书馆记载的形式和内容也不太一样。

七、馆际互借政策

图书馆进行馆际互借时所制定的范围和限制,例如,是否提供原件或复印服务,借阅或复制的范围及限制,收费标准及项目等,国家图书馆对馆际互借的借阅及复制范围,以及收费的标准都有自己的规定,但这些规定只是原则性的,各图书馆依其特有的服务政策,可自行调整,而提出申请的单位必须遵守被申请单位的规定。

八、查询

书目资料及馆藏所在的查核工作。图书馆为提供申请的获得率,在向他馆提出申请前,必先利用索引、摘要等工具书查核著者、书名、刊名、篇名、卷期年代及页数等是否正确,为确定文献所在地,先利用联合目录或书目数据库等查找馆藏单位,此项工作是进行馆际互借的必要程序,也是确定获得率及回复的时效性的重要因素。

九、回复时间

从提出馆际互借申请到收到资料中间的处理及回复时间,包括下列三段时间:

(一)发出申请时间:这是申请单位处理申请单的时间,包括利用检索工具、检索目录查找馆藏单位等所花费的时间。

(二)从发出申请到收到资料的时间:包括邮寄或资料传递的时间,以及被申请单位处理的时间,包括查询馆藏,到架上找书或期刊等资料,办理借书或复制手续,及包装邮寄所花费的时间,这是馆际互借处理花费时间最多的地方。

(三)收到资料到读者取得资料的时间:这是申请单位处理的时间,包括收到资料后的拆包、下载资料或通知读者领取资料所花费的时间。

第二章　文献提供服务模式与发展

在考察图书馆历史起源过程中，可以发现，人类信息交流方式的变革（由单纯的直接交流向间接交流的转变），是图书馆产生的前提，文献的出现则是图书馆产生的直接原因。文献存在于图书馆之中，图书馆就是文献提供的机构。文献通过图书馆在时间和空间之中得以传播，图书馆工作的实质，就是转换文献信息，并实现文献的使用价值。随着科学技术的发展，文献信息资源的数字化，图书馆物理空间的虚拟化、网络化都为图书馆成为文献资源的"物流中心"和信息交流的"中转站"打下良好的基础。读者使用图书馆，享受图书馆的各种服务，使得图书馆的资源利用率渐渐得到提高，进而让各种载体的知识通过图书馆得以传播，最终有效地提高人民群众的素质，让和谐社会充满活力①。

文献提供服务模式通常是指图书馆间开展文献提供服务的工作方式，涉及参与文献提供服务活动的图书馆之间的权利、义务关系、文献提供服务请求的发送对象、服务提供方式以及用户管理方式等多个层面的内容。

文献提供服务模式的形成受地理、社会、政治、经济、文化以及技术等多方面因素的制约，由此形成不同的模式。在不同的国家，采取的文献提供服务模式也各不相同。通常情况下，在一个地区或国家文献提供服务并不是绝对的单一模式存在，而是多种模式并存共用②。

第一节　中介模式和非中介模式

文献提供服务根据服务流程的组成环节可以划分为中介模式和非中介模式。

一、中介模式

中介模式是指在文献提供过程中，文献的最终用户，即使用者必须通过图书馆与文献的提供者建立联系，进而获取所需的文献③。图书馆担任用户与文献

---

① 萧庆华．图书馆参与和谐社会建设的思考．全国新书目，2008(7)

② 李军凯．两种馆际互借模式的比较研究．图书馆理论与实践，2005(7)

③ 唐秀群．高校图书馆的无中介文献传递．图书与情报，2003(4)

提供者之间的转发环节,其实质是文献代理传递机制,图书馆把本馆无法满足的文献请求通过该机制转发给第三方。中介模式以用户馆为中介,连接多个服务馆,统筹利用文献资源,有利于用户的统一服务和管理,但由于增加用户馆申请转呈和文献代收两道工序,传递效率有所降低。该种模式的运作如图 2-1 所示。

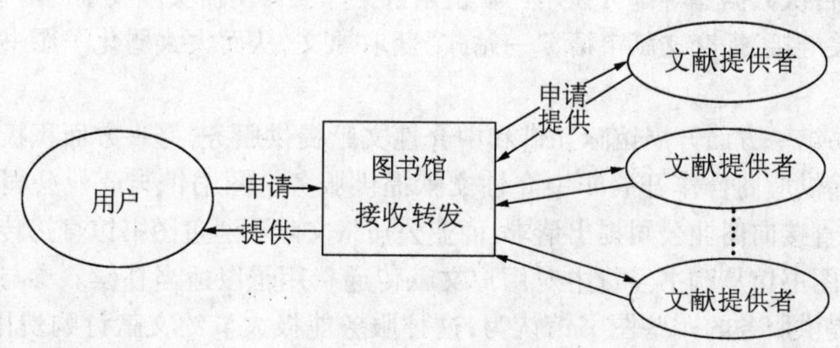

图 2-1　图书馆文献提供服务的中介模式

二、非中介模式

非中介模式是指在文献提供过程中,文献的最终使用用户不经过图书馆便可直接向文献提供者索要并获得所需的文献,图书馆只参与服务的后台管理工作,如账号分配、用户验证、经费管理、服务监控,问题解决等。该模式消除了用户与文献提供机构之间的"馆员转发"环节,在前台看来,只包括申请的提交和文献的提供两个环节①。非中介模式中,最终用户直接在服务馆开设账户,省去中间环节,提高了效率。该种模式的运作如图 2-2 所示。

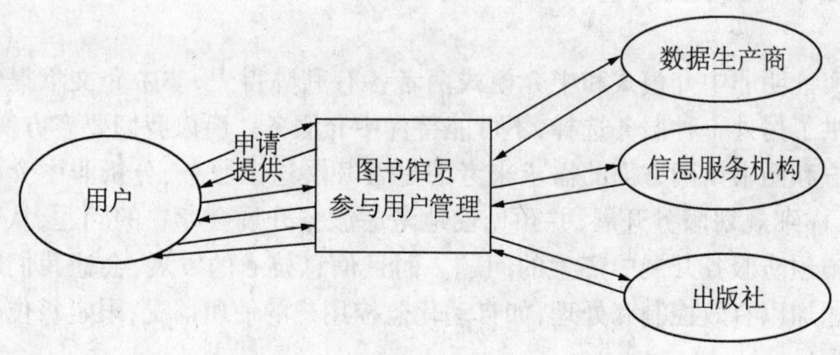

图 2-2　图书馆文献提供的非中介模式

① 范丽莉,詹德优. 文献传递服务模式的分析. 图书馆杂志,2005,24(10)

随着文献提供服务的发展,越来越多的文献提供商发现文献提供服务中蕴涵的商机。在现代信息技术的支撑下,这些数据库生产商、信息服务机构、出版社或者纯粹的文献提供机构依赖自己强有力的文献资源后盾或者多方获取文献的能力,开始面向个体用户直接提供文献原文服务。目前许多的全文数据库、电子期刊、目次数据库等都可让用户在检索数据库获得所需文献线索的时候,直接点击相关链接,提交文献申请,"一站式"获取原文,从而大大弱化了图书馆的中介作用①。

图书馆一方面开展馆际互借和中介性文献提供服务,另一方面积极与商业文献传递供应商合作开展非中介性文献提供服务。图书馆与商业公司签订协议,用户直接向商业公司提出请求,商业公司将文献不通过图书馆直接传递给用户,再由图书馆从购书经费中对用户文献传递费用予以适当补偿。参与非中介性文献提供服务的一些图书馆认为,这种服务能极大节约文献订购费用(尤其对一些高价格低使用率的期刊而言,文献提供服务是一种很好的解决办法),扩大图书馆的文献来源,弥补因削减订购带来的文献获取途径缺口;从出版商的角度分析,文献提供服务实际上是版权作品在电子出版情况下市场销售的一种形式,可以说是一种按需出版。从这一点来说,图书馆和出版商在非中介性文献传递服务上是互惠互利的合作关系②。

非中介模式是直接面向最终用户提供原文文献提供服务,文献传递申请的提交是由用户"自助"进行,而文献原文也按照用户要求的方式直接传递给用户,由此引发了一些管理问题,如(1)一些用户不愿自己查找文献或到图书馆索取,或因不了解图书馆馆藏而订购那些本馆已有文献,即提出复制性文献申请;(2)部分用户不遵守版权规定或无节制地超量订购文献,造成图书馆的超量花费;(3)由于目次数据质量不高或详细程度不够,导致所订购的部分文献并无用处③。

事实证明非中介模式和中介模式两者各有利弊得失,非中介文献提供服务只是提供了另外一种服务选择,不可能替代中介服务。所以我们要多方衡量,从满足用户和图书馆两方面的需求来考虑是否开展这项服务,分析非中介模式的可行性,详细规划服务开展,并预见性地考虑服务开展会存在的问题,从而采取相关措施预防服务开展中产生的问题。而且信息技术的发展,会让我们对各种管理问题加以有效控制和处理,如自动化监控用户的使用情况,限定每位用户获

---

① 范丽莉. 我国图书馆文献传递服务研究. 武汉:武汉大学出版社,2004

② 夏翠军. 开放存取出版的发展背景. 现代情报,2005(12)

③ 李军凯. 从 CASHL 和 NSTL 看我国文献传递服务的模式和发展趋势. 大学图书馆学报,2004(6)

取文献所花费用和所获取文献的数量等，毫无疑问的是非中介模式将是文献提供服务的发展趋势。

第二节　返还模式和非返还模式

文献提供服务根据提供文献的性质可以划分为返还模式和非返还模式。

一、返还模式

返还模式，这种服务方式就是传统的馆际互借方式。该服务主要是针对图书，由于其篇幅长，难以用扫描来实际提供，因此提供给申请方的文献资料是本馆的原本文献，通过邮寄方式来传递，用户需要在限定时间内归还，在规定的借阅期限内收取手续费①。该种模式的运作如图2－3所示。

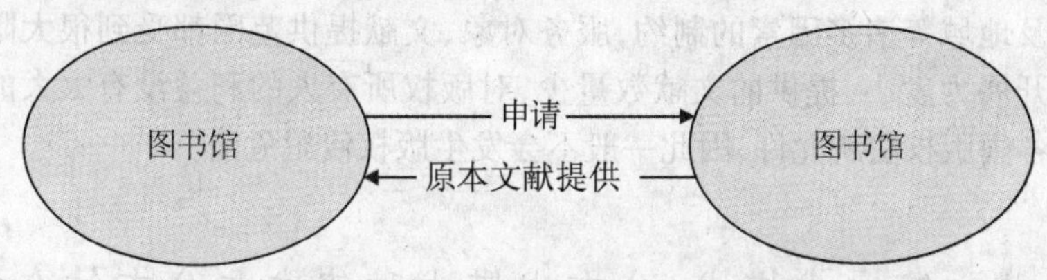

图2－3　图书馆文献提供的返还模式

任何一个图书馆都不可能仅仅凭借自己的馆藏满足用户全部文献需求，因此图书馆之间各种有利于资源共享的合作应运而生，其中最受用户欢迎的合作形式——馆际互借，是以其他图书馆的馆藏资源作为本馆馆藏的延伸，根据读者需要，馆与馆之间通过复印、扫描、邮寄等方式，共享图书、期刊、会议文献、学位论文、报告等文献资源，更大限度地满足用户的文献需求。

二、非返还模式

非返还模式，这种服务是指图书馆只将文献的替代品提供给用户，利用邮寄、E-mail、因特网等现代技术手段将对方所需要的文献，诸如期刊论文、专利文献、学位论文、会议文献等提供给对方，这种方式服务速度快、方便、便宜、满足率高，很受用户欢迎。该种模式的运作如图2－4所示。

---

① 田晓明. 高校图书馆文献传递服务及其注意问题. 辽宁师范大学图书馆馆员论坛，2007(1)

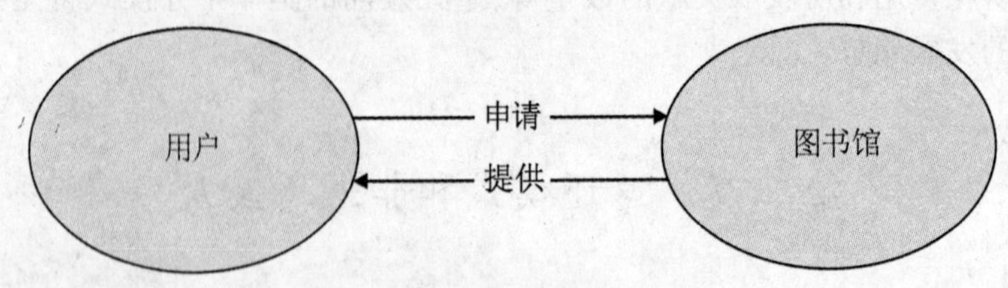

图 2-4 图书馆文献提供的非返还模式

非返还模式是技术发展的产物，相比返还模式，提供方式多样，可以利用现代信息手段，无疑可以极大地提高服务效率，扩大信息资源的共享范围，因为返还模式下的文献提供具有排他性，文献一次只能为一个人所用，所以文献利用率不高，而且存在出借文献不可控制的危险①。但是两种模式之间最大的不同在于版权，返还模式由于出借的是文献原件，保证了信息载体与知识信息的一体；而且由于提供手段主要依赖邮寄、快递和自取的方式，作品提供中的高成本、长周期以及地域等诸多因素的制约，服务对象、文献提供范围都受到很大限制，所以服务开展力度小、提供的文献数量少、对版权所有人的利益没有太大的影响，已经为各国版权法所允许，因此一般不会发生版权侵犯危险。

第三节　集中式模式、分布式模式和集中与分布结合模式

文献提供服务根据文献提供机构的组织管理可以划分为集中式模式、分布式模式和集中与分布结合模式。

一、集中式模式

集中式模式指由一个国家级的图书馆或文献提供中心来完成文献提供服务，图书馆或用户直接向中心提出文献申请，中心通过自身馆藏或从他处获得后提供给申请方，与文献提供相关的用户及事务都由中心集中管理。集中式文献提供服务可细分为中心型、滴漏型、补偿开关型和自由竞争型 4 种类型②。该种模式的运作如图 2-5 所示。

(一)中心型。这是最典型的集中式文献提供服务模式。文献提供中心有独立的馆舍和庞大的馆藏，有国家政府稳定的财政支持，要作为全国图书馆界的

① 范丽莉，詹德优. 文献传递服务模式的分析. 图书馆杂志，2005，24(10)

② 李军凯. 两种馆际互借模式的比较研究. 图书馆理论与实践，2005(4)

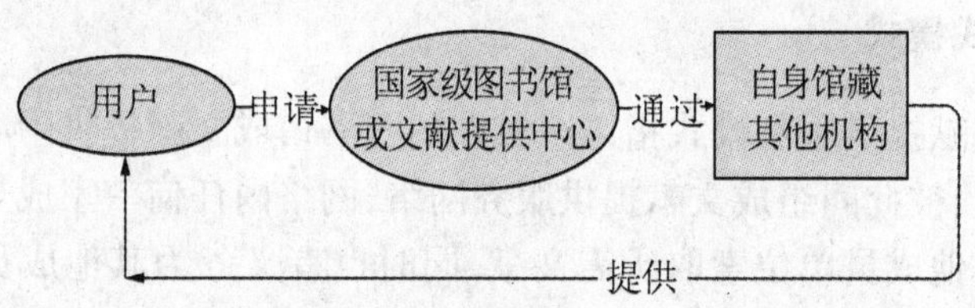

图 2－5　图书馆文献提供的集中式模式

后援图书馆，承担全国基本的文献保障服务。中心主要面对图书馆提供服务，一般不直接面向零散的个人用户。大英图书馆文献供应中心（BLDSC）是中心型的典型代表，它凭借政府强有力的投入，集中收藏五万余种常用的连续出版物，并通过优质的服务满足全英国 80% 以上的文献需求。

（二）滴漏型。1977 年由美国国家图书馆情报学委员会提出。整个系统由 3 个层次组成，第一层是用户层，为全国的基层图书馆；第二层为国家文献提供中心，负责协调采购与服务管理；第三层由若干国家级图书馆组成，负责资源建设和向基层图书馆提供服务，如我国的国家科技图书文献中心（NSIL）采取的就是滴漏型的模式。

（三）补偿开关型。1979 年由美国 Arthur D. Little 咨询公司提出。首先在全国范围内选择一个馆藏丰富、服务基础良好的馆际互借网络作为文献提供中心的基础，然后由政府新建一个专门的国家文献中心，负责采购馆际互借网络中缺漏的期刊，馆际互借网络和中心共同保障全国的期刊文献供应[①]。

（四）自由竞争型。1979 年由美国 Arthur D. Little 咨询公司提出。国家文献提供中心不需要联邦政府的参与和扶持，国家级图书馆、研究型图书馆和文献供应公司均可通过自由竞争来充当国家文献提供中心。

集中式文献提供服务模式可以有效地集中国家的经费投入，最大限度地减少资源的重复建设，大大提高文献的使用率，由于有政府稳定的财政支持，还可以缓解基层图书馆经费紧缺的困难，加之集中式模式便于协调管理，也使文献提供的效率得以提高。在图书馆界普遍经费短缺、文献保障率和服务水平都不高的情况下，采取集中式文献提供模式往往能收到显著的效益，但集中式模式也给读者的自由阅览带来不便，大量依靠文献提供一方面加重读者负担，另一方面也在一定程度上制约各地基层图书馆的发展。

---

① 李军凯. 两种馆际互借模式的比较研究. 图书馆理论与实践，2005(4)

二、分布式模式

分布式文献提供服务模式指以区域性的图书馆或文献提供中心作为资源收藏和服务单位，彼此间组成文献提供服务网络，网络内任何一家成员单位均可向网络内部的其他成员单位索取所需文献，同时也有义务为其他成员单位提供文献传递服务，典型如OCLC、CALIS。该种模式的运作如图2-6所示。

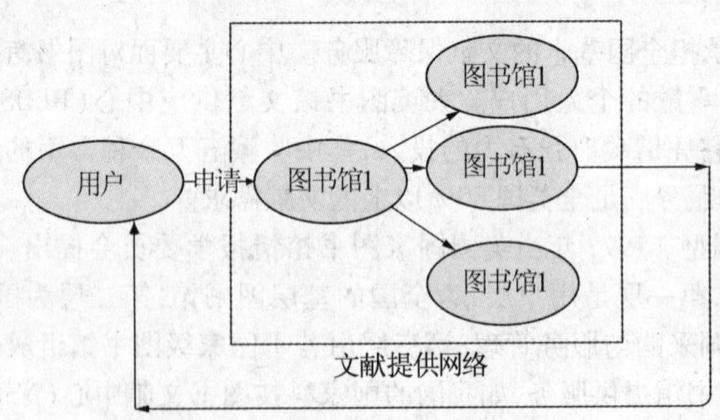

图2-6　图书馆文献提供的分布式模式

分布式文献提供服务模式将资源建设与服务分布在多个图书馆进行，可以充分利用各图书馆的馆藏资源；由于文献提供请求直接发往服务馆，信息交互直接方便；分布模式也为各图书馆提供了发展空间，在资源建设和信息服务上逐步纳入各文献传递中心为支撑的共建共享服务体系中，带动了图书馆界整体服务水平的提升。但分布式模式一般要依赖于联合目录等二次文献库的建设，各馆还要分别管理用户和文献提供事务以及维护本馆的馆际互借系统，馆际互借员的工作量会相对增加，同时，协调采购以及服务馆与请求馆之间的利益平衡也是要解决的问题①。

三、集中与分布结合模式

分布式文献提供模式，虽然联合了多个图书文献机构，实现资源共享，但是服务缺乏统一要求、统一管理，容易造成服务组织发展散漫的现象；而集中式文献提供模式，对于馆藏有较高的要求，服务管理直接面对最终用户，注册、收费等前期管理以及文献提供后的服务，内容多、任务重，而且管理任务集中于一个服务中心，对管理团队人力要求比较高。而集中与分布结合文献提供服务模式有

① 常红，张毅君．区域性图书馆联盟文献传递模式研究．现代情报，2007(8)

着它的独特优势，典型如中国科学院文献提供与馆际互借系统。

从系统运行模式来看，该系统在技术上是集中控制，服务的具体事务和读者则是由成员馆分散管理。也就是各成员馆管理员自行管理本馆用户，包括建立账户、代查代借、收退费用、定期结算；系统集中控制保证各成员馆不用进行系统的维护，而把精力用于文献提供服务，这种模式更加适合中国科学院当前的资源和图书馆人力情况，有助于系统的长期、稳定运行。几年来随着它的发展，在功能和服务内容上又有扩充和外延，在中国科学院这个特定的范围内实现了资源共享，成员馆之间进行着文献提供，成员馆数量逐渐增加，服务呈分散分布。它的服务组织管理也具有一定的特殊性。①

(一)集中与分布结合的文献提供服务将资源建设与服务分布在多个图书馆，可充分利用各图书馆的馆藏资源；文献提供请求直接发到服务馆，直接的信息交互方便快捷，服务效率高。

(二)针对集中与分布式文献提供、馆际互借服务的管理为分级管理，服务组织管理、服务运行管理、服务及用户管理等分层次进行，各层管理对应不同的管理对象和管理内容，而且由多个成员馆联合开展。

(三)对于文献提供不同层次的服务内容都应有相应的规范化管理，有统一的规范要求，形成服务系统的统一整体形象，也为各成员馆提供发展空间，为一线服务能力的提升提供制度和规范的保障，使其在资源建设和信息服务上逐步纳入资源共建共享的体系中，带动整个系统成员馆整体服务水平的提升。

第四节　商务模式和公益模式

文献提供服务根据提供文献的机构性质可以划分为商务模式和公益模式。

一、商务模式

商务模式的文献提供实际上是版权作品市场销售的一种形式，其特点是商业性运作，收费较高(包括版权许可费)。②

70年代至80年代，随着计算机技术的发展，涌现出一批大型文献提供服务机构，一些计算机数据库的建立向人们提供了远程信息检索的途径，一些馆藏匮

① 贾苹，姚丹丹．集中—分布式文献传递与馆际互借服务管理模式探讨．图书馆学研究，2005(5)

② 林嘉．文献传递模式比较与启示．文献传递模式比较与启示，2003(5)

乏的图书馆和科研机构成为商业文献提供的基本用户，那些能够通过远程数据库检索并确认文献线索，然后获取原文的替代品，并以收费的方式提供给所需用户。如 DIALOG、OCLC 与 RLIN 等计算机数据库检索系统，此时的文献提供服务有许多是依托图书情报机构进行的。①

进入 90 年代，网络技术、远程通讯技术和数据库技术的不断发展，对于电子出版物、网络数据库和数字图书馆的起步和发展起到了很大的推动作用，从而促使电子文献提供服务进入全盛发展时期。据美国华盛顿大学的琼·希普曼(Jean Shipman)1998 年的统计，美国已有 25 家商业性文献提供服务公司，其中比较著名的除了科罗拉多州研究图书馆联盟(CARL)的 Uncover 中心和俄亥俄州联机图书馆中心(OCLC)以外，还有费克森研究服务公司的 FaxonFinder 与 FExpress、联机计算机图书馆中心的 TentsFirst 与 ArticleFirst 和美国研究图书馆集团 RLG 的 CitaDel，特别是 KnightRidder 公司于 1995 年全资购买 UnCover 系统之后，又购买著名的联机数据库 Dialog 和 DATASTAR，成为目前最大的联机检索服务提供商。②

美国 TDI 图书馆服务公司(TDILibraryServices, Inc.)是典型采用商务模式的文献提供公司，原则是"可以检索、提供任何地点的任何文献"，对文献订购的满足率高达 99.3%。TDI 十分重视对版权的保护，它声明用户使用 TDI 提供的每一篇文献都是遵守版权法的规定，TDI 将顾客满意度作为企业不断追求的目标，注重发展与顾客持久的联系，对于每一项订购都力争使顾客最满意，TDI 拥有分布在世界六大洲的大量的图书馆文献资源，其合作者是一些世界上一流的出版商、内容提供商。

美国 Infotrieve 公司是一个全服务(Full-service)商务模式的文献提供公司，成立于 1987 年，是商业、科学、技术、医学等领域文献的提供者，每年提供超过 100 万篇文献。该公司能提供任何已出版文献的复印件，在保护权利人利益的同时满足顾客的需要，Infotrieve 保证所有传递给用户的资料都符合美国和国际版权法的规定，大部分文献的价格都包含版权费用。③

在商务模式文献提供服务中，服务商依靠自己强有力的文献资源做后盾或多方获取文献的能力而提供商业活动，以营利为目的，主要通过市场机制解决知识产权问题。

---

① 胡俊荣. 电子文献传递服务产生动因探析. 情报杂志，2002，21(12)

② 林嘉. 文献传递模式比较与启示. 文献传递模式比较与启示，2003(5)

③ 陈传夫，吴钢，刘杰等. 国际上文献传递版权实践及其启示. 数字图书馆论坛，2008(1)

二、公益模式

公益模式的文献提供服务是图书馆传统的馆际互借业务的延伸，主要是为满足特定范围读者的科研或教学需要。

公益模式的文献提供服务是指图书馆根据相互签订的资源共享协议，代表用户向合作的文献收藏机构提出文献申请，彼此互相利用对方文献资料满足用户需求的活动。文献提供机构一般采取成本回收机制，仅向申请方收取合理的成本费用，如复制费、传递费以及检索手续费等，将服务收费标准控制在非营利范围。[①] 由于公益性文献提供服务的非营利性质，注重社会效益，法律上主要是通过授予公益性图书馆的特权或合理使用来解决版权问题，这就要求图书馆必须保证文献提供服务的公益性，将文献提供服务限定在合理使用的范畴内，如果超出了"合理使用"的范围，就必须向版权人支付报酬。

德国哥廷根大学图书馆开展的快速文献提供服务（GAUSS）就是一种公益模式的文献传递。哥廷根大学图书馆拥有440多万藏书，其中包括15 000种现刊，在DFG（Deutsche Forschungsgemeinschaft）的财政支持下，GAUSS可以提供订购的有专著、学位论文、缩微复制以及期刊论文的复印件，为了规避版权问题，在没有特别协议的情况下，专著的范围仅限于20世纪的出版物，1901年以前的出版物可利用缩微复制的形式有偿提供，GAUSS的收费较低。

国家科技图书文献中心（NSTL）是我国最大的公益性文献提供机构，开通于2000年12月26日，是科技部联合几大部委共同建设的国家级科技文献信息服务机构，包括中国科学院文献情报中心、工程技术图书馆（中国科学技术信息研究所、机械工业信息研究院、冶金工业信息标准研究院、中国化工信息中心）、中国农业科学院图书馆、中国医学科学院图书馆等文献情报单位，共同组成的一个虚拟文献传递服务中心，其全部资源来源于NSTL成员单位，覆盖理、工、农、医四大领域，服务面向所有上网用户，包括团体和个人。图书馆作为NSTL集团用户，只需注册并缴纳一定预付金后就可以在网上为本馆读者提出全文请求，系统接到用户请求后，自动完成全文文献订购，这种集中型单向传递的文献传递服务模式，可以提供的资源丰富，申请加入的手续简单，由中心到用户不需中介，用户端无须安装多余软件，文献申请程序简洁流畅，自由灵活，服务效率高。[②]

在美国版权法和CONTU原则的指导下，美国公益性文献提供服务开展得很

---

① 范丽莉，詹德优．文献传递服务模式的分析．图书馆杂志，2005，24(10)

② 图书馆文献传递服务研究．http://www.lib.lnnu.edu.cn/gylt/gylt-004/d-03.pdf [2009-05-02]

普遍,以 Minitex 开展的文献提供服务为代表。

美国明尼苏达信息资源共享网(Minitex Library Information Network,Minitex)是明尼苏达州、北达科他州、南达科他州 200 多家不同类型图书馆组成的图书馆联盟,文献提供服务是建立该网络的首要目的,在开展文献提供服务时,图书馆有责任确保递交给 Minitex 的文献请求都符合美国版权法的规定,当用户提交对期刊、图书或其他印刷材料的复制提供请求时,必须有以下两个标识之一,Minitex才会对请求做出处理:

(一)CCG(符合 CONTU 规则,Complies with the Copyright Guidelines)

(二)CCL(符合版权法规定,Complies with the Copyright Law)

Minitex 的电子文献提供(Minitex Electronic Document Delivery,MEDD)是一个基于网络的电子文献提供系统。被提供的资料扫描后,递交到一个密码控制的页面供用户检索下载,同时提交一封邮件通知用户索取的资料已经可以被下载,文献可以被查阅 5 次或者在 E-mail 通知发出后保留 7 天,然后就被从服务器上撤下,使用电子文献提供服务时用户必须要同意遵守版权限制。通过该服务提供的每份文献的第一页都包含了版权声明。用户要交纳的费用包括版权费用,版权费用是由版权人设定的,各自有所不同。

商务模式的文献提供是市场驱动的,而公益模式的文献提供是图书馆读者的需要;商务模式的文献提供实质是版权贸易活动,而公益模式的文献提供的实质是馆际互借和本馆服务。从国际实践来看,文献提供分别采用商务和公益两种运行模式,法律上对这两种运行模式有不同的规定,[①]在商务模式的文献提供活动中,服务商依靠自己强有力的文献资源后盾或多方获取文献的能力而提供商业活动,以营利为目的,主要通过市场机制解决知识产权问题,按商务使用的市场价格支付版权费,所以商务模式的文献提供其使用价格比公益性的文献提供昂贵。

图书馆在开展电子文献提供服务时一般是与文献提供集成服务商,如 OCLC、UnCover、UMI 等公司签订协议,传递电子文献就不需要再经过出版商的许可,因为这些集成服务商已经就自己经营范围的文献与出版商进行了著作权费用的结算。

第五节 人际传递模式和人机对话模式

文献提供服务根据提供文献的交流方式可以划分为人际传递模式和人机对

① 林嘉. 文献传递模式比较与启示. 文献传递模式比较与启示,2003(5)

话模式。

一、人际传递模式

文献提供与交流取决于文献载体的存在和有关技术的合理应用。我们知道,在以纸张印刷品为主的时代,文献提供从作者著书立说开始,经过出版商编辑出版,最后到达读者手里,还要通过如下几个环节来实现:书店直接购买;读者互相传阅;图书馆借阅、复印,这是传统意义上的文献传递模式,我们可以把它称之为人际传递模式。①

人际传递模式文献提供特点:

(一)被动型

服务一般是等读者上门,所有的服务基本是以图书馆为中心,缺乏主动服务的精神。

(二)单一型

服务对象固定单一,提供的服务方式和内容单一,读者获得信息的方式和渠道比较单一。

(三)浅层次

服务以收藏、加工、保存图书、期刊、资料等纸质载体的文献信息为主,缺乏对文献的深度加工。

(四)劳动密集型

图书馆的工作人员从书刊的采、编、加工到入库、管理,主要是从事重复性劳动,工作繁琐,劳动强度较大——以劳动密集型为主。②

在以往的文献提供过程中,图书馆作为一个社会服务机构,它通过对纸张印刷品的收集、整序、书目控制、组织流通等一系列手段来实现文献的公共传播,发挥了非常重要的作用,是传统文献提供的主渠道。而且由于纸张印刷品还将长期存在,传统服务有固定的馆舍和稳定的读者群,服务和提供服务的人员也是看得见摸得着的,最容易让人产生亲和力,也让读者有强烈的归属感,图书馆在这方面的传播作用仍然具有明显优势。

二、人机对话模式

随着计算机技术、通讯技术和网络技术的广泛应用,一个新型文献提供与交流模式已经形成。它以信息载体数字化和信息传递网络化为基础,通过计算机

---

① 邓荣先. 网络时代图书馆参考服务的多元性研究. 汕头大学图书馆通讯,2001(2)

② 王万群,谢志勇. 信息服务——从传统型走向数字化. 科技情报开发与经济,2006(8)

将一个城市、地区、全国、乃至全球的个人、部门和机构用户连接在一起,实现了跨越时空的人机对话模式的文献提供。

人机对话模式文献提供特点:

(一)主动型

服务已经开始走出图书馆,面向社会、面向需求、上门服务,具有前瞻性。

(二)针对型

服务冲破传统服务模式,紧密地配合社会需求,提供特色服务,有针对性地服务,不断提高读者的满意率。

(三)多样型

服务以用户为中心,需要什么就提供什么,摆脱了传统的服务方式,把服务推向市场,开展信息的深加工,如,联机检索、光盘检索、联机目录查询、网上专题信息、在线咨询服务等。

(四)知识密集型

服务工作将从借借还还的服务转移到多层次信息咨询服务,有更多的工作人员从事信息组织工作。直接参与市场,成为信息技术的中介,在信息服务的每一个环节增加智力投入,产生了新型的图书馆信息服务人员,被称为"网上信息员"、"网上导航员"、"网上冲浪员"。

由于现代信息技术在图书馆文献提供服务中的应用,服务手段发生了一系列引人注目的新突破和新发展,开始由手工操作向计算机自动化和网络化操作转变,用户不必亲临图书馆,可以通过 E-mail、网络电话、在图书馆的 web 主页和咨询网页上留言等方式向馆员申请。网络使图书馆馆员从繁琐的事务中解脱出来,主要从事知识性和智力性工作,提高工作效率。

未来图书馆是一种以电子计算机和通讯网络联系起来的图书馆集合,在这种网络化的文献信息交流系统中,每一个图书馆都是地区、全国乃至全世界信息网络的一个节点,每一个加入网络的单位和个人都可以利用网络系统内任何一个图书馆的文献信息资源。[①] 网络条件下,对于某一个图书馆来说,其所在网络系统内任何一个使用本馆文献信息的人都是自己的用户,图书馆的文献提供服务对象也由一馆拓展到全球。一个用户可以同时利用网络图书馆的文献提供服务,各类型用户可以同时利用一个馆的文献提供服务,不受时间、地域、专业和人数等限制。人机对话模式文献提供确实有很多优点,但也存在着一些不足,如馆员和用户不见面,馆员很难把握用户的真实需求;馆员和用户之间的交流受语言、表达能力等影响难以有效进行等。

---

① 文庭孝. 网络信息咨询与传统参考咨询比较分析. 图书与情报,2001(4)

第六节　传统化模式和信息营销模式

文献提供服务根据提供文献的服务观念变化可以划分为传统化模式和信息营销模式。

一、传统化模式

传统化模式是由于长期以来我国文献提供服务系统自我封闭、固守阵地、独自经营的传统所形成的，它比较重视文献服务的基础工作，主要指传统检索和咨询的服务。

文献提供是实现信息资源共享的重要途径。传统的文献提供方式采取人工操作方式，填写申请单提出复印申请，并以邮递方式传送文献资料，将印刷版的文献复印后，通过邮寄、传真等方式提供给文献需求者，两者各自不足之处为：邮寄周期长（一般需 3—5 天）；传真费用高且不够清晰。

传统化模式具有以下特点：

（一）服务体制单一

这种体制主体为纵向结构，是由政府直接控制的，它与计划经济相一致，曾显示过一定的优越性。但是，随着市场经济的发展，它的缺点日益暴露出来，其服务系统条块分割，各自运行发展，缺乏横向联系，无法实现功能互补，资源严重浪费，满足不了社会的需求。

（二）无偿服务居多

文献提供工作的经费来源主要是靠政府拨款，无偿为科研和政府机构提供信息服务，这种无偿的信息服务表现为一种间接的经济效益，在国民经济中也曾发挥过一定的作用。其缺点在于服务面窄，不适应市场经济的发展，缺乏竞争机制，服务方式被动，服务产品质量低，重复多，脱离社会需求。

（三）服务手段落后

技术设备陈旧，以手工服务和文本式服务居多，服务渠道单一，服务内容单调，服务水平低。显然，这种服务模式不论从其体制到机制，还是从其服务方式到服务内容都越来越不适应社会的发展，固有的阵地受到了市场经济和信息产业发展的冲击，出现一种紧迫感和危机感。①

---

① 黄海鹰．文献信息服务模式的选择与优化．图书馆论坛，1997（2）

二、信息营销模式

在当今市场经济大潮的冲击下，图书馆要想走出封闭的误区，真正做到以用户需求为导向，以读者为中心开展各项工作，就必须树立信息营销的理念。图书馆的信息产品和信息服务，要想走出深闺，同样也有一个营销的过程。从信息产品的品牌推广，图书馆和潜在客户的相互寻找、广泛接触、洽谈，到最终确定提供信息或服务的内容，是一个完整的营销过程，因此，图书馆信息营销活动应该贯穿各个工作环节，它不仅是读者工作的重要环节，也是最能体现图书馆服务水平的一项重要工作。随着市场变化的加剧和科技的迅猛发展，各个行业及各层次信息用户的增多，给图书馆带来了新的机遇，所以要求图书馆必须要有市场营销的观念。①

作为传统文献提供主渠道的图书馆不再是唯一提供信息服务的机构，一些专业性的信息服务机构，如联机检索公司、信息咨询公司等，纷纷成立并进入市场。一些出版商和书商都在采取种种措施，承担在网上为读者提供电子信息资源的服务。现在已有越来越多的报刊、杂志和图书在出版纸张印刷品的同时，又在网上出版发行对应的电子形式产品，如光盘版或网络版等，正在为用户提供多种方式的服务。②

现在我们可以通过扫描技术将馆藏印刷版文献转化为数字文献，再将数字文献用 E-mail 发送给对方，具体操作方式：将需提供的印刷版文献扫描，然后将扫描文献作为 E-mail 的附件发送；或直接从网上将所需的数字文献下载，再用 E-mail 传递。这种方式不仅快捷、清晰而且价格适中，无疑将成为文献提供的主流。③

信息以其既是产品又是原料的双重意义几乎联结着社会生产的一切部门，影响着人类社会生活的一切领域。人们对信息的渴望日益迫切，对信息数量的要求越来越大，对信息质量的要求也越来越高，这就形成了一个庞大的信息市场。④ 图书馆具有得天独厚的文献信息资源优势，属信息经营者范畴，不仅可以起信息中介作用，还可以成为信息的生产者，信息市场自然成为图书馆和市场经济的结合点，文献提供工作成为实现馆藏资源信息化的主要途径。

信息市场是现代市场的重要组成部分，营销观念是现代市场的灵魂，图书馆

---

① 王薇. 公共图书馆信息服务的转型模式探析. 科技情报开发与经济，2008(23)

② 王亚平. 现代图书馆信息参考服务的几点思考. 图书情报工作，2003(z)

③ 贾艳. 顺应数字化发展趋势 改进读者服务工作. 广东图书馆学会 2004 年学术年会. http://www.zslib.com.cn/xuehui/2004lw/jiayan.doc.[2009-06-30]

④ 薛柳. 图书馆信息资源优势及其图书馆信息营销. 图书情报通讯，2002(3)

要在现代信息市场求得生存与发展，就必须引进营销观念，图书馆信息营销，同样必须遵循市场营销的“四步原则”，即合适的产品，以合适的价格，采用正确的销售手段，销售到合适的地方。

信息营销模式的文献提供服务随着商品经济的发展而发展起来，它不仅重视社会效益，而且注重经济效益，“读者第一，面向市场，追求高效益回报”，它具有以下特点：①

（一）引入市场营销机制，改变图书馆传统的文献提供工作方式；

（二）引进和自建数据库，拓展深层服务；

（三）引进国外权威信息机构创建的数据库；

（四）组织开发有馆藏特色的信息产品；

（五）拓展深层服务；

（六）开展多种多样的宣传活动；

（七）要有合理的价格。

第七节　手工模式和自动化模式

文献提供根据服务的后台运作方式可以划分为手工模式和自动化模式。

一、手工模式

手工模式文献提供服务是传统图书馆的产物，所谓传统图书馆一般指以收藏纸质印刷品（图书、期刊、报纸）为主，基于馆藏文献资源，由图书馆员采用手工操作，为读者提供文献服务。② 手工模式服务是指文献提供服务的整个流程全部由手工操作，申请手工提交包括到馆、发送 E-mail 和填写网页表单、文献手工查找、代办复制，通过邮寄、快递或者传真方式提供给用户，用户信息管理、统计工作都必须人工进行，因此该方式是一种人工密集型服务，工作量较大，服务的效率和时效性很差。

二、自动化模式

随着现代信息技术在图书馆文献提供服务中的应用，文献提供已从传统手工操作工作模式，进入一个高效率、集成化、自动或半自动化的工作模式，基本实

---

① 陈旭华，沈卫红. 文献资源共享新模式——电子文献传递服务. 科技情报开发与经济，2002(5)

② 张宝泉. 谈文献信息服务的两种模式. 山东图书馆季刊，2001(3)

现了读者提交申请网络化、业务处理程序化、日常管理规范化以及办公的远程化，工作流程规范化，工作效率也显著提高。

自动化模式是指采用独立运作的文献提供管理系统，可以接收申请、管理用户信息和申请信息，同时具有各种统计和查询功能，用户要进入系统填写申请单，馆员通过文献提供管理系统将复制扫描生成后的电子化文献提供给用户，相比手工模式一定程度地提高了服务的时效性和效率。①

2008 年初国家图书馆馆际互借与文献传递系统开发项目通过招标正式进入研发阶段，本项目将实现馆际互借、文献传递业务流程的自动化，让馆际互借与文献传递业务的各项管理工作更加现代化、科学化，对用户的服务更加人性化，为推广国家图书馆的远程信息服务提供强有力的技术支持，最终目标是建立满足数字图书馆发展需要，符合国际与国家标准的、全国性的、一流的馆际互借与文献传递系统。

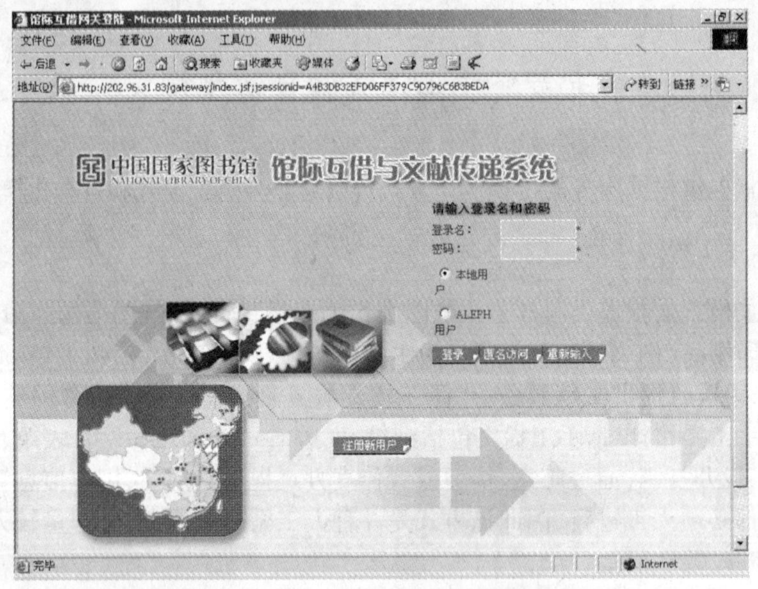

图 2 – 7　馆际互借与文献传递系统界面②

① 范丽莉，詹德优. 文献传递服务模式的分析. 图书馆杂志，2005(10)

② 中国国家图书馆馆际互借文献传递系统. http://202.96.31.83/gateway/index.jsf;jsessionid = 8B17BCA3AA9E134B97919617 E6994269. [2009 – 06 – 30]

文献提供网络化服务体系是文献提供中心工作的重要组成部分和对外服务的一个重要窗口，通过 Internet 向广大用户提供文献检索服务。该体系由馆际互借文献传递系统和馆际互借事务信息管理系统组成，任何一个 Internet 用户都可以注册或匿名使用该系统，要求该系统提供所需文献，用户可随时通过系统查询所申请文献的流通状况、个人账户等动态信息，使读者不到图书馆便能轻松地使用文献提供服务功能。该系统现处于试用阶段，即将推出。

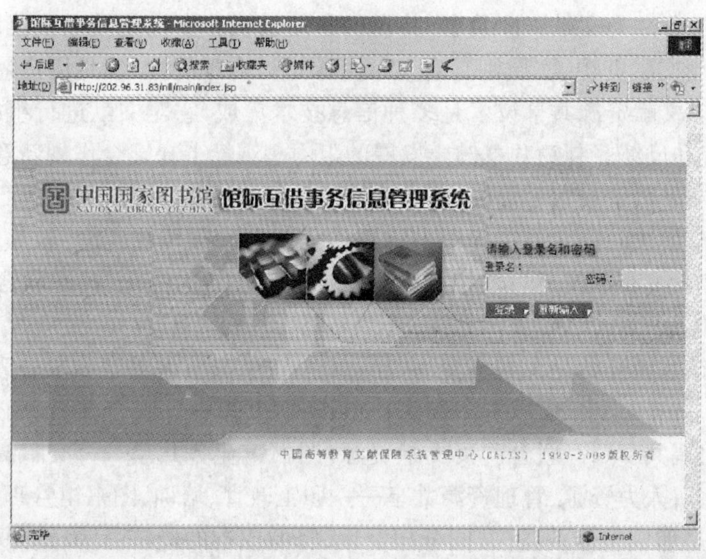

图 2－8　馆际互借事务信息管理系统界面①

文献提供服务是一项涉及方面多，复杂而又消耗大量人力的工作，急需利用信息技术改变业务的手工运作，所以全自动模式是文献提供服务的发展方向。

全自动模式指图书馆采用遵循国际馆际互借协议 ISO 10160/10161 的文献提供管理系统，系统可实现与联合书刊目录数据库和馆藏系统集成配套使用，用户通过网关检索书目数据库获得文献线索后，屏幕当即显示全文的获取方式、来源馆，甚至文献提供价格等信息供用户选择。用户可在检索界面点击"文献提供馆际互借"按钮，申请信息则自动生成并提交到文献提供管理系统，工作人员可在系统内直接进行文献的扫描和发送，具有很高的时效性。

---

① 中国国家图书馆馆际互借文献传递事务信息管理系统. http://202.96.31.83/nill/main/index.jsp.［2009－06－30］

第八节　区域性图书馆联盟模式

一、区域性图书馆联盟

在一定范围内将文献提供给特定的组织成员、特定的文献服务机构或用户分享利用被称之为文献资源共享，其目的是使组织和个人能够在该范围内最大限度地利用文献资源，实质则是对文献资源进行合理配置，满足用户需求，发挥最大功效。文献资源共享技术是多种信息技术集成，它对文献进行组织、存储、传递、交流和反馈。制约共享健康发展的阻力是观念上缺乏合作创新意识，片面强调馆藏文献数量或馆舍规模，造成低水平重复，重藏轻用，即使资源匮乏，也不想通过共享解决问题。要实现图书馆现代化就要冲破传统观念，破除多头领导和条块分割，摈弃本位，建立"相互协调、布局合理、结构优化、共同联合"的文献资源保障体系。

图书馆联盟开始是为共享实物资源而建立的，其资源共享阶段分为：文献实体共享——馆际互借、文献复印优惠；书目资源共享——联合书目、期刊联合目录；资源协调共享——联合购买文献资源；图书馆业务共享——文献提供、自动化技术服务；人力资源、管理资源共享——职工教育、培训、图书馆管理。共享理念的动因是形成整体效益，共同分担费用，降低成本的经济行为，结果是提高了资源的利用率。联盟机制的共享理念是对世界图书馆界的巨大贡献，共同经济利益是联盟运作的驱动机制和目的，经济利益的杠杆使它们有效地协同合作，图书馆成为共同合作的公共领域，随着互联网的发展，联盟重心转向网络信息资源的共享。①

区域性图书馆联盟是图书馆联盟的一种类型，又可分为专业性联盟、行业性联盟。在称谓上，图书馆联盟不一定冠以"联盟"之称，而常常以各种形式出现，如"图书馆合作体"(Library Coalition)、"图书馆合作组织"(Library Cooperative)、"图书馆同盟"(Library Alliance)、"图书馆理事会"(Library Council)、"图书馆链"(Library Link)、"图书馆网"(Library Network)以及"图书馆联合"(Library Federation)等。

区域性图书馆联盟是以地域为中心建立的图书馆联合协作组织，目的是促

---

① 文献资源共享. http://www.nlc.gov.cn/service/fuwudaohang/tyck/2004/200401_1.htm.[2009-06-30]

进地区内图书馆事业的发展，信息资源的联合共建共享，以及地区与地区之间的图书馆合作交流，地缘关系和地理因素在图书馆联盟的形成和组织中起着重要的作用。一定地理范围内的图书馆可以共享一个共同的管理机构，共享一个共同的资金来源，同时共享相同的社会组织结构和文化背景，也具有相同的需求和共性问题，容易形成共识和取得资金支持，有利于图书馆联盟发展。区域性图书馆联盟在美国很受重视，发展迅速、数量多、水平高、读者利用率最高，如 ILLNET、OhioLINK、TexShare、UALC、WRLC 等。①

二、我国区域性图书馆联盟模式发展现状

馆际互借与文献传递是图书馆间资源共建共享的具体表现形式之一，同时也是图书馆间倡导资源共建共享的表层原因。从表面上来看，为了更好地完成馆际互借和文献传递，图书馆开始呼吁从同地域同系统间的资源共建共享发展到跨地域跨系统间的资源共建共享，而更深层次的原因则不用多说，就是市场需要的必然选择。②

实际上，图书馆界的共建共享已经喊了多年的口号，同地域同系统间的资源共建共享也确实取得不错的成绩，比如 CALIS 等院校共建共享体系和中科院共建共享体系。然而，这些各种各样的体系做得再好，也都只是在本地域和本系统之内，到目前为止，中国图书馆界还没有一个做得非常成功的跨地域跨系统的共建共享体系形成。

2002 年 4 月，香港大学图书馆长联席会（JULAC）组织八家机构的代表组成任务小组，对开展馆际互借活动进行探索：在总结国外经验的基础上采用联盟的方式发起文献传递服务，使用 JULAC 组织内图书馆的软件和系统，组建了港书网（HKALL），香港的 8 所大学图书馆都加入港书网，进行馆际互借和文献传递的服务。③

三、区域性图书馆联盟模式

区域性图书馆联盟模式文献提供服务体系结构有链式网络结构模式、根状结构模式、纵向结构模式和横向结构模式等。

（一）链式网络结构模式：第一级是国家级文献情报中心，是资源共享的调控机构，担负着总书库的职能，负责解决下一级（链）机构的有关问题和复制服

① 常红，张毅君．区域性图书馆联盟文献传递模式研究．现代情报，2007（8）

② 余姝．先求己，再求人：图书馆馆际互借与文献传递的三大焦点．新华书目报·图书馆专刊，2007 - 11 - 08

③ 李沛．馆际互借联盟——HKALL 馆际互借模式研究．图书馆学研究，2008（5）

务等。第二级为省级网络中心，它以高校图书馆为核心，横向联系各省高校馆，形成二级链式网络，并建立地区型网络中心，再通过省际协作协调，建立跨省的网络机构中心。第三级是中小型图书馆网络，进行馆际互借等交流活动。

（二）根状结构模式：把国家图书馆作为全国图书情报事业的中心点，将各省、直辖市、自治区馆作为国家图书馆的分馆，将各地市县馆和其他图书馆（情报所）作为省一级馆的分馆，这样组织起来，全国的图书情报网络结构像树根一样。

（三）纵向结构模式：指按系统（如公共馆系统）建立的联盟模式。

（四）横向结构模式：指同一地区跨系统共建的联盟网络。纵向和横向结构模式都必须有一个或两个图书馆牵头，并签订共建共享详细协议，在平等、互惠互利的情况下，所有参加馆形成一种纵向或横向的体系结构。[①]

四、区域性图书馆联盟模式文献提供服务的发展方向

欧美国家的文献提供服务在组织管理模式、服务流程上有很多值得我们借鉴的地方。英国侧重于集中型模式，大部分文献提供业务（80%）由大英图书馆文献供应中心提供；德国图书馆界则采取分地区进行资源共享与文献提供的模式，德国有 7 个地区互借中心，各区的馆际互借服务基本上由所在区域各图书馆解决；[②]而美国则尝试一种资源共享与文献提供的新模式，由多家图书馆共同组成并共同支撑的馆际联合共同体，这种共同体既有地区性的，也有全国性的。

区域性图书馆联盟模式文献提供可能有具体的组织实体，也可能没有实际的组织机构。在网络环境下，区域性图书馆联盟文献提供主要是通过现代通信技术和计算机网络设备将其成员的相关信息资源系统组织起来，按照一定的协议和合同进行统一规划，既有分工，又有合作。

区域性图书馆联盟模式文献提供的特征：①组织结构具有动态性、开放性和自适应能力；②强调互利互惠、资源共享。

区域性图书馆联盟模式文献提供的功能：

（一）信息资源协调采集

信息资源协调采集按照依托重点、发挥优势、分工协调的原则，对纸质文献主要依靠各成员馆自建，联盟对价格昂贵的文献适当加以协调的方法；对电子资源则主要采用集团联合采购的方法，通过给资源供应商施加影响力以降低昂贵的电子资源的价格，各成员馆分摊费用，联盟共同拥有资源的使用权。

---

① 文献信息资源共建共享模式构想. http://www.lwsir.com/wenshi/shehuixue/200811/103122.html.［2009－06－30］

② 常红，张毅君. 区域性图书馆联盟文献传递模式研究. 现代情报，2007(8)

（二）联合编目与联合目录

成员馆利用网络进行联机编目，共享编目成果，并通过规范文档进行规范控制，以减少书刊编目中的重复劳动，提高编目工作效率和书目数据质量，实现书目资源的共享。联机联合编目的基础是产生联合目录，分为集中式联合目录（如 OCLC）和分布式联合目录（利用 Z39.50，沟通不同图书馆系统之间的书目数据）。

（三）馆际互借与文献传递

馆际互借是指图书馆根据用户的特定需求，从其他图书馆借阅本馆未入藏的资料，并根据互惠原则向申请馆出借文献的活动。通过联合目录，借助一定的协议，实现整合检索过程的多种媒体文献传递和馆际互借。

五、区域性图书馆联盟模式文献提供建设的重要意义

（1）区域性图书馆联盟模式大大降低了图书馆信息资源建设和服务的成本，为图书馆带来直接的经济效益；

（2）区域性图书馆联盟模式改变了依靠单个图书馆解决文献资源保障率的状况，建立信息资源联合保障体系，最大限度地满足读者的信息需求；

（3）区域性图书馆联盟模式有效地克服了我国信息资源共建共享的体制性障碍，是我国图书馆宏观管理领域的制度创新。①

尽可能地方便最终用户，不断提高服务的质量、效率和用户满意度是文献乃至图书馆界始终追求的目标。技术的进步将使馆际之间直接进行用户数据和书目数据的传递变成现实，从而给用户带来极大的便利和自主性，我国应参照西方发达国家的先进经验，建设一种资源配置合理、优势互补，具有规模经济效益的开放型的文献提供服务系统，让更多的用户从中获益，这也是未来的发展方向。②

---

① 肖希明．信息资源建设．武汉：武汉大学出版社，2008

② 李军凯．两种馆际互借模式的比较研究．图书馆理论与实践，2005（4）

第三章　国内外文献提供服务机构

信息技术的进步和网络的普及,使得信息的生产、传播、利用和存储更加便捷、呈现多元化趋势,人类知识出现前所未有的膨胀,图书馆不再是文献信息保存和有序化的唯一场所。丰富的馆藏、免费或低廉的价格不再是国内外图书情报类文献提供机构手中的王牌,形形色色的营利性文献提供机构和公司凭借高效率的文献传递速度和优质的服务得以蓬勃发展,在文献提供领域拥有一席之地。

根据文献提供机构的经营目的,可分为公益性文献提供机构和营利性文献提供机构,前者大都是一些图书情报类文献提供机构,通常由图书馆或情报机构另行设立的单位提供服务,但仍在图书馆或情报机构制度下运作。根据依托资源又可以分为商业性文献提供机构、数据库出版商和信息中介机构:(1)商业性文献提供机构:拥有自己的信息资源,不依赖其他文献信息机构/信息源;(2)数据库出版商:由数据库制作厂商所提供的原文供应服务;(3)信息中介机构:注重客户服务,拥有或者没有自建信息资源,依赖于其他文献提供机构/信息源。有人把专门提供某些特定种类文献的文献提供机构归为专门性文献提供机构,例如Bernan Associates专门供应政府出版物、Rapid Patent供应美国专利文献,这种专门性文献提供机构有一些属于商业性文献提供机构,有一些属于数据库出版商,本章不再累述,而着重介绍上述四类文献提供服务机构的情况。

第一节　图书情报类文献提供机构

一、国外图书情报类文献提供机构

(一)英国图书馆文献提供中心——BLDSC

英国图书馆文献提供中心(the British Library Document Supply Center, BLDSC)是1973年由英国国会艺术图书馆与国家科技借阅图书馆合并成立的,最初名为英国图书馆借阅部,1985年更名为现在的英国图书馆文献提供中心,BLDSC以文献资料丰富、服务周到、配送及时而闻名。

1. 依托资源和服务对象

BLDSC 的收藏宗旨是力求各学科文献的完备与周全。目前，BLDSC 拥有 1.5亿条、400 种文字的文献资源，时间跨度为 18 世纪至今，几乎覆盖人文、社科和科技类的所有学科范畴及所有文献类型，其中系列会议文献和年代久远书刊的收藏是其馆藏特点。[①] 该中心科技类专著的收藏量已达 280 多万册，且每年还有 4 万册新文献入藏。海量馆藏（尤其是期刊）为其开展文献传递提供强有力的保障，使其成为英国国际互借文献传递的最后出借者。中心文献传递范围十分广泛，包括期刊、图书、会议文献、缩微资料、报纸、政府出版物、专利文献、科技报告、学位论文、乐谱、影像资料以及未通过正常渠道出版的灰色文献等所有文献类型，涵盖医学、工程学、药学、纯科学、食品和农业、经济、环境、教育、法律、工业等各种学科范畴。中心大部分资料均可借出，期刊论文及会议论文可依据英国著作权法规定及该中心与大英版权局所签订的合约办理。

BLDSC 的服务对象遍及全世界，有高达 50% 的用户来自国外。英国所有的 208 家公共图书馆和 148 所大学，以及数百所国外大学都使用该中心的文献借阅服务，超过 80% 的英国高消费研发公司利用 BLDSC 的商业服务。[②]

2. 服务内容、传递模式和传递方式

BLDSC 提供多种服务形式，如一般复制服务、支付版权税的复制服务、租借服务、文献导航服务、站内 web 服务等。对于用户的请求，BLDSC 一般采取普通服务和快递服务两种方式予以解决，普通服务是在收到订单的 24— 48 小时内予以回复，快递服务是在收到订单的当天予以回复。

丰富的馆藏和高效的文献提供速度使 BLDSC 占领了英国文献传递的舞台，也是目前世界上最大的文献提供中心。上世纪 80 年代以来，该中心每年受理的申请达 300 万件，2000 年跃升至 400 万件，其中有 100 多万件来自国外；[③]在它所提供的文献中 89% 用的是 BLDSC 自己收藏资源。该中心每年通过受理文献提供服务的收入有 2000 多万英磅。

BLDSC 是集中式文献传递模式的典范，它以 BLDSC 为枢纽，协调全英国的馆际合作事务，而地区图书馆馆际互借系统在满足专业人员对地方档案及文献需要时，才作为子系统发挥作用，对于英国国家图书馆未收藏的文献，通过国内联机网络检索，再由该中心向其他图书馆借阅。同时，由该中心负责所有馆际合作的统计资料、管理同各系统的馆际合作业务，该中心还定期发行业务报告以及

---

① 赵光林. Internet 上的文献传递资源. 上海高校图书情报学刊，2002（4）

② British Library Remote Services customer statistics. http://www. bl. uk/reshelp/atyourdesk/docsupply/about/ourcustomers/index. html [2009 - 01 - 10].

③ 樊晓莉. 文献传递与原文文献的获取. 农业网络信息，2007（3）

地区图书馆系统的汇总报告,地区图书馆的馆际互借系统是以分散制的形式,作为馆际互借的辅助系统,主要负责各地区有关地区性资料的搜集与提供,如超出各地区的搜集范围,就需向文献提供中心申请馆际互借。英国的馆际互借属于收费制,由申请的图书馆负责支付。① 这种带有公益性的文献传递服务取得了显著的效益,激发了法国、德国、加拿大以及其他许多国家都采用 BLDSC 集中文献传递的模式。

BLDSC 的传递方式有电子传递(安全 PDF)、邮件、快递、E-mail、Ariel、SED、传真等形式。急件可利用 Urgent Action Service(接到电话或传真申请两小时内处理)或 Easy Order Service-LIXICON(无需注册,可以信用卡或开发票方式付费)。BLDSC 网上文献传递服务系统传递的方式有两种:Ariel 和 SED(详见第五章第四节)。

3. 服务特色

BLDSC 有比较完善的网上联合目录库和文献库,检索途径多,检索方便快捷,并且附有详细的常见问题解答,指导用户使用联合目录。该中心文献传递方式、用户付款方式多样化,并且有很好的电子商务系统支持。例如,BLDSC 为用户提供多种付款方式,注册的用户可以通过个人账户(最小的存款额为 100 英镑)或订单付款,也可以使用信用卡;对于没有注册的用户只能通过信用卡,同时还接受欧罗卡、万事达信用卡等。国图文献提供中心与 BLDSC 签有长期的馆际互借协议,BLDSC 是我中心国际互借利用最多的外国图书馆(尤其是借进图书最多),BLDSC 也经常利用我馆丰富的中文馆藏。国图文献提供中心在 BLDSC有一定数额的预存款,BLDSC 定期会寄来一份详细的账单,双方的费用可以相互冲抵。

BLDSC 工作效率高,服务质量好,BLDSC 文献提供速度之快,可以从他们引以为豪的案例中看出来:英国时间 2002 年 10 月 18 日凌晨 3 点,一家位于澳大利亚墨尔本的医院在治疗巴厘岛爆炸事件中的伤员时,急需一份处理爆炸创伤的文献,他们向位于约克郡的 BLDSC 提出申请,在接到申请后的短短 5 分钟内,图书馆员就从长达 130 公里的书架上找到该杂志,凌晨 3 点 20 分,他们已经成功扫描并把文献通过互联网传递给这家医院。② 我中心也深刻体会到 BLDSC 工作的高效率,例如我中心从发出借阅申请到该文献邮寄至我中心有时只需十天,这种高效率展现了 BLDSC 馆员高超的职业水平和良好的职业道德。BLDSC 的

---

① 钱遒立,印永清. 网络时代馆际互借模式之研究. 东南大学学报(哲学社会科学版),2002(1A)

② Bali case study. http://blpc.bl.uk/reshelp/atyourdesk/docsupply/casestudies/bali/index.html [2009 - 01 - 10].

服务质量也很好,该中心每年大约接受用户 4.2 亿个请求,满足率可达到 90% 以上,在专利文献需求方面,满足率可达 98% 。[①]

BLDSC 工作流程规范、细致。用户登录联合目录后,在一个类似 Google 的检索界面中输入关键词即可检索到相关文献,检索结果也可以执行排序、过滤等多种操作。图 3 –1 和图 3 –2 分别显示了检索界面和检索结果界面:

图 3 –1　英国图书馆联合目录检索界面

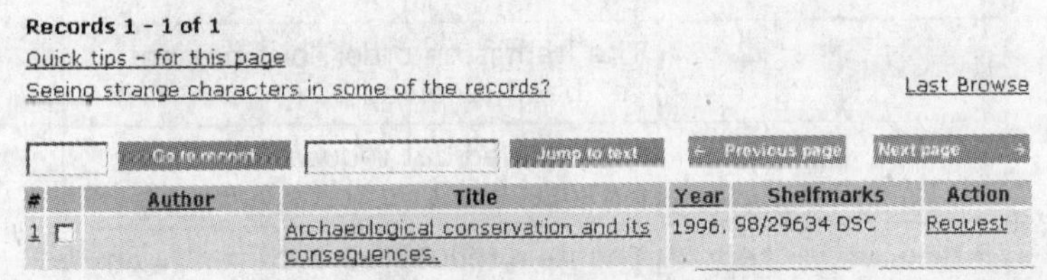

图 3 –2　英国图书馆联合目录检索结果界面

BLDSC 的网上文献传递服务系统与大英图书馆的搜索引擎和期刊集成检索系统(British Library Direct)实现了集成,对于检索到的文献,点击请求按钮即可进入请求单填写页面,此时文献信息会自动转入申请页面的对应框,只需在索取文献的部分内容时填写相应的篇名、章节、页码、年份等信息,这样不仅确保用户使用方便,而且提高文献请求的保障率。需要注意的是,用户的申请号是必须填写的,申请号是用户自己定义的,此号便于双方确认文献信息。此外,用户可

① 张燕. BLDSC 对我国馆际互借工作的启示. 图书馆杂志,2002(12)

以在申请说明中选择传递方式、特殊需求等信息。在申请提交之后，系统会自动生成一个申请成功的页面，上面显示用户申请的时间、账号、申请号、文献信息、传递方式等信息，可以方便打印存档。

文献到馆后，用户可以很容易地看到申请号，如果是需要返回的文献，该中心会在文献中放一张印有地址的标签，返回时贴上此地址标签就能确保文献安全到达。

对于无法立刻提供的文献，BLDSC 也会给用户邮寄一张单子，用代码说明文献被拒绝的原因。如"NOP"表示 BLDSC 没有收藏所需的卷期或章节，这些代码的含义可以从 BLDSC 提供的"回复代码指南"中找到。

为了统一回复代码，便于全世界的图书馆理解和使用，2005 年左右 IFLA 制作了一个由 28 个代码组成的标准回复代码，如图 3－3 所示。这组代码简单明了，它由 A—G7 个字母和 1—28 共 28 个数字组成，每个字母代表一个组，表示同一类情况，如"B"类表示该文献暂时无法提供；数字表明详细原因，如"B4"表示正在被其他用户利用，"B5"表示该文献正在装订。目前，世界上已有很多图书馆采用这一代码，BLDSC 正在与 IFLA 协商代码使用的问题。

Group	Code	Message
A.Not yet available	1	In Process, the item has been received but is not yet ready for use
	2	The item is on order, but has not yet been received
	3	Title owned but requested part/issue not yet received
B.Held but Ternporarily not for supply	4	The item requested is currently on loan or in use by a reader
	5	The item is at bincery
	6	The item is on course reserve and not available for loan

图 3－3　IFLA 制定的国际互借回复代码

BLDSC 收费合理，价格因服务的类型、需求的迫切程度和传递的方式不同而不同，对订购多本文献的用户实行优惠或免费发送，对不满意的回复可以不收费。如果可以通过本馆馆藏满足用户的需求，BLDSC 只收服务费；若不能满足，

BLDSC 将向协作馆发出请求,那么用户的付款方式如下:找到所需要的文献,用户不仅向 BLDSC 交服务费,还要向互借馆交一定的借阅费;没有找到所需要的文献,则只需要向互借馆交一定的手续费;如果用户直接向互借馆发出请求,无论需求是否得到满足都必须向互借馆交纳一定的费用。对于注册用户,一本书的借阅费用是 17.5 英镑,一篇文章(纸版)的费用为 10.25 英镑,这些费用已经把单向的邮寄费包括进来,所以价格不高,但是这一费用对国内用户来说还是难以接受,尤其是一本书或缩微胶卷的借阅周期从收到文献之日起,加上返还的时间只有一个月,文献到我中心后用户的阅览时间不足两周,而且这些书只能在馆内阅览,对用户来说还是不甚方便。

4. 存在的问题及发展展望

BLDSC 的服务优势突出,美中不足之处就是其自动申请传递系统(Automated Request Transmission, ART)没有用户跟踪查询服务,用户对文献的处理过程不能及时掌握。为了弥补这一缺陷,BLDSC 推出了"ARTEmail Replies Intray"服务,用户可以发邮件免费开通这一服务,这样就能每天收到一封报导最近一次申请处理进展的邮件。

英国文献提供中心文献提供的高峰期是在 2001 年左右,每年受理大约有 400 万件申请,然而最近 7 年文献请求量下降了 50%,到 2007 年仅为 160 万件,[①]造成这种根本性快速变化的原因有:信息环境,联合购买数据库,按浏览次数付费的服务,大部分出版者对文件进行备份,开放存取出版物,价格和邮寄费用的压力等,这些都对申请数量造成影响。据调查,1995 年之前 100% 的被请求书刊都是从图书馆的书架上获取的,目前有 15% 的书刊是以电子形成获取,其中 15% 可以从网上免费获取,这些免费获取的文献中有 2/3 来自开放存取文献。[②] BLDSC 目前的生存策略就是与合作者联合,增强现有产品的多渠道的供应链。

(二)美国联机计算机图书馆中心——OCLC

美国联机计算机图书馆中心 OCLC 是世界上最大的图书馆自动化联机网络中心,也是世界上较大的文献信息服务机构。OCLC 是一个非营利性的全世界图书馆界的组织,它的前身是 1967 年成立的美国俄亥俄学院图书馆中心(Ohio College Library Center),由于中心服务范围的扩大,图书馆成员的增多,1981 年更名为联机图书馆中心,总部设在美国俄亥俄州的都柏林。OCLC 自 1979 年开

---

① Pfleger, M. The British Library-the Changing Face of Document Supply. Interlending and Document Supply, 2007,36 (3)

② Singapore: 10th ILDS conference 2007. http://www.nlbconference.com/ilds/papers/mike.ppt[2009 - 01 - 10].

展馆际互借服务以来,已联合了 84 个国家的50 540家图书馆和教育科研机构,[①] 接受国内外大量的馆际互借请求,馆际互借满足率高达 95%,[②]成为一家具有全球意义的文献传递中心,大有赶上 BLDSC 的趋势。[③]

OCLC 的第一检索服务系统——FirstSearch 是专为图书馆用户设计的一种新的联机信息服务,主要向用户提供数据库检索服务和原文传递服务。目前通过该系统可检索 70 多个数据库,涉及 13 个主题范畴,覆盖了各个领域和学科,其中 30 多个库可检索到全文,总计包括 11 600 多种期刊的联机全文和 4500 多种期刊的联机电子镜像,达 1000 多万篇全文文章。这些数据库中最有影响力的数据库就是由 9000 多家图书馆参加联合编目的世界书目 WorldCat 数据库, WorldCat 包含世界上 400 余种语言文字的、超过 6100 万条记录,而且还在以平均每 10 秒钟增加 1 条新记录的速度递增,[④]每 4 秒钟发生一次馆际互借。FirstSearch 实现和 OCLC 的联机电子出版物数据库 ECO 的完全整合,增强了联合编目数据库 WorldCat 的馆藏信息,实现了各库间的联机全文共享。

FirstSearch 建立统一的终端用户界面,读者只需简单几步就能完成联机查询过程。FirstSearch 系统以多种方式提供全文:①联机显示 ASCII 全文。OCLC FirstSearch 系统有两百万篇文献的 ASCII 全文,可联机查阅,如果用按次检索的方式付款,每次联机阅读一篇 ASCII 全文文献的费用相当于五次检索。用户能将全文文献送至自己的 Internet 电子邮件信箱,或用打印机打印出来,无需另外付费。用户也可按年度订购全文数据库,每查阅一篇 ASCII 全文,费用是 4 美元,每个月结账一次。②通过第一检索服务向文献供应商订购全文。每一篇文献,如有供应商,第一检索服务显示出一个或多个供应商的名称以及递送的方式和价格,如航空邮递或传真。联机显示的价格包括版权费。③通过 OCLC 资源共享服务(OCLC Resource Sharing service,原称 PRISM ILL service)的馆际互借功能,向数千个参加 OCLC 资源共享的图书馆提供原文。

OCLC 的馆际互借服务,目前已有10 000所图书馆加入,其中包括了 BLDSC、美国国会图书馆等知名馆。使用效益为:①加入 OCLC 馆际互借不仅可与全世界的图书馆进行馆际合作,且申请馆际合作权限较容易通过;②目前较著名的国外图书馆皆要求对方馆加入 OCLC 馆际互借,进行馆际服务;③目前有 12 个文献提供中心加入 OCLC 馆际互借服务,如 BLDSC, DLC(国会图书馆)、EDRS(ERIC 文献复制供应中心),同时这些图书馆大都加入了馆际互借结算管理机

---

① 吕青. 介绍国外权威文献传递服务机构. 图书馆建设,2006(6)

② 赵冬梅. 高校馆际互借文献传递的实践与思考. 晋图学刊,2008(2)

③ 樊晓莉. 文献传递与原文文献的获取. 农业网络信息,2007(3)

④ 欧阳少春. OCLC 成功的三大要素. 图书情报工作,2004(7)

制(ILL Fee Management,IFM),使账务单纯化;④账务单纯化:透过 OCLC 馆际互借结算管理机制来管理借出及借入者的所有数据,包括追踪出借状况及价格的统计,由 OCLC 统筹寄发图书馆账单;⑤图书馆透过 Web 界面联机使用 ILL,方便操作;⑥提供加入 OCLC ILL 服务的各个图书馆借阅政策(Name Address Directory),同时可设定喜好的图书馆分组链接,直接从系统去找寻相关图书馆馆藏情形及借阅政策。

OCLC 馆际互借服务的工作流程:①系统通过 WorldCat 检索文献资料是否存在;②通过馆藏目录显示找到出借者;③用户自行选取或者根据 Custom Holdings的提示选取 5 个潜在出借者;④在联机馆际互借工作状态下创建一个馆际互借申请,系统会自动在申请中插入用户选定的出借对象;⑤把用户的馆际互借请求传达给每个潜在的出借者。系统通过一个联机信息文档追踪用户的馆际互借申请,并进行"ILL 循环";OCLC 馆际互借系统会自动以 4 天(或一个规定的时间)向用户选定的 5 家图书馆一一发出互借申请。第一家图书馆接受互借申请后,其馆际互借工作人员会把同意出借的答复输入到 OCLC 馆际互借系统中。同时,这家图书馆还会提出自己的馆际互借规定。如果用户接受它的规定,"ILL 循环"就结束了。如果第一家图书馆不同意互借申请,则 OCLC 馆际互借系统就会将互借申请交给下一家图书馆。不论是否能借到用户申请的文献资料,OCLC 馆际互借的工作人员都会把结果以电话或 E-mail 的方式通知用户,而 OCLC 馆际互借系统会自动取消此次馆际互借申请记录。①

OCLC 馆际互借服务的特色是:最新型的、灵活的、可信赖的服务;确定用户的需求,点击页面发出请求;整合账单,减少行政费用。其书目信息和馆藏信息可以通过联机编目数据库查找,然后在网上直接提交馆际互借请求。

OCLC 馆际互借的成功经验是:坚持全球资源共享理念;建立非营利、互惠互利的运行机制;重视方便用户的电子信息整合工作;紧随时代信息技术发展步伐。

(三)美国国会图书馆——LC

美国国会图书馆(Library of Congress,LC)建于 1800 年,距今已有二百余年的历史,是美国四个官方国家图书馆之一,也是全球最重要的图书馆之一。它是美国历史最悠久的联邦文化机构,已经成为世界上最大的知识宝库,是美国知识与民主的重要象征。美国国会图书馆以128 000 000册的馆藏量成为图书馆历史上的巨无霸,图书馆书架的总长超过 800 公里,这些馆藏中超过三分之二的书籍是以多媒体形式存放,其中包括很多稀有图书、特色收藏、世界上最大的地图、电

① 杨锐. 网络时代馆际互借的成功范例——OCLC ILL. 图书馆杂志,2001(1)

影胶片和电视片等(除农业技术和临床医学方面的信息分别由国家农业图书馆和国家医学图书馆收藏外,其他信息均被国会图书馆收藏)。① 美国国会图书馆最初设计的目标是为国会议员及其他政府机构的公职人员服务,随着规模的不断扩大,其服务范围已远远超过国会和华盛顿地区,现在可以说是立足美国,面向世界的一个大信息中心、研究中心。

LC 的馆际互借与文献提供服务属于馆藏获取、借阅与管理部门(Collections Access, Loan & Management Division, CALM Division)管辖。2005 年 9 月至 2006 年 9 月,CALM 共处理了65 892件来自全世界图书馆的馆际互借申请,国际互借的申请数量在上升,这些申请大部分来自说英语的国家和欧洲。同年,CALM 还受理了 845 份来自白宫、外交领域和法院方面的借阅申请。②

对于美国国内的图书馆,LC 可以给他们提供在当地无法获取的文献,这些图书馆必须加入一个馆际互借系统才有资格提交申请,如必须是美国较大的书目网络的成员(如 OCLC 或 SHARES),或者在美国图书馆目录或美国专业图书馆(Bowker)和信息中心目录(Gale)中登记才行。LC 不接受国内图书馆的邮件和传真申请,美国国内的图书馆可以通过以下三种方式申请文献。

(1)OCLC:LC 的馆藏在 OCLC 联合目录中的标志是“DLC”,申请者可以通过点击“DLC”来申请 LC 的文献。

(2)LC ILLiad 系统:首次使用 LC ILLiad 馆际互借系统的图书馆必须先注册,LC 负责馆际互借的馆员在收到图书馆的注册信息后,为该图书馆设置一个账号,并通过 E-mail 把用户名和密码发给该图书馆,图书馆就可以登陆 LC 的 ILLiad 馆际互借系统申请文献。需要注意的是,这一服务只限美国本国的图书馆用户。

(3)通过符合 ISO 馆际互借标准的系统申请:LC 也接受来自其他 ISO 认定的馆际互借系统的申请。

美国以外的图书馆如果通过 OCLC 申请文献,首先要支付该种文献有可能支付的最大限额。如果是借阅,需要支付 24 美元,如果是复制,需要支付 16 美元,多余部分会退回来。如果在申请过程中没有正确付费,申请则不予处理。

尽管 CALM 部门主要接受美国以外的 OCLC 或者 SHARES 书目网络成员馆的申请,但是如果申请方能够通过普通邮寄(而非传真)发送申请,并支付相应的 IFLA Voucher,CALM 部门也会受理。CALM 部门目前也开始接受国外图书馆的 E-mail 申请,但要等收到 IFLA Voucher 后才传送文献。IFLA Voucher 是国际

---

① 美国国会图书馆. http://baike.baidu.com/view/190913.htm[2009 - 05 - 10]

② Annual report of the library of congress 2006. http://www.loc.gov/about/annualreports/fy2006pdf/fy2006.pdf[2009 - 05 - 10]

互借中一种可以代替货币支付的可重复利用的塑料卡片,一个 IFLA Voucher(即 Full Voucher)代表 8 欧元,是绿色卡片;半个 IFLA Voucher(即 Half Voucher)代表 4 欧元,是红色卡片。一般文献提供方会提出多种付款方式让文献请求方选择,如信用卡、支票、邮局汇款、银行转账、IFLA Voucher 等,并告知对方应付数额。各个图书馆馆际互借收费标准不统一,对 IFLA Voucher 的数量要求也不一致。LC 借出一本图书一般收费为 3 个 Full Voucher,提供一篇文献一般收取 2 个 Full Voucher。使用 IFLA Voucher 可以避开银行手续费,也不会因汇率的变化而使其面值受损。IFLA Voucher 可通过 IFLA HQ(IFLA 总部)购买,如果某一图书馆有多余的 Voucher,多出的部分可以退还给 IFLA HQ 以兑换欧元。IFLA Voucher 计划始于 1995 年 1 月,目前全世界已经有很多图书馆参与到这个计划中来,中国国家图书馆文献提供中心也是该计划的积极参与者。

文献请求方需要登录 LC 的联合目录检索文献信息,然后填写 IFLA 提供的馆际互借请求单,把文献申请号、文献信息、请求方详细地址、文献传递方式详细地填写到请求单上。LC 收到付款后才提供文献,国家图书馆文献提供中心会把相应数额的 IFLA Voucher 和请求单一并寄给 LC。这种申请方式使得文献提供周期变长,加上国家图书馆既非 OCLC 成员馆,亦非 SHARES 的成员馆,所以一般情况下借阅申请要 2 个月左右才能收到文献,效率非常低。LC 在邮寄返还式文献时,除了会附上地址标签,还会附上一个小小的黄色反光贴,标有"TLC"字样(即 to LC,邮至 LC),请求方返还时贴上 LC 的地址标签和反光贴,就能确保文献顺利返回 LC。

对于返还型的文献,LC 的借阅周期通常是 60 天,CALM 部门通常会在借出的 45 天之后发出一张催还单,逾期不还者将中止其借阅权,并且文献只能在请求方的图书馆内使用,馆际互借图书一般不能续借,如有特殊情况,需要跟 CALM 部门联系。

(四)日本国立国会图书馆

1. 概况

国立国会图书馆,是隶属于日本国会的国家机关,是以协助国会的立法活动为首要目的的议会图书馆,同时,作为日本唯一执行呈缴本制度的国立图书馆,兼有为行政、司法各机关以及日本国民提供服务的功能。该图书馆的具体下属机构,有被视为"中央图书馆"的东京本馆(东京都千代田区永田町)和关西分馆(京都府相乐郡精华町精华台),另有作为"分支图书馆"的国际儿童图书馆(东京都台东区上野公园)和东洋文库(东京都文京区本驹込)和设立在各行政、司法机关内的 26 个图书馆。

它具有三大职能:对国会服务;对行政、司法机关服务;对公众服务。其中文献提供的业务大体从属于对公众的服务，主要由东京本馆的复制课和关西馆的文献提供中心负责。

2. 法律依据

《国立国会图书馆法》在其序言中，明确指出“国立国会图书馆秉持‘真理使我们自由’的信念，背负为宪法承诺的日本民主化和世界和平作出贡献的使命，根据本法设立”。序言中的“真理使我们自由”一段，明确提出，图书馆通过公平提供各类资料来保障国民的知情权，并以成为健全的民主社会的基础作为国立国会图书馆的基本理念。

3. 主要业务和流程

(1)远程文献提供服务

在日本所谓的远程文献提供即是远程复写提供服务之意，其定义为：可以满足已经确定复制资料和复制具体出处和页码的情况下的非来馆者的文献复制申请，不到馆可以提交复制的申请，通过邮寄或者宅急送方式获取所需文献，若在馆外提交远程复制申请而到馆获取文献，则被禁止。读者所需费用包括：复制费、打包费和邮寄费以及汇款时产生的手续费。

申请条件：复制资料必须是国立国会图书馆所藏，复制资料、复制出处和页码必须准确。

申请方法：

①网络申请。读者均须使用利用者登陆系统提交申请，利用者登陆系统是日本国立国会图书馆的一个读者检索兼文献申请系统，用户填写个人信息登陆后使用。进入日本国立国会图书馆的 OPAC 页面，输入利用者 ID 和密码，点击一般检索或者杂志记事索引栏，OPCA 检索之外的资料申请，如果利用者是图书馆，可以使用传真或者邮寄，个人则可以选择邮寄的方式，填写专用的申请单，寄送到关西馆，其后，由关西馆的工作人员代行输入填写提交申请。一次至多三十条文献申请，如果申请复制条目超过 30 条，只可以先提交前 30 条，复制邮寄完成之后，可以继续申请。①

②从最近的图书馆申请。来自图书馆的申请，除了网络系统申请之外，还可以邮寄、传真的方式进行。邮寄或传真的申请，《图书馆服务指南》一书上刊载有资料复制申请单，可供参考。②

③邮寄申请。不通过利用者登陆系统的个人、不能使用电脑的读者，可以直

---

① 如此限定，一方面是考虑到实际完成的可能性，一方面也是考虑到对于其他客户的公平。

② 邮寄和传真的申请，一次限定为 20 条申请条目。邮寄或传真的申请，如遇到各种原因不能给予满足，将通过传真或者邮寄的方式告知。

接通过信件提交申请。在所规定的纸上填写资料复制申请单,然后邮寄到关西馆复制借出系。

④海外的申请。与国内一样,包括网络(系统)提交、图书馆代行提交、邮件寄送等方式提交申请。邮件和传真的申请,可以参考国立国会图书馆主页记载的申请格式。发送方法采用航空信或者EMS,推荐使用后者,打包费300日元。支付的方法包括信用卡、国际邮政汇款、银行汇款。推荐使用手续费较低的信用卡。

申请的取消(更改)原则上不接受申请后的取消要求,错误申请或者不得已的情况下可予以考虑。但是如果复制作业已经开始进行中,则取消和更改要求不予受理。

复制后的发送。一般使用邮件或者宅急送的方式。[①] 只有国内用户可以指定普通邮寄或者快递。海外邮寄仅限航空邮寄,通常使用EMS。网络提交的申请:需要填写发送地址,且不能代理申请。经由当地图书馆申请:寄送到申请图书馆。信件方式提交的申请:寄送到用户所注地址。

图书馆不指定复制的发送和达到日期。不接受由传真提交、而到馆来取复制资料的申请。发送日期,尽量做到接收到申请之后的5个工作日内完成。如果申请资料(所藏或类型)分散,各处复制点各自完成,然后复制点各自寄送。

费用的支付。包括:复制费用、打包费(国内157.5日元,国外300日元)、邮寄费(实际发生费用)以上三部分的合计。费用采取后支付的方式。收到含有复制件和付款通知单的信件,确认复制无误之后,在20日内到金融机关汇款,手续费自理。

付款通知单。付款通知单由单位统一制作,与复制资料统一寄送。

支付的方法。邮政汇款或者银行汇入(国内)。国际信用卡、国际邮政汇款、银行汇入(海外)。来馆读者,如果要交付远程复制的费用,需要到复制委托中心的事务所而非复制中心。

统一结算。统一结算仅限于大学图书馆的场合,产生的文献提供费用,每月结算一次。该项服务自2008年8月开始。此事项需要事先到复制委托中心咨询登记备注。

复制前检查作业。文献出库作业者将文献资料(开架资料除外)发送、出库到指定复制检查室,在此检查资料保存状况、著作权等事项,如果没有问题再运送至下一个环节即复制室进行复制实际作业。如果出现特定困难如著作权没有

① 没有指定的情况下采用便宜的方式。

解决、纸张损坏等情况,则在此拒绝。

该作业,具体而言有以下职责:申请资料文献的状态、破损状态的确认;给复制操作者相关指示如复制注意事项等;出现未找到等情况的确认和检查;与利用者的联络、咨询内容的确认、利用和利用费用的咨询和介绍。

拒绝的申请,将在申请单上填写拒绝理由并在系统中记录。拒绝理由在系统内有备注选项,如,著作权不允许;该卷号没有所藏;无该论文、著者文献;正在整理;该卷号尚未到馆;已经取消;利用中,重新提交申请;申请事项与所藏不一致;本馆最新卷不能复制等 17 个备注选项。

(2)到馆文献的提供

相对比较复杂的远程文献提供服务,到馆服务则较为简单,主要流程如下:到馆读者利用登陆系统登录,提取原文(包括电子阅览)在规定地点阅览,需要文献复制请求填写复制单,由复制前检查的负责人检查著作权等事项,没有问题可以提交复制作业,具体负责复制作业的复制点在本馆一共四处,复制全部外包,实际作业人员 100 余人。由读者自己持文献去复制点,复制点人员复制完毕后归还原文献,读者到复制点缴费提取文献。文献索取的范围与远程文献提供稍有差别,远程文献提供的外文电子数据,目前只有 CNKI(中国期刊全文数据库)一种,而到馆读者可以获取打印的电子资源较多一些。

就其复制的方式而言,到馆读者还可以选择自助复印,这样费用比工作人员复制费用便宜,馆内设有自动复制设备,投币即可。

4. 主要特征和比较

如从整体上考量,可以看出日本国立国会图书馆的文献提供的范围和方式比较狭窄,对可利用资源的限定比较严格。这需要我们全面看待:该馆对于可提供的资源进行了严格的限定,包括著作权问题的重视等,虽限制了文献提供业务的发展,但长期看来,这是出于国家图书馆应对所藏文献的保护和保存以及作为国家图书馆的公益性的角度考虑,无疑具有长远性,也体现出发达国家对知识产权和著作权的认知水平。

而我们文献提供的范围较大,方式灵活多样,这也是基于目前我国国情以及图书馆整体发展不平衡的格局,中国国家图书馆承担部分公共图书馆的职能而呈现出以上的特点。因此,具备上述特点的文献提供服务,对于目前处于发展中阶段的我国科学研究和文化普及,尤其是远程文献提供服务满足全国科研需求、消除资源格局差异、达到资源共享的目标等方面,都具有重大现实意义。

我们也应该看到:日本国立国会图书馆文献提供的条例清晰,可操作性强,分工精细；中国国家图书馆业务处 2006 年出台了《国家图书馆文献利用暂行条例》，[①]但缺少对所藏文献的利用、可操作性的成文规定，增加了其随意性和人为性，这也导致了问题产生的可能。

日本国立国会图书馆文献提供条例对于读者有一定约束性，如提交申请原则上不能取消和更改，使用能确认身份的证件登陆申请等。这样就达到一种平衡，在图书馆员受到工作条例的约束同时，也产生对于读者的约束机制，如可避免重复申请造成的工作人员工作量增大、重复复制造成的资源和人力浪费等。

（五）德国教育科研部——Subito

由于德国的联邦制国家体制和历史原因，图书馆事业不是由中央行政机构统一管理，各州有很大的自主权，具有很强的分散性，在这种历史和政治背景下形成了德国跨地区文献提供系统。[②] 而"特藏领域计划"为这种跨地区的文献提供给予可靠的支持，"特藏领域计划"的目标是要求各相关图书馆尽可能地购买和收藏某一专业领域的文献，某一国家或地区的文献或某种语言的文献，这种完善的藏书体系成为馆际互借的基础。德国图书馆采用 RAP-DOC（Rapid Document Delivery，快速文献传递系统）来改善传统馆际互借效率低的状况，该系统使终端用户可以通过互联网和收藏馆直接联系，使馆际互借的处理时间从原来的平均22 天缩短为3 天。1997 年10 月，RAP-DOC 系统发展为德国文献服务系统——Subito。[③]

Subito 是德国、奥地利、瑞士研究图书馆文献传递服务的商标，是德国教育科研部为了加快文献资料提供速度而建立起来的国际性的图书馆文献传递服务系统，现有德国、奥地利、瑞士等国的 37 个图书馆参加，总部设在德国首都柏林。Subito 依赖于 37 个成员馆的几百万种期刊及图书，这些文献形成了一个为科学、经济、社会等所有领域提供信息的重要基地，它直接面向用户提供文献传递服务，服务对象主要为德国、奥地利、瑞士和列支敦士登等国家的非商业性用户，用户在享受文献传递服务前必须先注册成为系统合法用户。

Subito 提供两种文献传递服务方式：Subito-Article-Delivery（Subito 文章传递）和 Subito-Book-Delivery（Subito 图书传递）。Subito-Article-Delivery 通过Subito 的联合目录（Serial Catalogue）可为用户提供成员馆馆藏期刊、连续出版物、丛书及图书中的章节等网上文献传递服务。Subito 的联合目录包含大约 100 万种印刷型的各个领域各种语言的期刊和 350 万种来自成员馆的参考书目，Subito

① 中国国家图书馆业务管理处. 国家图书馆文献利用暂行条例. 北京：国家图书馆，2006

② 马惠平. "特藏领域计划"——德国跨地区文献提供系统. 图书馆论坛，1992(3)

③ 朱学军. 关于国内外馆际互借业务发展的对比研究. 河北科技图苑. 2007(2)

网上文献传递服务只对注册的合法用户提供，其文献传递使用的文件格式有两种：PDF 文档和 MTIFF 文档，文献传递的方式有三种：①E-mail，论文以附件形式发送至用户电子邮箱；②FTP Active，论文存放在用户指定的服务器上；③FTP Passive，论文存放在提供者的服务器上并通过 E-mail 通知用户下载。Subito 文献传递服务分普通服务和加急服务，普通服务一般在 3 个工作日内完成，加急服务在 24 小时内完成。普通服务 Subito 成员馆的收费标准是相同的，加急服务各个成员馆的收费标准有一定差别；Subito-Book-Delivery 主要提供成员馆的图书外借服务，用户通过 Subito 的联合目录可以在线检索和预定，并直接由提供馆将文献寄至用户工作地点，但用户须在 4 周内寄回，馆际互借服务也有普通服务和加急服务之分。Subito 的文献传递服务受到了国家的部分资助，比其他的文献传递服务便宜。

Subito 根据用户的居住地、直接服务对象、用户职业、是否是商业组织等把用户细分为 8 组，每组用户的服务范围、传递方式和收费标准都有一定的差别。

Subito 各成员馆成立了一个中心控制（Central Regulation）办事处，由该办事处负责管理账务，包括生成账单、监督支付情况、发出催缴通知、为各成员馆结算账务。对用户来说，这种做法的优势是显而易见的，用户每个月只收到一张标有所有文献传递信息的账单，用户对账单有疑问时只需和一方联系即可。Subito 的支付方式包括：银行转账、现金、支票或信用卡支付 4 种。

用户在 Subito 检索文献信息尤其是期刊文献时，必须精确到年，以便系统罗列拥有该文献的成员图书馆，用户可任选一家图书馆点击其订购按钮进入申请页面，此时期刊的刊名、出版者、年代、ISSN 号等信息就会自动显示出来，用户需要填写文献题名、著者、卷期、页码等信息，然后选择传递方式即可。当然，对于注册用户，系统默认的是用户注册时选择的传递方式，一般无需更改。整个申请过程简单、易用，申请成功后，系统会显示 Subito 给该文献分配的申请号，文献提供方的图书馆名称，申请时间等信息。后续的文献提供服务就由该成员馆承担，如有问题也由用户和该成员馆联系。

Subito 的文献提供服务费用低廉，传递速度快，是期刊文献传递的首选机构。其普通网上文献传递服务虽然声称是 3 个工作日内完成，实际上绝大多数文献会在一个工作日内完成。我中心最近一次申请，居然在两个小时内就收到了所需的文献，速度之快令人佩服。Subito 提供文献请求跟踪服务，这种服务非常周到，它方便用户追踪近期的文献申请情况，了解账目信息，及时掌握某一申请的完成情况。

Subito 的不足之处在于：首先，Subito 不接收预付款和 IFLA Voucher，它会定期给用户邮寄一个账单，标明付款总费用、每次申请的时间、申请号、提供馆、单笔申请费用等信息,用户必须在指定时间内通过邮局、银行转账、信用卡支付或者支票的方式付费,这样会支付许多邮局/银行的手续费,增加成本;其次,其文献收藏量不够丰富,很多文献 Subito 都没有收藏,而且 Subito 大多数成员馆原则上不向国外提供返还式文献,基本系统中显示一份文献有相应的馆藏地,但国外用户的申请界面中没有申请按钮,这给国外用户带来诸多不便。这种情况下可以向相应成员馆发电子邮件申请,少数成员馆也会提供,但不以 Subito 成员的名义提供。

二、港台地区图书情报类文献提供机构

(一)台湾地区文献提供机构

台湾地区的文献提供机构中具有代表性的机构是台湾汉学研究中心,其远距图书服务系统(http://www.read.com.tw/index.html)包括期刊资源、政府信息、文学名家三大类型共 7 个数据库,分别为:中文期刊篇目索引影像系统、台湾出版期刊指南系统、“政府部门”公报查询系统、“政府部门”统计查询系统、“政府部门”出版品目录系统、公务出国报告查询系统、当代文学史料系统。这 7 个数据库收录了近 35 年、超过 4000 种的中西文期刊及学报,书目数据约 200 万篇,已扫描全文影像逾 1000 万页。其期刊资源涵盖计算机网络、医疗保健、社会人文、自然科学等多个领域;“政府部门”信息提供海内外使用者实时获取“政府部门”信息的最新动态,快速掌握“政府部门”信息的脉动;文学名家搜集了五十多年来台湾地区当代文学作家约 2000 位的基本资料,提供完整、珍贵的台湾文学史料,是国内外进行台湾文学研究、教学、阅读的重要信息来源。

台湾汉学研究中心的远距图书服务系统与上述七个数据库的资源实现整合,通过整合查询,就能查找这些数据库中的资源,并能够直接对查询结果进行文献申请。

台湾汉学研究中心的远距图书服务有两种申请方式:1. 远距图书服务会员申请,可自行申请文献,用户可以单次付费,也可以从远距账号中扣抵点数,系统会按照用户选择的传递方式传递给用户;远程账号中的点数相当于预付款。2. 作为台湾文献传递系统的成员馆用户申请,用户要首先拥有台湾文献传递系统的账号,然后申请文献,并由各成员馆对申请进行审核,文献会传递到各成员馆,用户需要到成员馆索取文献并付费。

文献传递流程:1. 下载浏览软件,2. 检索流程(登录、检索、进入检索结果,文献传递),3. 结账流程(a 选择全文传递单位和传递方式,b 进入购物车选择删除或结账,c 填写收件人或收件地点资料,d 订购确认,可选择会议点数抵扣、信用卡付费、网上银行转账进行交易,e 显示申请文献传递明细),4. 全文显示四个

步骤。

台湾汉学研究中心的远距图书服务系统 24 小时提供服务,服务效率高,用户随时随地可以获取台湾汉学研究中心的资源,结算方便,深受用户好评。

(二)香港地区文献提供机构

香港地区具有代表性的文献提供机构为香港中文大学图书馆的馆际互借及文献传递部门,该部门为用户提供用作研究及私人学习的非本馆资料、馆内期刊和书籍篇章的文献传递服务。

文献种类:馆际互借和文献传递服务为用户提供期刊文献、书籍、论文、专利等借阅或传递服务。借阅服务不包括其他图书馆内参考及特藏部的资料。某些项目如视听资料及电脑软件等,均受版权条例影响而不予外借。

服务对象:馆际互借和文献传递服务只供香港中文大学教务人员、行政及研究人员,研究生和应届本科毕业生使用。应届本科毕业生获得导师签署批核后,便可申请账号使用此项服务。申请表格可在图书馆网页下载,或亲临大学图书馆馆际互借和指定参考书服务台向职员索取。

服务范围:馆际互借和文献传递服务只限于馆内及其他本地图书馆的文献传递,包括与本馆达成互惠协议的海外图书馆,但不包括书籍借阅服务。

从上述规定可以看出,香港中文大学图书馆的馆际互借及文献传递部门对用户的限制很多,其基本上只为本校师生服务,而且不外借图书。香港和台湾地区的图书馆基本上都没有图书外借服务,其中一个很重要的原因就是港台地区的图书馆建筑面积都不大,没有能力收藏书籍复本,如果外借书籍,就很难确保书籍不被损毁或丢失。我中心曾多次向港台地区申请借阅图书,均被拒绝(5.12 汶川地震时期台湾地区曾破例向我中心出借相关图书资料),不过他们可以提供书籍部分内容的复印件。此外,其对服务内容和借阅种类也有诸多限制,如不提供彩色复印业务,不提供期刊封面的复印等。这些限定给用户带来很多不便。

香港中文大学馆际互借及文献传递的申请方法:

1. 通过图书馆馆际互借系统(ILLiad)递交申请表格;2. 把已填妥的申请表格邮寄或传真至馆际互借及文献传递部门;3. 文献传递方法与书籍归还:读者将收到 E-mail 通知收取文献与书籍。期刊文献等复印资料将会应读者要求的方法传递,以下必须任择其一:(1)电子传递。登入 ILLiad 系统,使用 Acrobat Reader 阅览及列印所需文献。文献被保留 14 天后会被 ILLiad 系统自动删除;(2)校内邮递服务至读者所属部门;(3)亲临大学图书馆馆际互借和指定参考书服务台领取。

借阅时间及续借事宜:期刊文献及其他影印本均毋须归还,用户可自行保存,书籍、微缩胶片和一些论文只供借阅,由外借图书馆提出借阅期限,用户必须在还书期限之内归还物件,还书日期可于封面上的绿色纸条或其他明显处找到,读者请于还书日期前两个工作日或以上,登入图书馆馆际互借系统(ILLiad) 递交续借申请,续借成功与否取决于外借图书馆的同意。一般来说,海外图书馆不接受书籍续借,请读者依时把不获续借的书籍归还,否则过期罚款需由读者自行承担。若续借成功,读者将收到 E-mail 通知新还书日期,请即把日期填写于书籍封面上的绿色纸条上。

限额及收费:符合资格人士每学年均获发不同的限额,用作复印本地及海外文献,从香港教资会图书馆借阅之书籍一律免费。

该机构的文献提供服务虽然服务范围及方式上有很大的局限性,但其规程设定,有很多值得借鉴的地方。

三、国内图书情报类文献提供机构

(一)国家图书馆文献提供中心

1. 背景

中国国家图书馆是国家的总书库,履行搜集、加工、存储、研究、利用和传播知识信息的职责。我国的图书馆界现状:公共图书馆发展整体落后和不平衡是我国图书馆界目前面临的最大难题,具体表现为一是数量少,全国尚有 25 个县未建有图书馆;二是质量差,全国公共图书馆每年收藏图书以 100 万册的速度在递减,一些馆只有牌子,没有馆舍、人员及经费;三是发展极不平衡,沿海地区发展快,内陆地区发展慢。

以上三个方面决定了中国国家图书馆必须承担部分公共图书馆的职能,大力发展文献提供服务,为实现知识传播和全国文化资源共享事业承担起应有的责任和义务。

2. 概况

中国国家图书馆是最早开展馆际互借和对外文献交流的图书馆。1927 年起开展馆际互借工作;1949 年,国家图书馆馆际互借处于初级阶段;1956 年,国家图书馆已与 240 个图书馆建立互借关系;1988 年,国家图书馆与国内 300 多个单位的图书馆建立馆际互借关系,并与 94 个图书馆建立了国际互借关系,其中涉及 35 个国家和地区;1997 年,成立文献提供中心,该中心将传统的咨询服务与网络信息技术相结合,为社会提供多层次、全方位的有偿服务,其中包括文献传递、馆际互借、国际互借;目前已与 63 个国家 500 多家图书馆建立了业务联系,凡国内缺藏的文献,均可申请办理国际互借、原文影印等服务,目前正着力于文献提供协作网和馆际互借与文献传递系统的应用和普及,以适应数字、信息化时代的要求和挑战。

3. 服务内容和方式

从文献提供发展的历程上讲,“国家图书馆文献提供中心”服务的理念和方式也发生了巨大的变化,由原来书的馆际互借、传统型的文献传递服务模式发展到目前通过 2009 年 2 月份启用的文献提供系统等多种手段提供国内外资源的多样化服务模式阶段。

具体而言主要分为三大服务板块:

(1)文献提供:以国家图书馆馆藏资源和各类数据库为基础,以其他图书馆和各个情报机构为外延,由专业图书馆员帮助读者检索所需要的文献资料,并以复制服务为中间环节,通过普通邮寄、挂号、EMS、中铁快运、网上传递(通过 Ariel、E-mail、FTP)等形式最终实现文献传递“一条龙”服务。用户可以通过网上申请、E-mail、电话、传真、到馆等多种途径递交查询申请,用户的请求将在 2 个工作日内被处理。

(2)馆际互借:满足读者对国家图书馆缺藏文献的需求,实现国内范围的资源共享,国家图书馆现已与各地图书馆建立业务联系,在国内范围建立馆际互借关系,最大程度上自愿互利,以便能够更好为读者服务。详情请见国家图书馆馆际互借和文献传递的规则及国家图书馆馆际互借系统操作方法。①

国家图书馆文献提供中心的用户对象以大专院校用户最多,2008 年,在非返还式文献提供中,大专院校用户占 57%,在返还式文献提供中,大专院校用户占 89%。同时,来自科研院所和企事业单位的用户也占有较大比例。

(3)国际互借:国际互借分国外用户向国家图书馆申请资料和通过国家图书馆向国外申请资料两个部分,即国际互借借出业务和国际互借借进业务。

国际互借借出业务:本业务面向国外用户,其中出借服务对象涵盖各类图书馆,文献提供服务面向所有文献需求者,同时提供各类咨询服务,或将有关问题转至馆内相关部门,所借图书均航空邮寄,文献传递可使用航空邮寄、Ariel 或 E-mail 传递。大部分国外文献请求,国家图书馆文献提供中心都能在 24 小时内处理完毕,快捷、优质的服务为我中心赢得了一大批海外用户,并多次受到用户的称颂。国家图书馆是中文文献的终极馆,因此,国家图书馆文献提供中心对所有中文文献请求,无论国家馆是否收藏,都极力为用户提供。对于国家馆没有收藏的中文文献,国家图书馆文献提供中心通过向国内其他文献机构、出版社乃至作者本人等多种方式索取,出色地扮演了中文文献终极提供者的角色。这种做法在国外图书馆中并不多见,多数图书馆只提供本馆馆藏文献,不负责向其他图书馆借阅。此外,凡读者需求而国家馆尚未收藏的中文文献,国家图书馆均逐一补

---

① http://www.nlc.gov.cn/kyck/kyck_kyfw3.htm[2009-04-28]

藏,这一举措无疑极大增强了国家图书馆的中文文献保障能力。国家图书馆文献提供中心还长期为多家大使馆提供文献传递和馆际互借服务,获得了良好的社会效益。

国际互借借进业务:为满足我国读者对国内缺藏文献资料的需求,逐步实现世界范围内的资源共享。国家图书馆国际互借已与世界63个国家、500多个图书馆建立了业务联系,并努力以世界各国家图书馆为合作馆,竭诚为国内科研、教育、生产等单位用户提供优质、高效的服务。目前,英国的BLDSC和德国的Subito是"国家图书馆文献提供中心"国际互借业务的主要申请机构,其他机构如加拿大CISTI、澳大利亚国家图书馆、日本国会图书馆、美国国会图书馆、俄罗斯国立图书馆、韩国尊经阁图书馆(为"国家图书馆文献提供中心"充当着韩文文献终极馆的角色),以及美国、德国、非洲地区多家高校图书馆长期建立密切的合作关系。国际互借借进业务尤其是返还式业务借阅周期比较长,而且国外各个馆的处理速度、收费标准差别较大,拒绝率比较高。

国家图书馆文献提供中心2008年各项业务统计表见表3-1。

表3-1　国家图书馆文献提供中心2008年各项业务统计表

业务名称	申请条目(件)	满足条目(件)	满足率
文献传递	30 472	23 984	78%
馆际互借	4854	4840	99%
国际互借(借出)	793	683	86%
国际互借(借进)	253	186	73%

从表中可以看出,非返还式文献传递的满足率比较低,其中的主要原因是馆藏外文科技期刊的保障能力还不够强,购买的电子资源以二次文献数据库居多,全文数据库较少,其次是馆藏信息揭示不够详细,国家科技图书文献中心(NSTL)在馆藏信息揭示方面做得非常出色,能够揭示期刊中单篇文献的题录信息,为文献传递提供了有力的保障;同时,国际互借借进业务无论是申请数量还是满足率都比较低,究其原因,有三方面因素:①国际互借的费用较高,国内读者一般难以承受,国际互借中返还式文献的借阅费为280元/册,期刊10页以内150元/篇,学位论文的费用更是高达五六百元/本。②部分返还式国际互借的周期较长,而大多数用户对时效性要求较高,这种矛盾导致少数用户放弃申请。美国国会图书馆的处理周期一般在两个月左右,俄罗斯国立图书馆的处理周期更是在两个月到半年之久。③国家图书馆文献提供中心提交的申请被国外图书

馆拒绝的现象也比较多,国外图书馆很多只对本校或本联盟内部的成员提供馆际互借服务,或者对本国图书馆提供相应服务,而拒绝对其他图书馆提供馆际互借服务。还有一些原因导致申请无法进行,如对方图书馆没有英文界面或发出的邮件申请屡屡被系统退回等。国际互借要加强同国外图书馆界同行的联系,采取多种互惠措施来降低双方的国际互借成本,同时要在国内大力宣传国际互借业务。

4. 馆际互借与文献传递系统

2009 年 2 月份国家图书馆馆际互借与文献传递系统正式投入使用,本项目最终目标是建立满足数字图书馆的发展需要,符合国际与国家标准的、全国性的、一流的馆际互借与文献传递系统。该系统是在中国高等教育文献资源保障体系(CALIS)的馆际互借与文献传递系统的基础上改造而成的,有关该系统的介绍请参见后面的 CALIS 服务特色小节。

5. 文献提供协作网

文献提供协作网是根据 2007 年 10 月在北京展开的首届“全国文献传递与馆际互借研讨会”上形成共识并全体通过的倡议书,由国家图书馆发起,于 2007 年 11 月成立的网站。该网站由国家图书馆初步建设并维护,首批协作单位为参加研讨会的所有公共图书馆、高校图书馆和情报服务机构,大家共同参与各模块的内容建设。

我们的宗旨是通过“文献提供协作网”,搭建信息沟通与交流的平台,建立馆际互借与文献传递业务交流的长效机制,加强技术交流与协作,促进人员联合培训,进一步推进资源的共知共建共享,形成优势互补,实现联合服务,积极发展馆际间的协作与联盟,达到文献信息资源共建共享的目的。

6. 附注

除了文献提供中心,在国家图书馆从事广义上文献提供服务的部门,还有企业服务中心和数字资源部以及为政府提供服务的立法决策服务部。

(二)国家科技图书文献中心——NSTL

国家科技图书文献中心(NSTL),是经国务院批准、科技部牵头于 2000 年 6 月组建的一个虚拟的科技文献信息服务机构。成员单位包括中国科学院文献情报中心、工程技术图书馆(中国科学技术信息研究所、机械工业信息研究院、冶金工业信息标准研究院、中国化工信息中心)、中国农业科学院图书馆、中国医学院图书馆。网上共建单位包括中国标准化研究院和中国计量科学研究院。

NSTL 的主要任务是面向全国提供馆藏文献的阅览、复印、查询、检索、网络文献全文提供和各项电子信息服务,2000 年 12 月正式开通 NSTL 网络服务系统,其目标是根据国家科技发展需要,采集、收藏和开发理、工、农、医各学科领域的科技文献资源，面向全国开展科技文献信息服务。NSTL 文献传递系统采用集中式的文献传递模式。

1. 依托资源和服务对象

NSTL 目前收藏有中外文期刊、图书、会议文献、科技报告、学位论文等各种类型、各种载体的科技文献信息资源，资源量居国内前列。NSTL 每年订购外文期刊11 500多种，外文会议录 2500 多种，中文期刊、会议录、学位论文基本齐全。

文献提供是 NSTL 面向注册用户的网络化全文请求特色服务，是文献检索栏目的一项重要功能，截至 2008 年 3 月，NSTL 拥有注册用户 12 万，其中正式交费的用户数 1.4 万，男性占 77%，女性占 23 %，科研教育类和学生占了 NSTL 用户数的 90%。[①]用户没有任何限制，都可以通过 NSTL 网络服务系统进行免费注册和检索文摘信息，需要获取全文，只需交纳相应的费用就能享受快捷优惠的服务。

图 3－4　国家科技图书文献中心登录界面

2. 服务内容、传递模式和传递方式

NSTL 文献提供的主要服务项目包括中外文期刊、会议文献、学位论文、专利等科技文献的全文传递，目前尚未在全国范围内启动返还式馆际互借服务。

NSTL 采用集中文献传递服务模式，由一个虚拟的国家级文献中心集中提供整个国家文献的基本保障，本身不设文献信息收藏与服务部门，只设一个办公室，负责科技文献信息资源共建共享工作的组织、协调与管理。系统内部共用一套馆际互借系统，成员馆不需自行维护，中心内部也比较易于协调和管理，有利

① 方坚. CALIS 和 NSTL 文献资源共享体系的比较研究. 现代情报，2008(3)

于集中经费，减少资源的重复建设，提高文献使用率。通过几年的运行和技术升级，系统用户以及文献传递量的快速增长造成的中心系统负载过大问题已经通过 8 个镜像站的相继建成而得到很大缓解。

NSTL 提供方式包括 E-mail、普通信函、平信挂号、传真或特快专递等。对西部地区用户，原文提供服务实行半价优惠。全文请求服务在用户发出请求的 24 小时(加急为 12 小时)内处理完毕。全文提供包括以下步骤：①选择所需文献；②选择订购方式；③提供用户信息；④选择付款方式。

3. 服务特色

首先，NSTL 科技资源丰富，是国家科技文献的重要战略保障基地，并且其联合目录做得非常成功，能详细揭示每篇文献的题录信息，用户能够轻松获知所需文献 NSTL 是否收藏。其次，科技文献的响应速度在国内同行中处于领先地位，跟国际上著名图书情报类文献传递机构的速度相比也毫不逊色。再次，NSTL 交付系统方便、快捷，付费方式有预付款和网上支付两种，用户只需点击鼠标就能轻松获取文献。NSTL 服务对象主要是科研人员，这些用户习惯于 E-first 和 E-only，NSTL 正好满足这类用户对速度和便捷性的需求。最后，NSTL 收费标准不高，收费标准为电子版 0.3 元/页，尤其对西部用户实行半价优惠，这种分区域收费的弹性收费标准，值得国内同行效仿。

4. 存在问题及发展展望

由于 NSTL 的成立时间较短，所以可供用户检索的期刊题录库的回溯年代也比较短，题录数据只回溯到 1995 年，所以只能查到 1995 年后的文献，为了解决这个问题，NSTL 建立了馆藏目录、联合目录、中西文图书目录数据库等检索工具，各个检索工具对于不同网络的用户都可以免费检索，但检索结果未与文献传递功能建立链接，用户使用起来并不方便。

(三) 中国高等教育文献保障体系——CALIS

1998 年 11 月，经国务院批准、财政部牵头，由北京大学、清华大学、复旦大学、上海交大、南京大学等 119 所高校图书馆共同组成了中国高等教育文献保障系统(CALIS)。其总体目标是，在教育部的领导下，把国家的投资、现代图书馆理念、先进的技术手段、高校丰富的文献资源和人力资源整合起来，建设以中国高等教育数字图书馆为核心的教育文献联合保障体系，实现信息资源共建、共知、共享，以发挥最大的社会效益和经济效益，为中国的高等教育服务。

CALIS 文献传递网采用基于国际标准的馆际互借协议，通过协议机完成馆际互借的处理、跟踪至结算整个过程，并实现文献传递的自动化管理，其主流服务模式为分布式的文献传递运作模式。读者通过所在成员馆获取 CALIS 文献传递网成员馆的丰富馆藏。

1. 依托资源和服务对象

CALIS 的印本资源学科分布广泛，其中还包括丰富的人文社会科学文献，其成员单位的用户可以不同程度地使用高校系统联合采购的电子资源。用户不仅可以检索国内外的馆藏、数据库，而且还可以相互交换数据，上传和下载书目数据信息。目前可供用户检索的数据库包括：(1)联合书目数据库，即全国"211 工程"100 所高校图书馆馆藏联合目录数据库，它是 CALIS 在"九五"期间重点建设的数据库之一，其主要任务是建立多语种书刊联合目录数据库和联机合作编目、资源共享系统，为全国高校的教学科研提供书刊文献资源网络公共查询，支持高校图书馆系统的联机合作编目，实现成员馆之间资源共享、馆际互借和文献传递的功能；(2)中文现刊目次库，收录 CALIS 成员馆收藏的全部国内出版的中文学术期刊 5500 种，拥有期刊目次(或文摘)200 万条，内容涵盖社会科学和自然科学的全部学科；(3)西文现刊目次库，收录 2.4 万种西文学术类期刊的二次文献数据，覆盖了世界著名的 9 种二次文献数据库的大部分，以及全国三大图书馆系统订购的纸质西文学术期刊的 70% 以上；(4)高校学位论文库收录包括北京大学、清华大学等全国著名大学在内的 83 个 CALIS 成员馆的硕士、博士学位论文，到目前为止收录加工数据70 000条；(5)会议论文库，收录"211 工程"中 61 所重点大学每年主持的国际会议论文，年更新会议论文总数可达 1.5 万篇以上。[①] 其服务对象主要是高校师生。

2. 服务内容、服务模式和服务方式

CALIS 文献传递服务提供部分外文图书、期刊论文、学位论文、会议论文、科技报告、专利文献、电子全文数据库等原文传递，帮助查询国内外文献信息机构的文献和代索取一次文献。

CALIS 借鉴了美国 OCLC 的运作模式，它的结构模式是中心分支式，即一个中心(全国管理中心设在北大)，4 个分中心(属于专业文献信息中心，文理中心设在北大，工程中心设在清华，医学中心设在北京医科大学(现为，北京大学医学部)，农学中心设在中国农业大学)，七个地区文献信息中心分别设在华东(南京大学、上海交通大学)、华中(武汉大学)、华南(中山大学)、西北(西安交大)、西南(四川大学)、东北(吉林大学)，并且在东北(哈尔滨工业大学)建设了国防文献信息服务中心，构成了"全国中心—地区中心—高校图书馆"三级文献保障体系结构。

目前的文献传递是以馆对馆方式提供服务，安装有文献传递系统的成员馆可以通过 CALIS 中心在全国高校范围内申请文献传递，集团用户身份的图书馆，

---

① 杨坚红. CALIS CASHL NSTL 系统文献传递服务比较. 情报科学，2009，27(1)

可以向地区中心成员馆申请,并由地区中心代其在全国高校范围申请文献传递,所有的文献申请均可通过文献传递系统网关进行提交,服务馆和用户馆的文献传递管理员可随时查看所提交申请的处理情况及费用状况,用户只需与本校图书馆文献传递管理员进行联系及清算费用。CALIS 的响应时间加急为 1 个工作日,普通为 3 个工作日。

3. 服务特色

CALIS 构建了我国第一套资源共享的软件系统,其中馆际互借和文献传递系统,是国内图书馆界第一套遵循国际标准的馆际互借和文献传递系统。该系统由馆际互借管理系统、馆际互借协议机、馆际互借申请查询网和文献传递服务器组成,可跨多个操作系统和数据库管理系统,该系统已经实现与 OPAC 系统、CCC 西文期刊篇名目次数据库综合服务系统、CALIS 统一检索系统、CALIS 资源调度系统的集成。成员馆还可根据具体情况采用系统组件的不同组合方式灵活搭建系统。CALIS 一整套文献资源共建、共知、共享和文献传递的服务模式正为各省、市图书馆联合体所仿效。

用户安装馆际互借系统软件后不必亲自到图书馆通过手工方式提交申请,可通过馆际互借网关系统直接提交文献申请,还可从网上实时查询申请处理情况和资金账户情况。文献传递员则可以通过馆际互借事务信息管理系统完成读者馆际互借申请的处理、读者个人信息及其资金的管理、馆际费用结算、统计分析等,这样大大提高了工作效率。尽可能地方便用户,不断提高服务质量、服务效率和用户满意度是图书馆始终追求的目标,引进一套简便、高效的文献传递系统能给用户带来极大的便利和自主性,同时减轻工作人员负担,文献传递的效率和服务质量也将大大提高。

4. 不足和未来展望

CALIS 的不足之处在于:首先,CALIS 文献保障率低。印刷型文献来源于 46 个参建馆,NSTL 的印刷型文献来源于 9 个参建馆,外文书刊的保障率都不高,同时有些书刊重复购置严重。其次,检索字段不统一。这不仅表现在同一个系统内不统一,在不同系统内也不统一。如在“CALIS 联合目录公共检索系统”中,提供的检索方式有简单检索、高级检索和浏览。在这 3 种检索方式中,检索字段不尽相同,名称也不尽相同。另一个不足是只提供图书和期刊的题名检索,不提供论文题名检索,不符合人们从论文题名进行检索的习惯。NSTL 在中外文期刊目录数据库、馆藏目录数据库、联合目录数据库提供的检索字段也不同,不利于提高文献的查全率和查准率。再次,引进的中外文数据库采用 IP 控制,访问受限,不利于文献的利用。自建数据库技术含量低,共享价值小。在 CALIS 的自建数据库中,由于各信息拥有单位收集、整理和开发的资源在内容上各有侧重,资源作用的大小也各不相同,加上资源开发人员技术水平和开发能力差异的存在,因而自建的数据库质量参差不齐,导致一部分自建的数据库技术含量低,共享价值不大,而且很多自建数据库设置访问权限,不利于资源共享。

CALIS 未来需要整合外文文献,提高外文文献保障率,优化资源结构,突出重点。

(四)中国高校人文社会科学文献中心——CASHL

中国高校人文社会科学文献中心(CASHL)是唯一的全国性人文社会科学中外文期刊保障体系,与国家科技图书文献中心和中国高等教育文献保障系统优势互补。中心 2004 年 3 月 15 日正式开展文献传递服务,其服务模式和CALIS 的文献传递相似。

目前,《高校人文社科外文期刊目次数据库》提供了 CASHL 17 个中心的人文社会科学外文期刊目次,收录了目次数据 450 万条,回溯至 1984 年。它揭示报道 CASHL 收藏的 7500 多种人文社会科学外文期刊,其中核心期刊 3200 多种,几乎涵盖人文社科所有学科。可提供目次的分类浏览和检索查询,以及基于目次的文献原文传递服务。《高校人文社科外文图书联合目录》目前收录了 CASHL 2 个全国中心和 5 个区域中心的 24 万多种人文社会科学外文图书,陆续还将添加 10 个学科中心和其他高校收藏的"教育部文科图书引进专款"购置的人文社会科学外文图书。涉及地理、法律、教育、经济/商业/管理、军事、历史、区域学、人物/传记、社会科学、社会学、体育、统计学、图书馆学/信息科学、文化、文学、心理学、艺术、语言/文字、哲学/宗教、政治等学科。可提供图书分类浏览和书名、作者、主题、出版者以及 ISBN 号等检索查询,并提供馆际互借服务。

日前 CASHL 系统目次库对信息的揭示仅停留在篇名、刊名、作者、中心馆藏、页码等字段,CASHL 服务系统的目次库无摘要,用户在使用过程中无法获取较为详细的信息,而导致文献请求取舍上的不便,而且缺卷、缺期的现象偶尔也有发生,CASHL 服务中心应尽快补齐各文献的文摘和一些期刊所缺卷、期,更好地为读者服务。此外,由于没有用户馆本地馆藏链接,在通过个人用户模式提交文献传递申请的过程中,多数用户不经过本地信息查重就直接提交申请,导致人力、物力的浪费。虽然 CASHL 中心及成员单位在信息数字化的研究和开发方面都有一定的技术和人才储备,但尚未充分整合在一起,需要在引进新技术、新资源和利用成员馆力量合作开发信息资源、对各种数据深入加工和关联等方面做大量工作。

(五)中国科学院国家科学图书馆——LCAS

中国科学院国家科学数字图书馆文献传递系统(简称 LCAS 文献传递系统)建立于 2002 年,2003 年开始服务运行。经过 3 年的实践,从服务范围、服务质量、服务速度和服务管理等方面都有很大的发展，现有成员馆 533 家，覆盖公共、高校、科研三大图书馆领域，形成一个具有一定规模和自身特点的分布式文献传递系统。

LCAS 的资源主要是中外文期刊。有 488 家的 9 万多种中、外文期刊以及中科院系统各图书馆馆藏的图书。随着成员馆的逐渐增加，90% 以上的期刊文献都能从 LCAS 的全文传递系统获取。LCAS 其他方面的文献较少，尤其是学位论文、专利、标准等文献现今还没办法获取。

LCAS 文献传递目前主要为中科院全院系统的科研人员以及研究生服务。全文传递也只对注册用户开放。获取原文需先成为注册用户。中科院的用户通过 E-mail 发送个人注册信息到所在研究所图书馆馆际互借员信箱，或到图书馆当面委托馆际互借员办理，并交预付款，开通个人账户。也可登录中国科学院国家科学数字图书馆联合服务系统中的"文献传递读者系统"点击"登录注册"进入注册页面，选择所属的成员馆，提交注册信息，然后到用户所在研究所图书馆交预付款，由馆际互借员开通账号。注册好的用户登录到联合服务系统的"文献传递读者系统"检索文献，然后选择文献收藏单位，填写申请单，提交申请，再确认提交。如提交的原文馆藏单位是中国科学院系统内单位，一般在 8 小时内可获得原文，最多不超过 48 小时，中科院外的馆藏文献一般在 2—5 天给予答复。原文获取方式可以是复印邮寄，也可以扫描成 PDF 或 TIF 格式文件，通过 Ariel 或 E-mail 发送。

第二节 商业性文献提供机构

一、国外商业性文献提供机构

（一）法国科技信息机构——INIST

科技信息机构（the Institute of Scientific and Technical Information，INIST）是法国国家科学研究中心（French National Centre for Scientific Research，CNRS）下属的一个服务机构，创立于 1988 年，是由 CNRS 的两个文献中心合并而成的。INIST 的使命是收集、分析和传播全世界科学、技术、医药以及人类学、社会科学和经济等方面的研究成果。INIST 是一个信息工厂，它接纳新的信息和传播技术，为通过网络获取科技信息的用户提供全方位的服务。INIST 的馆藏在法国是独一无二的，而且它覆盖世界上科技、医药、人类学和社会科学的核心文献，其中，有 19 700 种期刊、125 000 份科技方面的学位论文，115 000 份会议录，75 000

份科技报告,13 000 份专著。[①] 出于保存的需要,这些文献同时以纸质和电子版形式保存。

INIST 引领法国科技文献传递市场,在 2006 年就传递了 400 000 份文献,占法国文献传递市场的 50%。INIST 文献传递的目标是:①一站式传递所有被请求的文献;②保证高效率地传递;③以用户为中心的可信赖的服务;④简单的付费系统。为了达到这些目标,INIST 积极和全世界 200 多家图书馆合作,这种合作确保 INIST 的文献保障率达到了 96%。同时,INIST 还提供了 7 种申请方式(包括传真、通过电子网络或通过联机目录申请)、5 种传递方式、5 种基础服务和 2 种付款方式。

过去,法国国家科学研究中心下属的文献中心主要为法国国家科学研究中心和公共科技机构(Public Scientific and Technical Institution, EPST)的研究人员提供文献传递服务,到 2006 年,INIST 的 6200 个用户中有 46% 的用户来自私营单位。发生这种改变的主要原因在于私营单位的研究者发现 INIST 的"一站式"服务更加方便、实惠、快捷(能够在 24—48 个小时内回复)。

用户可以通过以下 5 种方式来检索一篇文献:

Google	可搜索到 INIST-CNRS 收藏的 15 000 000 条记录	www. google. cn
Google Scholar		http://scholar. google. com
Exalead	搜索网络上各种形式的资源、图表	www. exalead. fr
ARTICLE@ INIST	在线搜索 ARTICLE@ INIST 中的文献资源	http://article. inist. fr
ArticleSciences	搜索 INIST-CNRS 收藏的期刊资源	http://articlesciences. inist. fr

用户可以通过以下 3 种方式来申请文献:

(1)先检索 INIST-CNRS 收藏目录再申请

① The new secure electronic delivery service of INIST. http://www. ifla. org/IV/ifla73/papers/096-Gillet-trans-en. pdf[2009 - 04 - 05]

描述	文献传递方式	网址链接
通过 Google 或 Google Scholar 搜索到的文献在 CAT. INIST 中申请	第一邮件服务、Ariel、S. E. D、快递或者传真	www. google. com http://scholar. google. com www. exalead. fr
ARTICLE@ INIST	第一邮件服务、Ariel、S. E. D、快递或者传真	http://article. inist. fr
ArticleSciences	第一邮件服务	http://articlesciences. inist. fr

以 ArticleSciences 网站文献检索、申请过程为例，ArticleSciences 网站有法语、英语、西班牙语、意大利语四种语言，其检索界面简单、友好，用户只需输入一两个检索词和/或著者信息，选择年份就可以搜索了，见图 3－5。

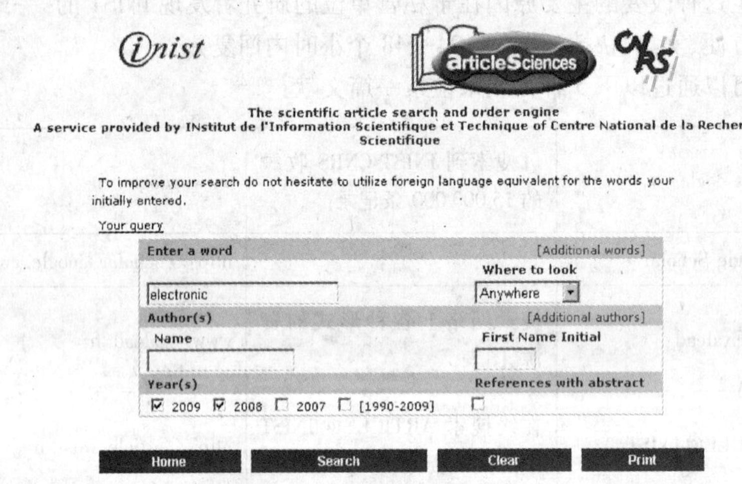

图 3－5　INIST-ArticleSciences 网站登录界面

ArticleSciences 网站在订购过程中增加了一些卡通图片，让用户对下一步的操作一目了然，如：表示确认文献信息，表示把文献放入购物车，表示放弃订购，更是用 4 种银行卡代表了 4 种付费方式，这些生动图片让用户在订购的过程中心情愉悦。

ArticleSciences 网站文献订购过程非常简单，具体流程如下：

ArticleSciences 中每篇文献费用为 14.59 欧元，用户可以选择以法郎或欧元付费。用户可以用银联卡（Visa）、欧盟银联卡/信用卡（Eurocard/Mastercard）、美国运通卡（American Express）或 Carte Bleue 在网上直接付费，INIST 利用 SSL

(Secure Socket Layer)和SET(Secure Electronic Transaction)来传递文献。

(2)通过电子方式直接订购

	描述	文献传递方式	链接
FORM@ INIST	输入文献信息在线直接订购	第一邮件服务、快递	http://services.inist.fr
文件传递	利用 E-mail 或者 FTP 文件发送请求	第一邮件服务、快递	与 INIST 文献传递用户服务处联系
在线信息服务	在书目数据库中检索后申请	第一邮件服务、快递	在这些书目数据库中索:QUESTEL. ORBIT, QWAM, STN and DATASTAR

(3)通过传真订购

下载传真申请单申请文献	第一邮件服务、快递、传真	+33 (0)3 83 50 46 46

INIST 不同传递方式的区别①:

	文献类型	响应时间	服务类型	申请方式选择
第一邮件服务	适用于所有文献类型。 除非特殊说明,文献将传给文献提供网络中的一个图书馆	2—5 个工作日	标准	适用于所有申请方式
Ariel	任何通过 ARTICLE@ INIST 或 CAT. INIST 申请的文献。 利用 Ariel 软件接受和阅读。	1—2 个工作日	加急	适用于 ARTICLE@ INIST CAT. INIST
S. E. D.	和出版商达成协议的所有文献。 会发到指定邮箱	1—2 个工作日	加急	适用于 CAT. INIST

① Delivery options. http://international. inist. fr/article165. html[2009 - 04 - 06]

续表

	文献类型	响应时间	服务类型	申请方式选择
快递	INIST 收藏的所有期刊文献。法国当地时间中午 12 点之前的申请均可在第二次下午 1 点之前满足,这一规定只适合法国大陆。	24 小时	加急	适用于所有申请方式
传真	INIST 收藏的所有期刊文献。任何在法国当地时间下午 5 点之前的申请均可在 2 小时内满足	2 小时	紧急	适用 CAT. INIST,传真

(二)加拿大科学技术资料中心——CISTI

加拿大科学技术资料中心(Canada Institute for Scientific and Technical Informaiton,CISTI)是加拿大国家科学委员会(National Research Council,NRC)下属的提供全世界科学、工程、技术和医学信息的研究机构。服务对象是工业机构、大学、政府的科研人员和一般公众,提供科技信息检索、联机数据库查询、动态通报服务、查新服务、技术竞争情报、战略技术信息分析等信息情报服务。

CISTI 的文献传递服务中心建于 1924 年,是采取商业模式进行文献传递的公司。CISTI 是世界上科学、技术、工程、医药、农业领域的主要信息源之一,该中心的科技信息馆藏量在北美占第一位,也是世界上会议录和技术报告收藏量最多的单位之一。① 其设在渥太华的总部覆盖世界上最广泛的科学、技术、医药和农业方面的出版物,收藏范围从 1800 年至今,其服务资源以文献数字资源为主,包括 3 个来源:1. CISTI 的馆藏,包括 5 万多种期刊,60 多万种图书、会议录、研究报告等;2. 加拿大农业图书馆的主要馆藏,包括 3 万种期刊,6 万种图书、会议录和科技研究报告;3. 伙伴图书馆提供的文献传递服务。

CISTI 文献传递的方式有邮件、快递、E-mail、Ariel、传真等。服务周期为 1—4 天。CISTI 文献传递服务系统 Intellidoc 是一种集成的智能的文献传递系统,它与 CISTI 目录检索系统实现了集成,直接面向用户提供文献传递服务。其主要功能有:可接受不同的订购方式、确认用户、知道文献所在位置、把文件转换成用户想要的格式、把文献传递给用户、跟踪文献传递服务处理进程、对文献传递服

① 赵凡. 国外咨询情报机构战略情报分析方法比较研究. 情报杂志,2008(3)

务进行统计分析等。CISTI 首先是把要传递的文献扫描成 TIFFB 文件格式,然后由 Intellidoc 转换成用户想要的文件格式,根据用户的要求通过 Ariel,安全桌面传递(Secure Desktop Delivery,SDD),进行网上文献传递。Intellidoc 系统文献传递服务的响应时间一般为 72 小时、24 小时和 2 小时。它的相应时间也相当快,由于时差的原因,国家图书馆文献提供中心给 CISTI 发送申请的时间通常是当地凌晨时分,然而 CISTI 基本上在当地时间十点左右就能把文献传递过来,也就是 CISTI 刚刚上班的两个小时之内。CISTI 的费用比较高,一篇文献传真至国家图书馆文献提供中心费用为 14 美元。

SDD 是 Intellidoc 独有的一种加密电子文献传递方式,传递的文献格式为加密的 PDF 文件。用户获得 SDD 服务,首先必须注册成为 CISTI 用户并选择使用 SDD 进行文献传递,然后下载 SDD 插件并安装,SDD 并不把文献直接传递到用户手中,而是把准备好传递的文献以加密的 PDF 文件格式储存在 CISTI 的 Web 服务器上,同时将其书目信息和 PDF 文档下载超链接通过 E-mail 发送至用户的邮箱中,以便用户在接到 E-mail 通知后利用它们进行阅读和打印,SDD 90% 在 24 小时内完成,50% 以上在一个工作日内完成。①

CISTI 提供了账户管理和文献申请跟踪服务,用户可以查看和管理自己的账户,及时获取文献的处理进展。

(三)日本科技振兴机构——JST

1. 概况

日本科学技术振兴机构(Japan Science and Technology Agency,简称 JST),目前日本最大的文献情报提供机构。

占领期结束后,为了促进科技信息交流,日本政府于 1957 年 8 月成立了日本科学技术情报中心(JICST);1961 年 7 月又成立了新技术事业团;1996 年 10 月 1 日,日本政府在原有的日本科学技术情报中心和 El 新技术事业团的基础上,成立了日本科学技术振兴事业团(特殊法人),隶属于日本科学技术厅;2003 年 10 月,事业团更名为日本科学技术振兴机构(JST),为独立行政法人,隶属于文部科学省。JST 以实现科技创新立国为目标,是日本最重要的科技信息机构,也是日本资助基础研究、执行国家科技基本计划的主要机构之一。

2. 法律依据

日本的科技中介机构,须在法律允许的范围内开展活动。1995 年 11 月 15 日,日本国会通过并由政府颁布了支撑日本科学技术体系的基本法——《科学

① 李瑞芬,张晓青. 国外网上文献传递服务系统的发展现状及特点. 情报理论与实践,2007(5)

技术基本法》。不过到目前为止,日本还没有一部专门的、通用的法律,但在每一个具体实施机构的背后,都有一部详细的法律(通常称之为“成立法”)作为其支撑和指导。作为国立科技中介机构的 JST 也是如此,《独立行政法人通则法》及《独立行政法人科学技术振兴机构法》则是该机构的具体法律指导文件。

3. 主要业务和组织

作为日本国家科学计划的主要实施机构,JST 的主要业务工作包括:①捕捉世界科技信息。JST 收集来自日本国内以及全世界各地的约 1.6 万种期刊、技术报告、会议资料、公共资料和征求意见报告等科学技术文献,并出版科学技术文献快报、资料收藏目录等。②建立必要的数据库。JST 相继建立了旨在支持研究开发的“综合目录数据库(READ)”、“研究成果应用综合数据库(J-STORE)”、“研究人才数据库(JREC-IN)”、“研究信息数据库”(http://dbs.jst.go.jp/)等。③向社会各界提供专利、技术信息。包括建设研究成果应用综合数据库、举办新技术说明会、建立失败知识数据库、技术人员 Web 学习系统、研究成果应用广场(RSP)等。④技术转让援助。JST 技术转让窗口在大学、研究机构和企业之间架起桥梁,免费向大学、研究机构、企业等提供有关各省厅实施的技术转让信息咨询和企业推广服务。⑤提供官产学合作信息。为了促进大学、研究机构、企业、技术转移机构等进行官产学合作,JST 建立了官产学合作网站(http://sangakukan.jp/),建立了官产学合作数据库,向社会免费提供官产学合作方面的信息。

JST 的组织框架主要由 3 个本部和两个中心构成,此外还设有担当科普任务的科学未来馆。3 个本部分别为信息事业本部、战略性创造事业本部和产学合作事业本部。信息事业本部主要从事科学技术信息的收集、汇总和交流共享工作;战略性创造事业本部主要依据国家的科学技术政策等,推进面向达成国家制定的战略目标的目标志向型基础研究;产学合作事业本部则主要从事产学合作和技术转移事业,其工作模式是将大学、研究机构等的优秀成果(新技术)向企业转化,并使之商品化。两个中心分别为社会技术研究开发中心和研究开发战略中心。社会技术研究开发中心的设立以加强研究开发、加强成果的社会转化为目的。该中心根据性质及解决方式等对需要解决的问题进行分类并确定研究开发领域。目前,已确定的研究开发领域有“安全中心”、“情报与社会”、“脑科学与社会”以及“科学技术与人类”共四项。

4. 主要运行机制

JST 的运行模式通常有委托开发和开发斡旋两种方式,这也是其最基本的运行模式。

所谓“委托开发”,是对于一些事关国计民生的重大战略性基础技术以及产业化较困难的新技术,通过国立中介机构实行委托开发。这种委托主要来自国家计划而非机构本身。国立机构将新技术的开发采用“委托”的形式交给企业或企业群,并提供开发所必需的费用(此费用由国家财政列支)。研究开发的成果归国家所有,参与的企业在获准时享有优先使用权。具体到JST,是在广泛搜集科研成果的基础上,从中挑选出对国民经济可能产生重要影响并有开发前途,但民间企业又难以单独承担开发费用的科研成果作为应用开发课题,交由新技术审议委员会的专家集体审议确定后,出资委托民间企业进行应用开发。

而“开发斡旋”则是针对开发风险较小、离实用较近的技术,JST站在技术所有者和实施企业之间,通过契约调整彼此关系的一种中介方式。JST采用合伙、技术入股和买断等形式,从技术所有者手中广泛获得优秀科研成果,然后向海内外企业广泛介绍科技成果,同时为科研成果持有者挑选有意合作开发的企业,协助其签订开发合同并对执行情况进行监督,促使其尽快商业化。该方式转化风险较小,成功率较高,一般适用于中小企业的开业和创新。特别是关于中国,JST在研究开发战略中心内,设立了一个专门收集中国科学技术政策、科学技术研究开发等动向的机构——中国综合研究中心。该中心对在中国定期发行的刊物(约10 000种)中选定重要杂志2500种,通过调查和分析,从中选定比较重要的刊物并着手使之数字化。同时,JST还为该中心协调所需的各种资源,与国内外有关机构合作,收集、整理、分析研究中国科技研究开发的动向等情报,为中国综合研究中心的调查和分析提供必要的基本数据,并试图构筑和有关机构间的网络,以提供更为快捷的服务和研发。

JST还有如下3种运行模式:一是独创性研究成果育成事业,二是支援成果专利化,三是建立失败知识数据库。JST在分析科技各领域的事故和失败案例的基础上,将所得教训纳入数据库,免费供研究人员查询,以帮助研究人员汲取教训,少走弯路。

5. 经费来源及使用情况

JST的经费来源以政府拨款为主。2003年度的事业经费总额为1072.67亿日元,2004年度为1094.22亿日元。2005年度事业经费总预算为1124.85亿日元(其中,政府拨款1011.53亿,业务收入110.53亿,其他收入2.78亿)。预算支出为1124.85亿日元(其中,用于新技术成果转化的为177.26亿,用于促进科技情报交流的为137.42亿,用于资助研究交流的为70.06亿,用于科普的为65.33亿,用于新技术委托研究的为588.94亿,用于其他支出的为85.83亿)。

二、国内商业性文献提供机构

国内商业性文献提供机构和信息中介机构还不成熟,规模较小,有些跟国外机构合作，专门提供我国文献，还有几家设在香港，提供中文文献，也有机构或个人借助于电子商务，在淘宝网上开起了文献提供的小店。这些机构依托资源或信息源较少，并不成型，个别还存在侵权行为，本章在此不做详细介绍。

第三节　数据库出版商

一、国外著名数据库出版商

（一）UnCover

UnCover 隶属于美国东科罗拉多州研究图书馆联盟（Colorado Alliance of Research Libraries，CARL），其业务包括制作 UnCover 数据库及提供文献传递服务。它拥有当前世界上规模最大、内容更新最快的期刊目次数据库——UnCover 数据库，该数据库建于 1988 年，其宗旨是提供期刊文献资源的各种信息产品，目标是为那些以期刊为手段获得信息的用户提供及时、全面而且效果显著的服务。UnCover 的特色功能是利用最新的文献传递和报道获取最新的文献信息。1993 年由 CARL 公司和 Blackwell 公司合资成立了 UnCover 公司。此后，UnCover 公司先后被 Knight Ridder 信息公司、MAID 公司（后来更名为 Dialog 公司）、Ward Shaw 公司收购。2000 年 3 月，Ingenta（后更名为 IngentaConnect）收购了 UnCover，成为世界上最大的在线提供检索和传递学术信息资源的平台。自此，Ingenta 和 UnCover 数据库中的资源整合为一体，为用户提供单点获取服务（Single-Point Access），整合后数据库资源规模空前丰富，包括 25 000 000 多篇论文、图表、报告等，这些文献出自 3 万多种期刊，其中有 4500 种出版物来自 160 家学术和专业期刊出版社，这些期刊出版商包括著名的 Academia Press、Blackwell、Elsevier、Springer、IOP、Emerald、SAGE 等。

整合后的 IngentaConnect 有 UnCover Plus 数据库和 Online articles 数据库，UnCover Plus 数据库是一个期刊目次数据库，提供期刊目次揭示（UnCover Reveal）、专题检索和文献传递服务。UnCover Reveal 是一项电子邮寄期刊目次服务，读者可选择期刊品种及关键词或作者姓名，建立检索策略并存在自己的 UnCover Profile 中，每隔一周，合乎自己要求的新期刊目录便会自动传送至所指定的 E-mail 信箱，包括完整的书目资料及订购信息。如欲订购期刊论文，可以回复 E-mail 或传真的方式办理，并通过传真或 Ariel 获取全文；Online articles 数据库可以网上获取电子版文献。用户可以按照学科，出版物字母顺序或者出版商名单来浏览这些出版物的目次信息,用户也可以通过题名、著者、出版者、年代、卷期等途径检索单篇文献。UnCover Plus 能够在 24 小时(通常只需几个小时)内通过传真将用户选择的文献传递给用户。费用包括服务费、传真费及版权费。通常每篇文章 UnCover Plus 收取 10 美元的服务费,根据不同情况收取版权费,再根据不同国家、不同区域收取传真费。

目前国家科技图书文献中心(NSTL)通过该 IngentaConnect 订购 11 个出版社 80 多种期刊文献,为国内学术机构提供使用,其成员馆可免费检索。UnCover Plus 以优惠价格向 CALIS 的用户提供原文传递服务,并能够在 24 小时内通过传真将全文传递给用户。

(二)EBSCOhost

EBSCOhost 是 EBSCO publishing 公司于 1994 年所发展的网上数据库系统,主要提供 EBSCO 独家的期刊全文数据库及部分索引、摘要数据库等,提供的数据库主要有:Academic Search Elite;Business Source Premier,属于商业性全文数据库;Academic Abstracts Fulltext Elie;Business Source Plus。

EBSCO 信息服务公司为了方便 EBSCO 文献传递的用户,开展一种就地的文献传递服务,与许多图书馆签订了合作协议,推出了 EBSCO doc 服务,使用户能够直接访问世界上任何一处馆藏资源,建立一种图书馆、文献传递机构和用户三位一体的新的信息获取模式。它们已成为文献传递服务业里规模较大的信息中介机构,使得图书馆的文献传递面临着新的挑战。

(三)ISI

ISI(Institute for Scientific Information)以引文索引最负盛名,ISI 提供的文献传递服务原称为 The Genuine Article(TGA),供应 ISI 资料库内约 7000 种期刊近五年内的论文全文资料,另外也可通过它的 Extanded Service 查到年代较早的期刊约 3500 种,甚至可回溯至 1800 年代。订购原文方式包括邮寄、传真、电话、E-mail 及电子传输等。一般处理时间是 24 小时,急件可选择 30 分钟传真或联邦快递服务。在费用方面,ISI 将所收版权费转付出版商或版权登记中心,并对大量订购的用户提供会计报表或收费明细,以便管理。1997 年 ISI 推出新的文献传递服务——ISI Document Solution (简称 IDS),该项服务仍保留若干 TGA 的特色,但增加了许多新的服务项目,例如:资料覆盖范围不限 ISI 资料库、涵盖范围包括生物医学、化学物理、农业工程、行为科学、人文科学等,可订购期刊文章、会议资料、技术报告的全文资料,文献数量在 7000 种以上。提供各种文件传递方式,统一计费,集中式版权管理等。可通过网络、传真、电话、E-mail 等方式申请,也可以利用 Dialog、DataStar、OCLC、SIN 申请,传递方式有邮件、快递、E-mail、Ariel等。

（四）UMI

UMI（University Microfilms Incorporated）最早以珍本图书、缩微资料见长，1985 年被 Bell & Howell 并购，是全球最大的信息存储和发行商之一，也是美国学术界著名的出版商。它通过缩微、书刊、CD-ROM 和在线服务向全球 160 多个国家提供信息服务。从 1980 年起该公司开始电子出版物的发行和制作。目前提供期刊论文、学位论文、报告、政府出版物、会议论文、标准、专利等文献服务。资料包括 2308 种综合性期刊和综合性报纸，其中 1472 中全文刊，100 万种以上的学位论文及其文献，以及全世界 20 万个公司的商业信息。用户可透过网上数据库检索，也可利用光碟全文数据库系统 ProQuest Powet Pages 影印出全文。申请方式包括网络、传真、电话、E-mail 等，也可以利用 OCLC、WilsonDisc、ProQuest Direct 申请，传递方式有邮件、快递、传真、E-mail、Ariel 等，付款方式包括开设预存账户、信用卡转账等。

（五）CAS

美国化学学会化学文摘服务社（CAS）自 1980 年提供该项服务，包含所有学科，其中尤以化学为主，只要文献收录于化学文摘（CA）、CAS file 或其他 CAS 提供的服务，CAS 的文献传递服务基本上都能提供原件，资料类型涵盖期刊、专利、会议录、图书、专论、学位论文以及技术报告等，资料量超过 8000 种期刊，专利资料来自 30 多个国家以及 2 个国际专利机构，所提供的文献都是 CA 数据库中有著作权的文献，数据库每日更新。文献订购方式包括网络、传真、电话、E-mail 等方式，也可以利用 OCLC、SIN 申请，传递方式有邮件、快递、E-mail、Ariel 等。

二、国内著名数据库出版商

国内著名数据库出版商中具有代表性的是国家知识基础设施（National Knowledge Infrastructure，CNKI）工程是以实现全社会知识资源传播共享与增值利用为目标的信息化建设项目，由清华大学、清华同方发起，始建于 1999 年 6 月。CNKI 工程集团采用自主开发并具有国际领先水平的数字图书馆技术，建成了世界上全文信息量规模最大的“CNKI 数字图书馆”，并正式启动建设《中国知识资源总库》及 CNKI 网格资源共享平台，通过产业化运作，为全社会知识资源高效共享提供最丰富的知识、信息资源和最有效的知识传播与数字化学习平台。

CNKI 工程的具体目标，一是大规模集成整合知识、信息资源，整体提高资源的综合和增值利用价值；二是建设知识资源互联网传播扩散与增值服务平台，为全社会提供资源共享、数字化学习、知识创新信息化条件；三是建设知识资源的深度开发利用平台，为社会各方面提供知识管理与知识服务的信息化手段；四是为知识资源生产出版部门创造互联网出版发行的市场环境与商业机制，大力促进文化出版事业、产业的现代化建设与跨越式发展。

CNKI 是国内最大的中文全文数据库，截至 2007 年 3 月 1 日，其产品系列如表 3－2 所示：①

表 3－2 CNKI 产品系列一览

产品名称	起始年	收录内容	更新	详细内容链接
CNKI 搜索	1912	文献、工具书、知识元、学术趋势、数值、图表、翻译助手	每日	搜索首页
期刊总库	1915	人文、科技类期刊 8200 种	每日	名录(期刊目录)，全文库
报纸库	2000	重要报纸 1000 种	每日	名录，全文库
博士学位论文库	1999	各学科博士学位论文 6 万本	每日	授予单位，全文库
硕士学位论文库	1999	各学科硕士学位论文 39 万本	每日	授予单位，全文库
会议论文库	1999	各行业会议论文 60 多万篇	每日	主办单位，全文库
年鉴总库	1912	中央、地方、行业年鉴 1500 种	每日	全文库
工具书总库	1985	语文词典、专科辞典、百科全书、图谱等 2000 余部，词条近 1000 万，图片 70 万张	每日	书目，词条搜索，网站
知识总库	1912	期刊、报纸、工具书、年鉴、博硕士学位论文、图书、会议论文以及基础教育、医院、城建和其他各行业专业知识仓库的总称	每日	全文库，网站

① http://refbook.cnki.net/card/pands.htm[2009－04－23]

续表

产品名称	起始年	收录内容	更新	详细内容链接
英汉—汉英词典库		专业英汉—汉英词典 69 部	每月	书目,词条搜索
语文词典库		现汉、古汉、俗语、熟语、典故类词典 114 部	每月	书目,词条搜索,频道
文学工具书库		文学类辞典和百科全书等 229 部	每月	书目,词条搜索,频道
艺术工具书库		艺术类辞典和百科全书等 61 部	每月	书目,词条搜索,频道
历史工具书库		历史类辞典和百科全书等 191 部	每月	书目,词条搜索,频道
地理工具书库		地理文学类辞典和百科全书等 36 部	每月	书目,词条搜索,频道
文化工具书库		文化类辞典和百科全书等 203 部	每月	书目,词条搜索,频道
哲学工具书库		哲学类辞典和百科全书等 50 部	每月	书目,词条搜索,频道
宗教工具书库		宗教类辞典和百科全书等 20 部	每月	书目,词条搜索,频道
马列工具书库		马列类辞典和百科全书等 38 部	每月	书目,词条搜索,频道
政治工具书库		政治类辞典和百科全书等 23 部	每月	书目,词条搜索,频道
经济工具书库		经济类辞典和百科全书等 37 部	每月	书目,词条搜索,频道
法律工具书库		法律类辞典和百科全书等 21 部	每月	书目,词条搜索,频道
军事工具书库		军事类辞典和百科全书等 41 部	每月	书目,词条搜索,频道
教育工具书库		教育类辞典和百科全书等 180 部	每月	书目,词条搜索,频道

续表

产品名称	起始年	收录内容	更新	详细内容链接
体育工具书库		体育类辞典和百科全书等23部	每月	书目,词条搜索,频道
社科工具书库		社会科学类辞典和百科全书等98部	每月	书目,词条搜索,频道
图片鉴赏库		各类图片赏析类图书164部	每月	书目,词条搜索,频道
医学工具书库		医学类辞典和百科全书等38部	每月	书目,词条搜索,频道
药学工具书库		药学类辞典和百科全书等15部	每月	书目,词条搜索,频道
中医辞书库		中医类辞典和百科全书等63部	每月	书目,词条搜索,频道
医学图谱库		医学图谱116部	每月	书目,词条搜索,频道
保健工具书库		卫生保健类辞典和百科全书等22部	每月	书目,词条搜索,频道
农业工具书库		农业类辞典和百科全书等93部	每月	书目,词条搜索,频道
科技工具书库		自然学科和工程技术类辞典和百科全书81部	每月	书目,词条搜索,频道
人物工具书库		古今中外人物类辞典和百科全书等111部	每月	书目,词条搜索,频道
基础教育知识库		与基础教育有关的期刊、报纸、论文等	每日	书目,词条搜索,频道
医院知识库		适用于医务人员使用的期刊、报纸、博硕士论文	每日	网站
农业知识库		与基础教育有关的期刊、报纸、论文	每日	全文库,网站
各行业知识库		城建、石油、化工、电力、法律…	每日	网站

CNKI 的主要用户是各类型的图书情报机构和大型企业,对于个人用户和中小企业用户,CNKI 通过销售知网充值卡(统称为知网卡)来为他们提供全文文献。CNKI 的充值卡有 7 种,包括充值卡、星级会员卡、团体卡、工具书检索卡、虚拟卡、广告礼品卡、知网币珍藏卡。不同的充值卡差别在于用户支付的面值、享受的优惠政策、数据库检索权限,而且也存在实物和虚拟之分。用户可以到全国各地的售卡网点购买知网卡充值知网币(用户通过知网卡、银行卡等方式支付给知网的货币,称为知网币,知网币可以用来购买知网的增值服务和付费产品),也可以通过银行卡、神州行卡、邮政网汇通卡、固定电话、手机短信、宽带、银行电汇、邮局汇款等方式,快速、安全地充值知网币,北京市的用户还可以享受免费送卡上门服务。在中国知网消费过程中,1 知网币价值 1 元人民币。CNKI 的收费标准是 0.5 元/页,工具书为 0.25 元/条。每一位用户必须注册专用的知网币账户(用户名),以便保存、管理自己的知网币。用户在购买知网的产品或服务时,需输入账户名(用户名)和密码,相应金额在知网币账户中扣除。只要用户的知网币账户中有余额,就能享受 24 小时"即点即得"服务,方便快捷。

第四节　信息中介机构

信息中介机构主要服务对象多为商业性团体,比起同样服务但又受馆藏限制的图书馆、数据库出版机构来说,信息中介机构的服务项目不但多,而且富有弹性,唯一的缺点就是收费价格不菲。

国外信息中介机构有:

(一)美国 TDI 图书馆服务公司

TDI(TDI Library Services,Inc)图书馆服务公司是采用商业模式的文献传递公司,TDI 强调不限于单一馆藏,其合作者是世界上一流的图书馆、出版商、信息入口及内容提供商,拥有分布在世界六大洲的大量图书馆文献信息,超过 10 万种期刊与 300 万册图书,提供所有学科领域,包括医学、药学、工程、化学、自然科学、社会科学、专利、技术报告、网络资料,文献溯至 1800 年,这使得 TDI 职业的研究队伍能找到顾客需要的任何文献。TDI 将顾客满意度作为企业不断追求的目标,注重发展与顾客的持久联系,对于每一项订购都力争达到顾客最满意的程度,而顾客对其服务的反映也十分良好。TDI 的文献传递在同行业中速度最快、准确率最高，对文献订购的满足率高达99.3%。[①] 申请方式包括网络、传真、电话、E-mail 等，以邮件、快递等方式传递文献。

TDI 十分注重对版权的保护，它声明用户使用的 TDI 提供的每一篇文献都是遵守版权费的规定，保证用户使用其服务时免于侵权的风险。TDI 的服务收费较高。

(二)美国 Infotrieve 公司

Infotrieve 成立于 1987 年，是一个全服务(Full-Service)商务模式的文献传递公司，即专门从事文献传递服务的公司。Infotrieve 声称可取得各领域已出版文献的复印件，同时提供期刊目次服务，在保护权利人利益的同时满足顾客的需要。Infotrieve 主要的文献来源于加州大学图书馆，另外还有其他国内外信息资源，申请方式包括网络、传真、电话、E-mail 等，以邮件、快递、E-mail、Ariel 等方式传递文献。

Infotrieve 的服务不限于一个特定的藏书或数据库，它可以提供几乎所有类型论文的符合版权法的复印件。为处理大量的文献请求、版权费用的支付以及跟踪订购和账号信息，Infotrieve 使用一个文献资源的所有权参考数据库和所有权软件。Infotrieve 公司已创建一个非常有效的文献检索网络，使对学术、政府、公共、合作图书馆的检索如同对在线资源和出版商的检索一样方便快捷。Infotrieve对顾客需求的论文满足率高达95%。每篇文献传递的基本价格为 12 美元和版权购买费，免费通过一等邮递(限于美国国内地址)或 Ariel 传递、特快请求每篇追加 10 美元，传真传递每页 1 美元，大量订购有折扣。Infotrieve 保证所有复制材料的著作权合法性，大部分的著作权清算由著作权清算中心(Copyright Clearance Center，CCC)处理或通过与出版者的协议处理，或版权购买。如果版权合法性不能得到确定，Infotrieve 将拒绝文献请求。

第五节 小结

一、国内外文献提供机构比较

国外著名文献提供机构起步较早，发展成熟、自动化程度高，联合目录覆盖范围大，对馆藏的揭示准确、详细，馆际互借和文献提供系统均实现与联合目录的无缝链接。而且这些机构都面向全球用户，具有高度的开放性。这些机构的

① 陈传夫，曾明，谢莹. 文献传递的知识产权风险与对策. 四川图书馆学报，2004(1)

优势综合起来有以下几点:(1)起步早,发展成熟;(2)联合目录功能强大;(3)自动化程度高,操作流程规范;(4)高度开放性;(5)响应速度快;(6)付费系统简单;(7)服务人性化。

国内的文献提供机构最近十年发展迅速,随着计算机普及程度的提高,自动化程度和联机联合目录的水平都有很大提高,而且都拥有自己的文献提供系统。但是国内的文献提供机构主要是满足系统内的基本文献保障,如中国高等教育文献保障系统(CALIS)和中国高校人文社会科学文献中心(CASHL)都是教育部系统内各高校之间的文献传递联盟,国家科技图书文献中心(NSTL)和中国科学院国家科学图书馆(LCAS)则是科学院系统的联盟。这些联盟虽然也对系统外本地用户提供服务,但其区域性的辐射范围较小,而且集中于大城市,中小城市和乡镇的普通民众以及系统外的机构很难享受到这些服务。此外,国内文献提供机构还存在着各自为政、重复建设、联合目录揭示不准确、不完善、没有全国性的联合目录、服务响应时间长、付费系统单一、滞后等诸多问题,这些问题都需继续改进。

二、对国家图书馆文献提供中心的启示

1. 亟须建立全国联合目录。国家图书馆作为全国总书库和书目中心,需要积极建设全国性联合目录,可以借鉴 Worldcat 和 CALIS 的联合编目经验,把全国的文献集中在一个目录系统中,并尽可能揭示每份文献的题录信息,同时显示各馆藏地信息,使用户方便地了解到一份文献在全国各个图书馆甚至是商业性文献提供机构中的收藏情况,就近申请文献。这样能极大地节省用户和文献提供者的时间,提高工作效率。

2. 文献提供系统和联合目录无缝链接。文献提供系统和联合目录的无缝链接是必然趋势,国家图书馆有关部门正在做这项工作,不久就会实现这一目标。

3. 改善网上支付体系,增加信用卡支付、银行转账等多种在线支付方式。国家图书馆文献提供中心目前的财务不是独立结算的,银行转账统一转入国家图书馆的账户中,查找单笔费用的转入情况需要占用较长的时间,而且只为用户提供了工商银行的账号,也没有提供信用卡支付的功能,这些都给习惯于电子商务的用户带来很多不便。

4. 缩短服务响应时间,提高文献提供效率。响应时间对多数用户来说都是非常重要的因素,国家图书馆文献提供中心也高度重视这一问题。2009 年 2 月馆际互借与文献传递系统开通以来,国家图书馆文献提供中心的负责人每天都会检查请求的处理情况,对于当天没有处理的请求,都会及时督促工作人员

处理。

5. 规范文献提供流程。目前国家图书馆文献提供中心的文献提供流程不够规范、详细,新用户申请时往往不知道该如何操作,国家图书馆文献提供中心的新员工也没有规范的学习教材可用,只是通过老员工的"传、帮、带"来熟悉业务内容。国家图书馆文献提供中心下一步的工作就是要建立文献提供流程规范和用户使用指南,并上传到国图的网站和国家图书馆文献提供中心的系统中,使工作人员的工作有章可循,新用户使用时借助于使用指南,既方便用户,也减少国家图书馆文献提供中心工作人员的培训压力。

6. 建立文献提供服务监督机制。我中心缺少一套监督机制,来监测评估申请响应时间,申请满足率,服务质量,用户满足率等各项指标。这是国家图书馆文献提供中心需要努力的方向。

7. 建立弹性收费机制。收费方面可以借鉴 NSTL 向中西部地区的用户实行优惠政策,对与我馆建立馆际互借关系的图书馆,也可采取多种互惠措施,减免费用,达到双赢效果。

8. 加大宣传力度,拓展国内外市场。国家图书馆文献提供中心的用户数量虽然庞大,但是用户主体却是 CALIS、CASHL、NSTL、LCAS 已经覆盖的大专院校和科研院所,忽视中小城市的用户和这些系统以外的企事业单位和其他机构的用户需求,今后应该加大宣传力度,让更多的用户了解国家图书馆文献提供中心,利用国家图书馆文献提供中心的服务来满足自身学习和科研的需求。同时,国家图书馆文献提供中心应该积极和 OCLC、Google 等大的联合编目中心和搜索引擎合作(这些合作正在进行),把国家图书馆的馆藏目录挂接到这些网站中,以便更多的用户能够检索国家图书馆的馆藏,利用国家图书馆文献提供中心的服务。

第四章　文献提供服务中的著作权问题

第一节　文献提供服务涉及的主要著作权权利及著作权法中的几项重要制度

著作权又叫版权，是指文学、艺术和科学作品的创作者依照法律规定对其作品所享有的一种专有权。一般英美法系的国家称为版权，其更注重对财产权的保护。著作权包括人身权和财产权，人身权又叫精神权利，是指作者通过作品而享有的与其人身密不可分的权利，包括发表权、署名权、修改权、保护作品完整权。财产权是作者许可、转让其作品而获取报酬的权利，包括复制权、发行权、出租权、展览权、表演权、放映权、广播权、翻译权等。①

关于文献提供、馆际互借、文献传递的概念及相互关系，图书情报学界通常认为："文献提供"概念涵盖"文献传递"和"馆际互借"。本章也采用这种观点，将图书馆的文献提供服务分为馆际互借和文献传递两种。

文献提供服务提供的各种形式的文献，通常都是著作权法保护的作品，因而可能会涉及著作权人的权利。主要就是著作权人的财产权。

一、馆际互借服务涉及的主要权利

(一)公共借阅权

馆际互借服务是在图书馆传统外借服务的基础上发展起来的。当一个图书馆的馆藏不能满足读者需要时，图书馆之间开始互相联合，相互出借本馆馆藏，以便最大可能地满足读者需要。图书馆馆际互借服务是借阅服务的一种，但又与普通的借阅服务有所不同。

随着图书馆影响的日益扩大，公众对图书馆的利用率不断提高，再加上馆际互借服务的发展，著作权人认为图书馆的借阅行为影响了作品的销售，从而侵害了自己的合法经济利益，主张因图书馆的服务造成著作权人的利益损失应当得

① 孙国瑞．知识产权法教程．北京：对外经济贸易大学出版社，2007

到补偿。这就是公共借阅权制度的由来。

1. 公共借阅权的概念

我国最早关注公共借阅权制度的是郑成思先生,20 世纪 90 年代以后该问题引起了学术界的重视,许多图书情报学界和法学界的学者对此进行探讨。对于公共借阅权的概念、权利主体、权利内容形成了多种观点。[①] 综合比较这些观点,我们认为公共借阅权是指作者按其有版权的每本图书在图书馆被借阅的次数收取版税的权利,又称为作者出借权、公共出借权等,是著作权法赋予作者的一项使用费请求权。但这项费用不是由读者直接支付,通常也不是由图书馆支付,而是由政府统一支付。[②]

确立公共借阅权制度的国家主要有:英国、澳大利亚、德国、加拿大、挪威、瑞典、芬兰、冰岛、荷兰、新西兰、以色列、法罗群岛等国家。[③]

2. 我国是否引入公共借阅权制度的争论

我国图书情报学界和法学界的学者们对于是否引入公共借阅权制度主要有 3 种观点。观点一:反对引入公共借阅权制度。观点二:赞成引入公共借阅权制度。观点三:持中间态度。持这种观点的人认为,应当对图书馆外借活动给作者经济利益造成的损失予以一定的经济补偿,但坚决反对以立法形式赋予作者这一新的财产权。[④]

我国是否应该引入公共借阅权制度,应立足于我国国情综合考量。

过去,我国公共图书馆事业并不发达,图书馆普及率低,图书馆开展的无偿借阅服务受到其自身特点的约束(如服务具有排他性,只能一书一人,还要受图书馆的地理位置、开馆时间等因素的制约),因此不会对作者的经济利益带来很大影响,也就不存在设立公共借阅权的必要性。

而在当今信息时代,数字图书馆开展的借阅服务与传统图书馆开展的借阅服务相比,在服务质量、服务效率、服务手段等方面都有很大的改变。既使数字图书馆能极大地满足社会公众的需要,同时也影响了作者合法的经济利益。而如果著作权人的合法权益不能得到保障,则会影响其创作热情,进而影响数字图书馆信息源的开发与发展,从而形成一种恶性循环,从根本上制约数字图书馆的

---

① 关于公共借阅权概念的多种定义可以参考:陈信勇,董忠波. 对公共借阅权制度的法律思考. 图书情报工作,2005(9)

② 江向东. 对公共借阅权制度的再思考. 图书情报工作,2003(2)

③ 邵平,崔旭. 对我国引入公共出借权制度的思考. 新世纪图书馆. 2008(5)

④ 论述了这一问题的文章有:王云才. 对实行公共借阅权制度观点的评析. 山东图书馆季刊,2005(4);庞蓓. 关于实行公共借阅权的可行性探讨. 图书馆杂志,2004(1);张春华. 信息服务中的知识产权问题研究综述. 图书情报工作,2004(5)。

发展。因此,在数字图书馆中如何将仍处于版权保护期的作品纳入数字图书馆借阅服务的范围,引入公共借阅权制度给予著作权人相应补偿也不失为一种解决办法。

(二)数字环境下馆际互借服务的新发展

数字环境下图书馆的借阅服务突破了时间、空间的限制,文献载体数字化,借阅方式数字化,使得一个图书馆面向全国甚至全世界的借阅服务成为可能,图书馆直接面向读者的借阅服务得到发展,馆际间的互借服务可能通过别的方式表现出来。如一个图书馆的数字化资源提供给别的图书馆共享等。

数字环境下的馆际互借服务涉及的权利已经不止公共借阅权,也涉及复制权、信息网络传播权等。关于复制权及信息网络传播权将在文献传递服务涉及的主要权利中论述。

二、文献传递服务涉及的主要权利

(一)复制权

复制权是指著作权人通过复制其作品或者许可他人复制其作品从而获得经济利益,以及禁止他人复制其作品的专有权利。

不管是传统型文献传递还是数字文献传递,都不可避免地发生复制行为。复制的表现形式是多种多样的,既包括传统的印刷、复印、拓印、录音、录像、翻录、翻拍等方式,也包括扫描、数码拍照等数字化方式,还包括数字环境下的快照、拷贝、存储等方式。

不管是国内法还是国际公约,都要求保护著作权人的合法权利。我国著作权法第十条要求保护著作权人的复制权。国际条约也要求保护任何形式复制的专有权,《伯尔尼公约》第 9 条规定,作者享有授权以任何方式和采取任何形式复制其作品的专有权利;1996 年形成的《世界知识产权组织版权条约》(WCT)要求缔约国完全按照《伯尔尼公约》的有关规定保护复制权。“WCT 议定的声明”提出,“《伯尔尼公约》第 9 条规定的复制权及其例外完全适用于数字化环境,尤其适用于以数字化形式使用作品。受保护作品以数字化形式在电子媒介上的存储构成《伯尔尼公约》第 9 条意义上的复制”。

(二)信息网络传播权

信息网络传播权,即以有线或者无线的方式提供作品,使公众可在其个人选定的时间和地点获得作品的权利。信息网络传播权属于著作权人的专有权利,是法律赋予作者利用网络传播自己作品的权利和许可他人利用网络传播自己作品并由此获得报酬的权利,以及禁止他人未经自己许可利用网络传播自己作品的权利,它是著作权人在数字环境下权利的一种扩张。从权属性质上讲,信息网络传播权属于著作财产权范畴。①

与法学家们的关注点不同,图书情报界更为关心的是信息网络传播行为。著作权法规范的信息网络传播行为的最根本特征应该是:向不特定的公众传播,即达到的效果是公众可以在个人选定的任何时间、任何地点获取作品。为此,需要澄清一种误区,即认为只要用网络传递作品就是侵犯了著作权人的信息网络传播权。

图书馆的文献传递模式是"请求—接受"的传播模式,是点对点的传递,不属于"向公众传播"的行为。文献传递的源头是可以控制的,图书馆可以选择是否给用户传递,而不是用户在个人选定的任何时间和地点都能访问。因此,目前图书馆通过网络开展的文献传递服务并不侵犯著作权人的信息网络传播权。

三、著作权法中的几项重要制度

(一)合理使用制度

著作权人享有的权利也不是绝对的,各国著作权法和有关著作权法的国际公约均有限制著作权人权利的例外规定。我国现行著作权法对于著作权人的限制主要是"合理使用",所谓"合理使用",是指公众为了学习、引用、评论、注释、新闻报道、教学、科学研究等可以不经版权人许可,不向其支付报酬而使用其作品的权利。②《保护文学和艺术作品伯尔尼公约》也规定了某些有限的合理使用,包括以教育目的利用作品等(利用包括复制、翻译等方式)。

合理使用制度的法理依据主要有:一是文化的历史继承性。版权人在创作作品的过程中,不可避免地要吸收前人的劳动成果,因此在其作品创作完成后也应在一定程度上为社会所利用。二是任何权利都不是绝对的。权利人在行使权利的同时,也应承担适当的义务,因此在权利人行使版权的同时,也应承担一定的社会义务,即应当允许社会公众在一定程度上对其作品的使用。三是对版权进行限制,可以防止因权利滥用而妨碍、束缚科学技术的进步和文化的繁荣。③

理想的合理使用制度首先应有利于知识与思想的自由传播;应该能够很好地平衡公众和权利人之间的利益;应该有利于知识资源的社会配置;应该体现政府的政策导向。图书馆作为公益事业的一部分,网络化、数字化和国际化的发展是不可更改的趋势,其使用作品的方式在新环境下有所变化。政府对此应重新

---

① 童天乐. 论信息网络传播权的特征与主体. 情报杂志,2005(12)

② 参见著作权法第二十二条的规定。

③ 陈传夫,肖冬梅. 图书馆合理使用制度的实然与应然. 图书馆建设,2005(3)

调整政策,合理使用就是重要的调整工具。①

(二)法定许可与强制许可制度

除了合理使用制度,两种非自愿的许可制度也是对著作权人专有权利的一种限制。这两种非自愿的许可制度包括法定许可制度和强制许可制度。

法定许可是指在某些情况下,依据法律的明文规定,他人可以不经版权人的同意而直接使用版权人已发表的作品,但需要向其支付报酬。支付的有关报酬标准由国家版权局会同国家价格主管部门制定,通常通过著作权集体管理组织转付给权利人。法定许可制度的目的就是为了最大限度保障公共利益,从而实现最大程度的信息公平。法定许可的范围主要限定在非营利性的公益性信息传播行为。

强制许可制度是指在特定条件下,作品的使用者基于某种正当理由需要使用他人已发表作品时,经申请由著作权主管部门授权即可使用该作品,无需取得权利人授权,但必须支付合理的报酬。强制许可制度与法定许可制度不同,它要求作品的使用者先以合理条件和理由请求权利人许可而不得的情形下,由国家有关主管机关来确认许可条件和付酬标准的一种制度。②

文献提供服务是否可以适用合理使用制度、法定许可制度或强制许可制度,需要根据本国的著作权法的规定仔细考量。

第二节 国际图书馆界关于著作权问题的主要立场与声明(与文献提供服务相关部分)

一、国际图联(IFLA)的主要立场与声明

国际图联是一个非政府组织,代表全球图书馆和信息服务部门及其用户的利益。在国际版权问题的争论中,国际图联代表世界图书馆及其用户的利益。

1997 年始,国际图联决定由国际图联执委会组织成立国际图联版权与其他法律事务委员会(CLM)。CLM 目前已经制定并发布多份关于版权及相关法律问题的声明。

(一)IFLA 核心价值观和原则

1. 赞同《世界人权宣言》第 19 条所提出的信息、思想和创造性作品的自由

① 陈传夫,肖冬梅. 图书馆合理使用制度的实然与应然. 图书馆建设,2005(3)

② 梁志文. 数字著作权论——以《信息网络传播权保护条例》为中心. 北京:知识产权出版社,2007

存取和自由表达。

2. 确信人们、团体和组织为了社会、教育、文化、民主和经济的全面发展需要广泛、平等地获取信息、思想和创造性的作品。

3. 坚信图书情报服务的高质量传递有助于保障获取信息。

4. 承诺有能力使联盟成员参与和受益于联盟的各项活动,而不论其国籍、健康、性别、语言、种族和宗教信仰。①

(二)《数字环境下版权与邻接权的限制与例外(2004 年修订)》

IFLA 版权与其他法律事务委员会《数字环境下版权与邻接权的限制与例外(2004 年修订)》"国际图联认为,图书馆提供出版物的借阅不应受到法律和契约条款的限制,例如,许可合同不应无视电子资源通过图书馆和信息机构的合理的外借"。②

(三)IFLA/UNESCO 公共图书馆服务发展指南

强调为公共借阅权支付的款项不应当占用馆藏资料采购的经费。如果公共借阅权经费与图书馆经费分开,就可以在不影响公共图书馆财物预算的前提下提供对作者的资助。在有些情况下,公共借阅权的实行甚至还可以提供有关作者图书外借的有用的统计数据。图书馆专业人员必须参与制定公共借阅权计划,以确保其不占用图书馆的经费预算。③

(四)国际图联关于公共借阅权的立场

国际图联不支持借阅权原则,因其会危害自由的使用公共图书馆的服务,而这正是公民的人权。国际图联赞同自由获取信息的原则,并将继续抵制所有可能妨碍这种自由获取的环境。

IFLA 还提出了关于采用和修改公共借阅权系统的建议:

1. 资金原则

不论使用作品是为参考之目的还是为借阅之用,使用公共图书馆都必须是免费的。而且,公共借阅权的费用不应当冲击公共图书馆所提供的有质量的和多种形式的服务。因此,为了最好的支持国家文化和教育的目标,建立和维持公共借阅权和获酬权持有者的经费不能来自图书馆预算,而应由政府专门设立资金。

---

① More about IFLA. http://www.ifla.org/III/intro00.htm [2009-02-18]

② 国际图联关于公共借阅权的立场. http://www.ifla.org/III/clm/p1/PublicLending-Righ-zh.pdf[2009-07-02]

③ The public library service:IFLA/UNESCO guidelines for development 第 2.3.3 段。转摘自:《国际图联关于公共借阅权的立场》http://www.ifla.org/III/clm/p1/PublicLendingRigh-zh.pdf[2009-07-02]

2. 发展中国家

一个国家在没有转移其特定的资源以建立更多的基础性的公共服务时,是不能为公共借阅权提供资金支持的。在这样巨大的公共利益面前,借阅权应当被拒绝。特别是借阅权不应当建立在依据世界银行标准还未达到中高档收入的国家。

3. 法律架构

如果采用公共借阅权系统,它应该是一个文化支持计划,或者是一个置于版权法律体制之外而具有独立法律授予权的获酬权。

(1)在采用公共借阅权系统或者修改现存的法律系统的国家,图书馆员需要代表公共利益大力宣传,确保公共借阅权计划有益于作者,但前提是不会损害公众自由获取信息,及不能使用图书馆的经费。

(2)假如未来公共借阅权的采用应当遵守国际条约或协定,国家就应当允许建立公共借阅权税和规则以利于执行。这种税制和规则需要符合财政和组织资源的需要,并且不能对公共图书馆的目标和宗旨有所限制。此外,国家还应根据其经济和社会的发展能力被容许获得其债务的短期豁免。为了减少或避免危害自由获取信息的情况发生,公共借阅权的采用和获酬税制的选择应当考虑各自国家的相对财富。

4. 法律定义

对法律使用的用语和术语的定义与解释是至关重要的,图书馆员需要有效的游说从而确保起草的法律严谨细致。

5. 协商和参与

图书馆员应当和权利人一样从一开始就参与法律的起草活动并对公共借阅权系统的建立与运行过程提出建议。同样图书馆员和权利人代表也应当共同寻求被邀请服务于专司制定政策的国家咨询委员会,并且向公共借阅权管理者提出建议或者同权利人组织或集体管理组织协商。当版权许可系统没有作为文化计划运行时,图书馆员需要确保他们可以直接参与同版权集体管理组织的协商从而决定借阅许可的条款、条件和费用。①

(五)IFLA 关于数字时代版权的立场

2000 年国际图联执委会批准了《关于在数字环境下版权问题的立场(修订稿)》。

为了维持版权人和用户之间利益的平衡,国际图联确立了以下的原则声明:

1. 在国家版权立法时,被《伯尔尼公约》准许和世界知识产权组织条约认可

① 国际图联关于公共借阅权的立场. http://www. ifla. org/III/clm/p1/PublicLendingRigh-zh. pdf[2009 - 07 - 02]

的,对版权和相关权利的例外规定,如有必要,应该被修改,以保证被准许的合理使用,可以相同地应用到电子形式的信息和印刷形式的信息。①

2. 应该有一个简单的付款机制处理超过有关规定上限的复制。

3. 在使用版权资料时所产生附带的临时性或技术性复本,应该排除到复制权管辖范围之外。

4. 对于数字形式的作品,不必付费或寻求授权,图书馆所有用户应该可以:浏览公开的版权资料;在馆内或透过远程登陆方式私人阅读、聆听或观看市场上公开销售的版权资料;为个人教育或研究需要,复制或通过图书馆和信息人员复制合理比例的数字作品。

5. 图书馆向用户提供数字形式的版权作品,以满足研究、学习等合法目的,应该被版权法所允许。

6. 图书馆借阅物质形态的数字资料(例如:只读光盘)不应受到法律限制。

7. 契约的规定,例如在许可使用授权协议中,不应不顾图书馆和信息人员对电子资源的合理借阅。

8. 版权法应允许图书馆和档案馆把享有版权的资料转换成数字形式,以实现保存和维护资料的目标。

9. 版权法也应该覆盖电子媒介的法定呈缴问题。

10. 对于许可使用条款中有限制或否定版权法中已有的版权例外或限制规定的授权协议,而该授权协议是由版权持有人单方面订立,没有给用户协商机会,国家版权法应致使该项授权协议无效。

11. 国家版权法应以平衡版权持有人的权利和用户的权利为目标,即通过技术手段以保护版权人的利益;而对合法的、无侵权目的的用户,则可规避这些技术措施。

12. 版权法应确切地阐明,在版权法不可能实际地或合理地实施的环境中,第三方应负的责任限定。

(六)IFLA《国际借阅与文献传递原则与程序》

IFLA《国际借阅与文献传递原则与程序》阐述了各国馆际互借与文献传递应遵循的 8 项原则与实施方针。其中第 6 项是专门针对版权问题做出的指导,具体内容包括:①这些与版权和国际馆际互借有关的方针支持《IFLA 电子环境下的版权立场声明》,所有图书馆都应明确这一立场声明;②每一个提供文献的图书馆都应熟悉本国版权法并在其范围内工作,另外,提供文献的图书馆应确保

① 国际图联关于在数字环境下版权问题的立场(2000). http://www.ifla.org/III/clm/p1/pos-dig-cn.pdf[2009-07-02]

发出请求的图书馆可以得到任何相关的版权信息；③为研究或个人学习的目的借阅及有限复制，通常都在国家版权法免责的范围内；④发出请求的图书馆应对提供文献的图书馆所在国家的版权法给予注意；⑤每一个提供文献的图书馆必须遵守他们的组织达成的许可，这些许可可能对国际馆际互借业务中电子资源的使用有一些限制；⑥图书馆在考虑从许可的资源中进行国际馆际互借时应知道《IFLA 许可原则》；⑦提供文献的图书馆不被强制参与提供使支付了版权费用的复制成为可能的服务。[①]

(七)IFLA 关于电子文献许可使用的原则

许可使用是未来图书馆获取电子资源的重要方式。购买电子信息的使用许可已成为国内外图书馆提供网络信息服务的主要手段之一。IFLA 代表全球图书馆和信息服务部门的利益，于 2001 年 3 月通过了 32 条许可贸易原则。其内容涉及法律、馆际互借、准入和使用、定价等方面。

关于馆际互借与文献传递：

馆际互借

(29) 应当包括馆际互借或同等服务条款。

(30) 一般的，图书馆应能够传输被许可使用信息的合理长度的摘录给其他没有为此信息的使用签订合同的图书馆。

教和学

(31) 许可证应支持地方教学力量，从小学到大学，通过允许链接或复制，允许与特定课程相关的信息出现在联机课程支持活动中，如电子留存。

(32) 远程自学对信息提供者和图书馆提出挑战。许可人应承认用户属于某一特定的图书馆或机构，不管用户所处位置，允许他们例行存取已许可使用的电子信息资源。[②]

二、国外其他机构关于版权问题的立场

(一)美国[③]

1. 1997 年美国图书馆协会发表的《关于数字信息环境下合理使用指南的立场声明》。该声明阐述图书馆合理使用和其他例外条款是履行宪法所赋予权利

---

① 陈传夫，王静. 馆际互借版权研究. 江西图书馆学刊，2004(1)

② 高家望，潘菊英. IFLA 关于电子文献许可使用的原则. 图书馆理论与实践，2004(3)

③ 以下资料均引自：李国新. 国际图书馆界有关著作权合理使用的原则立场. 图书馆论坛，2005

的基础，主张保持著作权政策平衡，必须充分保护合理使用，并鼓励合理使用在数字环境下有所发展。声明承诺对数字资源的使用进行调查并制定图书馆合理使用的指导原则。

2. 2003 年美国图书馆协会信息技术政策办公室、大学和研究性图书馆协会、研究图书馆协会、法律图书馆协会、民学图书馆协会和特殊图书馆协会联合发表的《合理使用和电子馆藏》。该文件依据"图书馆员平衡自身利益和著作权所有人的利益"的原则，提出了图书馆在发展电子馆藏过程中可以应用的判断合理使用标准。该标准包括 4 大要素：①利用特征：非营利性的教育目的；②被利用的著作性质：文本资料、服务于学习的音乐、电影、艺术和形象方面的资料等；③利用的数量：图书馆员根据是否符合教育目的、是否可以支持教学的开展、与文献资料的总体比例是否恰当等因素判断；④利用对市场的影响。前 3 个因素是判断的主要依据，第四个因素相对次要。

(二)英国[①]

1. 2000 年英国图书馆协会版权联盟(LACA)发表的《LACA 在数字环境下的版权立场》。该文件的正文，几乎全盘因袭了国际图联 2000 年发表的《关于在数字环境下版权问题的立场》，表明 LACA 在这一问题上的立场与国际图联保持了高度的一致。该文件的"附录"，是 LACA 阐述自身的"原则立场"，要点包括：国家的著作权立法应该以版权持有者和利用者之间的利益平衡为目的；在国家的著作权立法中，被《伯尔尼条约》许可和被 WIPO 条约认可的著作权及其相关权利的例外条款，应平等地应用到电子形式和印刷形式的信息；契约性的规定不应凌驾于图书馆员对电子资源的合理借出之上；图书馆出借已出版的具有物理实体的数字文献，不应受到法律的限制等。

2. 2003 年英国图书馆和档案馆著作权联盟、博物馆著作权小组发表的《英国著作权法修订方针》。该文件针对从 2003 年 10 月 31 起实行的英国著作权法修正案，系统阐述了图书馆等公共机构代表公众利益对修正案的修正诉求，其中提出了在著作权保护中的"图书馆特权"的概念，强调著作权法不能忽视数字时代图书馆活动"一些极其重要的变化"，这些变化"根本地改变了图书馆向一些读者或用户传递信息的方式"。

(三)日本[②]

1. 2004 年 3 月日本图书馆协会针对有关图书馆的外借服务侵害了著作者

---

① 以下资料均引自：李国新. 国际图书馆界有关著作权合理使用的原则立场. 图书馆论坛，2005

② 以下资料均引自：李国新. 国际图书馆界有关著作权合理使用的原则立场. 图书馆论坛，2005

的经济利益，要求引入公共借阅权的主张发表《关于图书馆外借问题的意见》。该文件依据日本图书馆协会和日本书籍出版协会2003年联合进行的大规模"图书馆外借实态调查"所获得的数据和事实，指出："图书馆的外借是否导致了著作权人经济利益的损失，尚需进一步调查研究。但本次调查显示，图书馆的外借扩大了读者层面，刺激了读者的购买欲望，为图书的销售作出了贡献，这也是不可忽视的方面。"日本图书馆协会认为，图书馆和著作权人不应该对立，而应该共同承担起创造文化、发展文化和繁荣文化的社会责任。

2. 2004年5月日本图书馆协会发表的针对政府知识产权战略推进事务局提出的《关于知识产权的创造、保护与利用的推进计划》的修正意见。该修正意见反对在图书馆活动中引入公共借阅权，反对延长著作权保护期，反对创设"版面权"，提出在图书馆"面向公众的影视放映"对著作权的限制等同于"学校"。

从以上国际图书馆界关于版权问题的主要立场和声明可以看出，国际图书馆界针对公共借阅权、合理使用、许可使用等问题发出了与著作权人及其利益代言人相抗衡的声音。国际图书馆界普遍主张图书馆公益性的馆际互借与文献传递服务不应受到版权法的限制，对于权利人的限制（如合理使用制度）也适用于数字环境。同时对于超出版权法规定的合理使用范围的馆际互借与文献传递服务也提出了解决建议，如建立简单的付费机制等。

第三节　国外著作权法与文献提供服务著作权解决方案的实践

国外著作权法涉及的内容很多，本节主要介绍与图书馆文献提供服务相关的条款。

一、国外著作权法相关内容介绍

（一）国际条约

《伯尔尼公约》第9条规定，作者享有授权以任何方式和采取任何形式复制其作品的专有权利；1996年形成的《世界知识产权组织版权条约》（WCT）要求缔约国完全按照《伯尔尼公约》的有关规定保护复制权。"WCT议定的声明"提出，"《伯尔尼公约》第9条规定的复制权及其例外完全适用于数字化环境，尤其适用于以数字化形式使用作品。受保护作品以数字化形式在电子媒介上的存储构成《伯尔尼公约》第9条意义上的复制"。

《版权条约》第8条创设了一项控制作品在互联网上传播的重要权利，即作者的信息网络传播权。该条规定为，在不损害《伯尔尼公约》赋予作者的各项传播权的前提下，文学和艺术作品的作者应当享有以有线或者无线的方式授权将其作品向公众传播的专有权，包括以公众中的成员个人选择地点和时间的方式，使公众获得的专有权。《表演和录音制品条约》中确立了表演者和录音制品制作者这两个邻接权人的信息网络传播权，使用的是“提供已录制表演的权利”和“提供录音制品的权利”。①

（二）美国版权法及相关法介绍

美国的法律制度非常完善，关于规范图书馆复制行为的法律规范也最多。②比较重要的有：

1. 美国版权法第 108 节 ③

美国版权法专门在第 108 条规定涉及图书馆和档案馆的著作权合理使用问题，一共有 9 款具体的规定。

前三款规定图书馆为本机构用户复制副本的权利和相应的限制条件。第一款规定了图书馆复制合理使用的通用条件，必须满足以下条件：非商业目的、图书馆对公众开放（科学或者高校图书馆还对其他机构成员开放）、在复制品上附有版权告示和说明。第二款规定了出于保存和存储的需要可以复制 3 份未出版的作品，条件是副本要保存在图书馆中，而且如果是数字形式的副本，不能向机构以外的公众开放。第三款规定如果作品已经损害、遗失、恶化、遭窃或过时，图书馆可以复制 3 份已经出版的作品，条件是：图书馆经过合理调查确定无法以合理价格取得而且不能向机构以外的公众开放。

第四款和第五款规定了图书馆馆际互借和文献传递中的权利和限制。第四款规定图书馆之间进行馆际互借的条件是出于个人学习、学术或者研究的目的；为用户提供的复制资料不成为图书馆馆藏；在接受用户馆际互借和文献传递的场所，图书馆必须公布有关版权的告示。同时，第五款还规定如果复制的是整本作品或者是实质性的部分时，图书馆还必须确保不能以合理的价格获得。此外，第七款的第二条也规定图书馆的馆际互借活动的合计数量不能取代著作的订阅或者购买。

第六款涉及侵权责任，规定如果图书馆明确标识了版权公告，图书馆不应该

---

① 林爱群. 信息网络传播权：立法、缺陷及完善——以图书馆网络访问服务为主要视角. 现代情报，2007(12)

② 关于美国版权法中图书馆复制权的例外规定，详细参考翟建雄《美国版权法中图书馆复制权的例外规定——第 108 节的历史考察》，《法律文献信息与研究》2007 年第 2 期。

③ 以下资料均引自：胡芳，钟永恒. 美国关于图书馆合理使用的立法现状及对我国的启示. 现代情报，2007(5)

为用户的侵权行为负责,用户独自承担法律后果。而且图书馆的合理使用权也必须满足第 107 条规定的 4 个要素。此外,还赋予图书馆对视频的新闻材料复制和传播的权利。

第七款涉及系统性复制的侵权问题。图书馆可以进行分散的没有联系的单个复制,但没有权利进行系统的复制和传播。

第八款允许图书馆在已出版作品保护期限的最后 20 年,基于保存、学术或者研究的目的,以相同或者数字的形式复制、发行、表演该作品。条件是:非商业目的、不能以合理价格取得复制品、没有版权人的特别声明。

第九款规定对于音乐、图画、雕刻或者动画以及其他视听形式作品的保护。一般而言,图书馆的合理使用不延及这些领域,但涉及新闻报道的除外。此外,用于插图、图表的图画作品或者属于第四款和第五款馆际互借复制作品的附件都属于合理使用的范畴。

2. 1999 年美国《千年数字化版权法》

该法明确要求对数字环境下的图书馆,在传播信息过程中的合理使用地位进行严格而分段的评估,对已经赋予图书馆等公益性信息利用机构的新合理使用权限,是否符合版权平衡要求,是否对版权人造成不应有的损害,应由国会图书馆进行评估,每三年一次。

第 404 条对版权法第 108 条中有关图书馆的豁免条款加以修订,允许图书馆制作 3 份包括数字复制件在内的馆藏复制品,如果原复制格式已被淘汰,再现复制品的设备已不再生产,还允许图书馆制作新格式的复制件。图书馆应承担版权责任义务是:数字复制件不能向图书馆建筑物以外的公众传播。①

3. 美国有关版权作品的新技术使用委员会颁布的《关于版权法 108(g)(2)条款保留的指南》

美国有关版权作品的新技术使用委员会(CONTU)颁布的《关于版权法 108(g)(2)条款保留的指南》对美国版权法 108(g)(2)条款中“其总数足以代替订阅或者购买此作品”进行了具体量化的指导,认为“一年中从某一期刊中最近五年的文章中复印的数量超过五篇就超出了合理使用的范围”。虽然 CONTU 的这个指导方针并没有强制性,但它却与美国版权法一起成为美国很多图书馆制定馆际互借版权政策的重要依据。对于超出 CONTU“五的建议”规定的,即同一图书馆在一年内对同一期刊的近五年的文章的复制请求超过 5 次时,请求的图书馆应当向美国版权清算中心支付版税,或者直接取得权利人的许可。请求的

---

① 江向东.《数字千年版权法》立法实践及其对图书情报工作的影响. 福建师范大学学报(哲学社会科学版),2002(2)

图书馆应声明请求遵守了美国版权法和CONTU的指导。①

4. 美国的馆际互借法

美国图书馆界对馆际互借服务十分重视,早在1917年就制定了第一部馆际互借法,后几经重订和修改。到了1993年,由美国图书馆协会参考与成人服务专业委员会再次制定了《美国国家馆际互借法》(以下称为旧法)。2001年,美国图书馆协会参考与用户服务专业委员会馆际互借委员会又对旧法进行了修改,修改的文本被称为《美国馆际互借法》(2001年修订本)。

该法旨在调整馆际借出与借入之间的关系,是指导馆际申请与提供资料的一般性原则。《美国馆际互借法》(2001年修改本)采用正式文本加《补充说明》的结构。《补充说明》与正式文本逐段逐条对应,对条款的背景、内容、用词,作出更加详细的解释,必要时还提供特例。该法对借入馆和借出馆的权利义务做了详细规定,特别是针对信息技术、网络技术的发展而出现的新变化,馆际互借服务在性质、内容和形式等方面的变化作出了新规定。②

(三)英国版权法及相关法

1. 版权法③

大不列颠实行的版权法是1988年重新加以制定的《版权法、工业样品和专利法》,1996年和1997年又两次对该法进行了修订,其目的是使大不列颠的版权法与欧洲各国的版权法在原则问题上能尽可能地保持一致。这些修订还涉及在图书馆内作者著作的租用和外借,以及数据库等其他问题。

合理使用(Fair Dealing):大不列颠版权法第29条规定,文学、话剧、音乐、艺术作品只要是用于科学研究或个人学习目的,复制其中部分不属于违反版权法。

大不列颠版权法委员会在考虑作者和出版者利益的同时,规定如果是用于科研或个人学习目的,拍照文件只可一份,图书复制不超过全书的一章,如果本章过长,那么最多不超过全书的5%,小说、诗歌等作品的复制则不超过10页。这些规定不包括期刊,因为期刊有其自身的特点,它需要先扣除付给作者应得的稿酬,许多版权法都认为,无偿复制期刊中的任一篇文章有损于作者的利益,因此,这不在属于"合理使用"范畴。根据规定,从期刊上免费复制照片是图书馆、档案馆应享有的权益,根据"图书馆优先权"的规定,图书馆有权为读者复制用于科研和个人学习目的的文献。

在这种情况下,要遵守以下一些条件:(1)只可复制一份;(2)读者应支付复印费及其他相应的费用;(3)期刊内文章复制每期最多不超过一篇、书则不超过

① 陈传夫,吴刚等. 国际上文献传递版权实践及其启示. 数字图书馆论坛,2008(1)

② 丁根度. 试评《美国馆际互借法》(2001年修订本). 大学图书馆学报,2003(4)

③ 以下资料均引自:段杰斌. 浅谈大不列颠版权法. 图书馆建设,2002(1)

一章或全书的10%;(4)读者应签订协议,保证其所复印的文献用于科研或个人学习,而不作他用。除此之外,还规定同一篇文献不应该被同一班级的同学或同一单位工作的同事同时使用。

"图书馆优先权"仅适用于那些不以营利为目的的非商业性图书馆,属于这一类的有公共图书馆、慈善机构图书馆、科学协会图书馆、大学图书馆和政府机构图书馆等。在"图书馆优先权"的范围内,这些图书馆以及档案馆均有权复制文献用于馆藏,但超过规定数量的复制是违法的,这样做需征得作者的同意。1988年修改后的版权法鼓励读者同版权所有者签订复制协议,这样读者即可方便地使用作者的作品,对超过限定的复制部分可合情合理地支付给作者版权费。为方便签约,大不列颠成立了版权许可证代办处,该代办处全权负责签订照片及幻灯片复制的许可协议,征集并统一使用代办费,以保证版权所有人的正当合理的收入。

2. 英国公共借阅法

英国于1979年通过公共借阅权法案(the PLR Act),该法案给予英国作者因公共图书馆免费出借他们的作品而获得报酬的法定权利。根据法令,经费由中央政府提供,而报酬的计算则根据注册作者的注册作品在样本馆的出借率而确定。作者需要向PLR注册官提出申请。PLR注册官是由英国国家内阁任命来行使对符合条件的作家、作品进行注册事宜的人士,同时,也负责管理监督PLR行政部门的正常运行。外借次数的统计是以采样馆出借率为指标的。这一指标由采样馆提供,反映出了权利主体所注册的参与PLR计划的权利客体在公共图书馆被借出的频率。由于英国PLR制度严格遵守"公共图书馆"的借阅范围,因此,样本馆只限定于公共图书馆。

DCMS(Department for Culture, Media and Sport),英国政府文化媒体体育部,是1997年英国政府新成立的部门,作为PLR计划的行政管理部门,总管PLR的全面执行,为PLR支付经费,参与重要政策的制定和监管。公共借阅权顾问委员会(Public Lending Right Advisory Committee, PLRAC)是通过对PLR注册官以及DCMS管理者提出建议而对PLR计划发挥作用、贡献力量的非法定机构。可以说,这个专业负责的顾问委员会是PLR成功推进不可少的要素之一。①

(四)澳大利亚

1. 1999年澳大利亚《版权法修正案》

1999年2月颁布的澳大利亚版权法修正案体现了这样的基本精神——数

① 郑金帆. 英国公共借阅权制度评介. 图书馆论坛,2008(2)

字化材料的无限复制性与快捷的全球传播性，使各方面利益发生了新的变化与失衡。版权法改革的目的是要通过新的版权保护与例外的制度配置，建立新的版权平衡。这一精神在数字化图书馆事业中被集中地反映出来。

关于图书馆版权合理使用：

为读者和其他图书馆的复制。修正案明确规定了图书馆对数字化信息的合理使用条款，包括网络环境下使用新传播技术，就像使用传统技术那样向公众提供作品，图书馆可以将作品上载至网站的权利。但是，上述合理使用要不损害版权人的公共传播权，就必须符合以下条件：(1)图书馆业务的非营利性；(2)图书馆制作适于读者在线阅读的数字化版本，只允许提供给图书馆建筑内的在线读者，该读者不得以任何手段使用图书馆设备对数字化著作进行传播或电子复制；(3)当电子复制品被传播时，被传播作品的权利人应接到版权将受保护的通知；(4)图书馆对于那些曾经用于传播的电子复制品必须销毁以免重复使用。

该法还明确规定，即使是馆藏数字化信息在馆内数字化传播，图书馆也可能承担“间接侵权责任”。如果发生图书馆对读者的非法授权如允许读者复制数字化作品或馆外在线阅读等，或未经图书馆授权的读者直接侵权行为如破解图书馆设置的反复制技术措施而在线复制，无论图书馆有无过错，都要承担停止侵权的责任，图书馆有过错的，还要承担赔偿责任。而以往的条例规定：凡曾经在馆内以及拷贝机上方明示警告非法复制的图书馆可以豁免在馆内发生的这种侵权行为。当然，如果图书馆选择了一些预防措施，锁住电子文献或迫使计算机终端失去信息阅览存取功能，也能很好地遵守新的版权条例，而且再也不必为那些在终端上的违法授权负责。①

关于图书馆内未出版著作的复制。澳大利亚版权修正法规定，图书馆收藏的所有未出版著作也可以通过电子方式复制与交流。例如，允许以研究和学术为目的复制馆藏中未出版的文学、戏剧、音乐和艺术著作；允许以创造性翻译出版为目的复制馆藏相关著作；允许以介绍或评论为目的复制馆藏著作；允许复制著作权人去世50年以后的著作。对那些图书馆收藏未出版的声音记录和胶片记录，凡以学术研究或介绍评论为目的，也应包括在允许复制的范围内，而且这些复制与传播都可以通过数字形式进行。②

2. 公共借阅权法案及公共借阅权大纲

澳大利亚《1985年公共借阅权法案》于1985年12月16日通过，1987年6

① 张力. 数字化没有什么不同：评国际图联ifla关于数字环境下版权的千年立场. 情报资料工作，2006(3)

② 章鹏远. 澳大利亚版权修订与图书馆. 图书馆理论与实践，2003(4)

月1日实施,共27条。《1997年公共借阅权大纲》,由法务部于1997年6月12日颁布并实施,共6个部分30条。这两部法律规定公共出借权补偿金是由国家通讯、科技和艺术部拨款,对作者和出版商因其版权作品在图书馆被免费出借而给予补偿金。澳大利亚公共出借权制度由专门的委员会负责计划和实施,财政经费来自政府的拨款。①

(五)欧盟

欧盟颁布的《欧盟信息社会版权与相关权利协调指令》第5.2条款授予成员国制订"图书馆、教育机构、博物馆或档案馆等公共机构的没有直接或间接的经济或商业利益的特别复制行为"的例外和限制。②

1992年11月19日,欧共体理事会颁布了《知识产权领域中的出租权、出借权及某些邻接权的指令》,简称EC92/100,这一指令要求欧盟各成员国对出租权、出借权实行统一的法律制度。欧盟委员会认为,公共出借权制度的协调一致,对欧盟内部十分重要,为公共文化作出贡献的作者得到报酬是理所应当的。目前为止,欧盟委员会力争在所有成员国中建立公共出借权制度,并对各国制度中存在的差异进行调整。③

(六)俄国新版权法《版权及相关权利》④

俄国新版权法《版权及相关权利》(On Copyright and Allied Rights)1993年9月采用,1993年8月3日开始生效。新版权法规定在18种情况下,可以免费使用作者的作品,其中第20款指定了3种情况下,不经过作者同意,也无需付稿酬,可以复制单篇文献用于非商业性目的,唯一的条件是必须注明作者的姓名及来源,其中第一和第二种情况规定:1.图书馆与档案馆为补充馆藏进行复印(代替丢失或损坏的书籍);2.复印文集、报纸或其他连续出版物中的单篇或简短的文章。

从以上内容可以看出,国际条约及各国著作权法都要求保护著作权人的复制权、信息网络传播权等经济权利。各国的著作权法对图书馆的合理使用问题、公共借阅权问题也有相关规范,甚至还有专门针对馆际互借、文献传递服务的具体规定,如美国对图书馆的馆际互借、文献传递服务涉及的复制权问题规定非常明确,甚至有具体的操作规程。各国开展文献提供服务必须遵守这些规定。

---

① 傅文奇,江向东. 澳大利亚公共借阅权制度评介. 晋图学刊,2006(2)

② 刘可静. 知识产权与图书馆员. 北京:海洋出版社,2007

③ 邵平,崔旭. 对我国引入公共出借权制度的思考. 新世纪图书馆,2008(5)

④ 以下资料均引自:牛金芳. 俄国版权法与图书馆文献复制图书馆理论与实践,2000(3)

二、国外文献提供服务版权解决方式的实践

(一)大英图书馆①

大英图书馆文献提供中心在服务主页上明确说明,由于版权问题,只能提供期刊上的单篇文章、会议论文或者书籍的部分章节,并且不能超过全书内容的10%。所有文章的复制均得到了出版商和他们的代理机构的授权。在特定的情况下,用户申请文献,必须支付版权费。

他们在其主页上还详细解释什么是版权费,为什么需要支付版权费。他们认为,图书馆的复制行为侵害了出版者与作者的收益权,因此法律规定,在许多情况下必须支付版权费。接着,在主页上详细说明不需要支付版权费和需要支付版权费、版权费的金额等详细情况。

以下情况不需要支付版权费:①外借的情况;②该文献将用于非商业目的的研究,或者个人研究,并且通过在大英图书馆注册的机构申请(如果您在USA不适用该规定);③因国会需要或者司法审判需要,或者皇家专门调查委员会、法令调查的需要;④复制件用于补藏丢失或损坏的原件,这只适用于在英国境内的公共图书馆。不需要支付版权费的复制品叫做图书馆特许复制品(Library Privilege Copy)。需要图书馆特许复制品(Library Privilege Copy)的读者,必须与大英图书馆签订版权声明,宣布不有意违反著作权法。当用电子形式或者传真形式发送图书馆特许复制品(Library Privilege Copy)时,必须确认类似的声明已经签署。用户不需要将该声明返还给大英图书馆,但必须自己保存至少七年,以防止著作权人、他们的代理人要审查图书馆特许服务。

以下情况必须支付版权费:①用于商业用途,或者为了商业目的进行的研究;②未在大英图书馆注册,或者注册为个人的用户;③用户在USA;④通过安全电子传递(Secure Electronic Delivery)获取文献;⑤同一文献要求两份以上,或者同一期刊上的文章要求两篇以上(每一件复制品需要各交一次版权费);⑥用户想在单位内传阅该文献。英国图书馆文献提供中心收取的版权费用都交至英国版权许可代办处(Copyright Licensing Agency,CLA),由CLA分发至世界范围的出版者和其他权利人。

版权费的多少由出版者规定,因此不同的出版物,版权费会有所不同。读者可以通过 http://www.bl.uk/catalogues/serials.html 查询所需文献的版权费,但该金额并非完全准确。确切的金额在复制件制作时在系统中自动生成。

---

① 以下资料均引自:胡月平. 解决文献传递版权问题的两种思路//中国图书馆学会编. 图书馆发展与和谐社会构建. 北京:北京图书馆出版社,2007

对于24小时内到达用户手中的安全电子传递方式，由于被复制、传播的风险较大，大英图书馆制定了非常详细的操作规程，以避免版权侵权的风险，具体有：在传递文献时，除非征得著作权人的同意，或者著作权管理机构或者其他经授权的组织的同意，否则必须做到，向需求该文献的用户发送通知信，说明该电子文献只能打印一份，不能在任何电子媒介中复制、存储，或者复制、出售文献内容，除非法律有特别的规定。被授权的中介机构必须遵守如下规定，必须向最终用户发送通知信，所需文献必须上载到一个服务器上，以供最终用户下载；大英图书馆的封面不得从文献中删除。

（二）美国国会图书馆[①]

美国国会图书馆针对研究者提供拍照复制服务（Photoduplication Service，PDS），在其提供服务的主页上说明，PDS所有的复制行为都符合美国的版权法以及相关规定。并且强调，图书馆一般只为研究目的提供复制件。这项服务是为研究目的服务，用以替代外借或手抄。有特别限制的材料不能复制。

受版权法保护的作品在符合版权法和版权作品新技术使用国家委员会（the CONTU）有关规则的情况下复制。复印或其他形式的复制行为都受到版权法的制约。在法律许可的特定条件下，图书馆和档案馆被授权复制或制作其他复制品。这些特定条件其中之一就包括，复印件或其他复制品只能被用于私人学习或研究。如果用户要求提供复印件或其他复制品是为了或以后用于超出“合理使用”的范围，该使用者必须承担侵权责任。复制品使用的责任由使用者承担。该机构保留拒绝提供复制品要求的权利，如果它判断，满足该要求将会导致违反版权法。

当要使用、出版或者分发从PDS获取的资料时，判断及满足著作权法或其他使用限制是接收者的义务。

（三）Google数字图书馆计划

虽然Google数字图书馆计划并不开展文献提供服务，其书籍扫描作业主要是为图书搜索服务，但其扫描作业涉及大量版权人的利益，Google解决版权争议的方案值得图书馆界借鉴。

2003年12月，Google开始与出版社合作，索引图书的封面、简介、作者传记或内容梗概上节选而得的摘要。当时只是一种书摘搜索，随着与出版社合作范围与内容的扩大，Google开始索引图书全文。Google不仅与出版商合作扫描在版图书，2004年12月，在加州推出迄今为止规模最大的图书馆数字化计划。宣

---

① 以下资料均引自：胡月平．解决文献传递版权问题的两种思路．中国图书馆学会编．图书馆发展与和谐社会构建．北京：北京图书馆出版社，2007

布将于美国纽约公共图书馆、哈佛大学、斯坦福大学、密歇根大学和牛津大学图书馆合作,将这些著名图书馆的馆藏图书扫描制作成电子版放到网上,使全世界用户都可以在线查询和使用这些文献。

Google 的图书搜寻计划引起版权争议,出版商认为 Google 把图书内容放上网络,侵犯了出版商及作者的著作权。在 Google 图书搜寻计划实施期间,发生了出版商及作者与 Google 的诉讼,如 Authors Guild (AG,作家协会) 3 年多前在美国联邦法院纽约州地方分院对 Google 的提告,Association of American Publishers (AAP,美国出版商协会) 代 5 家出版商提出的诉讼。

Google 开始坚持 Google 数字图书馆计划属于合理使用,认为"数字图书馆计划属于版权法规定的合理使用范围,因而该计划的实施无需得到版权持有人的许可"。2008 年 10 月,Google 的态度发生了转变。

Google 与出版商间的侵权诉讼在 2008 年 10 月达成和解。Google 承诺支付 1.25 亿美元的和解金,并建立书籍版权管理系统。这项协议让双方都能透过数字书籍获利。也可使个人及机构经由 Google 购买网络在线存取有版权、不再发行的作品,而且提供公共图书馆免费在线阅览。仍在发行的书籍只能在出版商及作者同意之下于网站上存取。

书籍版权管理系统的建立将可使版权持有者(出版商或作者),登记他们的作品及随后收取作品在网络上被使用的报酬。

AAP 主席及 Bertelsmann Inc 共同主席 Richard Sarnoff 认为,该做法不危害版权持有人利益且为书籍注入新生。有版权却不发行的书籍将可借由在线版权销售,除非版权所有人反对。

Google 将提供公共图书馆入口网站,让使用者免费阅览数字化书籍;而提供给学院与大学的服务在收取阅览费后,学生可以直接由宿舍房间存取这些书籍。

独立的委员会将成立,以裁定作者与出版商应收取多少报酬。初期由 AG 与 AAP 各指派半数委员。如同音乐界的 ASCAP,委员会将追踪哪些书被不同的机构使用。

(四)美国 Infotrieve 公司①

美国 Infotrieve 公司成立于 1987 年,是商业、科学、技术、医学等领域文献的提供者,每年传递超过 100 万篇文献。Infotrieve 保证所有传递给用户的资料都符合美国和国际版权法的规定,大部分文献的价格都包含了版权费用。为处理大量的文献请求、支付版权费用,以及跟踪订购和账号信息,Infotrieve 使用一个

---

① 以下资料均引自:陈传夫,吴钢. 国际上文献传递版权实践及其启示. 数字图书馆论坛,2008(1)

文献资源的所有权参考数据库和所有权软件。Infotrieve 和许多出版商有直接联系,版权费用通常直接付给文献的出版者,另外一些版权费用交纳给版权清算中心(Copyright Clearance Center,CCC)等版权集体管理组织。用户可以通过 E-mail、传真、Infotrieve 的在线引文数据库系统或在线表单进行文献订购,为满足每个用户的特别需求,Infotrieve 提供多种文献传递方式,包括 e100(100% 的电子文献传递)、传真、E-mail、普通信件、加急邮件、Ariel 等,不同的传递方式价格不同。Infotrieve 文献传递每篇文献收费 12.20 美元不等,但均要另外收版权费用。

(五)德国的 Subito①

Subito 是德国、奥地利、瑞士等德语国家研究图书馆联合开展、从期刊或图书上制作复制件,向文献请求用户提供快捷、易于利用的文献传递服务。作为德国联邦政府研究首创计划,Subito 出现于 1994 年,于 1997 年正式开始提供文献传递服务。

Subito 的理念是"文献应该在正确的时间抵达正确的地点",提供可靠的、高质量的文献传递服务。请求文献可以通过 E-mail、FTP、邮寄、传真等方式传递。Subito 在世界范围有着广泛影响。

所有通过 Subito 订购的文献复制件都受到版权法的规制,复制件只能被个人利用,不能传播给第三方,复制件只能被打印一次,然后文档要被永久性删除,不允许向公众传播。

Subito 收取的费用根据用户类别的不同而有所不同,主要将用户分为以下类型:用户组 1(学生、大学和学院职员、公共机构成员);用户组 2(商业用户);用户组 3(个人用户);用户组 4(德国、奥地利、瑞士、列支敦士登等德语国家的图书馆);用户组 5(非德语国家的国际图书馆)等。

Subito 对不同用户组的文献传递采用不同的价格。严格区分商业性用户与非商业性用户。普通服务用户组 1 收费 5—8 欧元,用户组 2 则由各图书馆自己定价,收费为 9—18 欧元之间。

无论哪组用户,Subito 均要收取版权费。对不同的用户组版权费也有所不同,用户组 1 为 1 欧元,用户组 2 为 6 欧元,用户组 3 为 3 欧元。在 2001 年 Subito 就支付了 500 多万欧元的版权费用。

Subito 的文献传递也面临着法律修改带来的难题。2007 年 9 月 21 日德国新的版权法进行了最后一审,于 2007 年 12 月 1 日生效。法律仅允许对德国的用户群体通过邮寄或传真的形式进行文献传递,而电子文献传递只有在没有出

---

① 以下资料均引自:陈传夫,吴钢. 国际上文献传递版权实践及其启示. 数字图书馆论坛,2008(1)

版商提供相关竞争性的在线服务时才被法律允许。

面对版权法的变化，Subito 的首要战略是获取电子文献的传递许可，在此之前所有参加 Subito 的图书馆会选择以数字传真和邮递的方式提供文献。Subito 正在与德国出版人暨书商协会（Börsenverein）、国际科学、技术和医学出版商协会（International Association of Scientific Technical and Medical Publishers）进行协商，力求达成比较宽松的协议，传递通过 PDF 格式扫描的文档在德国国家不需要支付许可费用，在德语国家之外的电子文献传递要基于 Subito 和各国际性出版商达成的协议。

可见，国外文献提供服务机构对版权问题均十分重视，不管是公益性的文献提供服务，还是商业性的文献提供服务，都有自己的版权解决方案，值得我们学习与借鉴。

第四节　国内著作权法与文献提供服务著作权解决方案的实践

一、国内著作权法

（一）内地法律规定

国内著作权法律制度包括法律、法规、司法解释等，下面把与图书馆等机构文献提供服务有关的条款摘录如下：

1. 著作权法律、法规

名称	条款（内容）	说明
著作权法 （2001 年）	第三条　本法所称的作品，包括以下列形式创作的文学、艺术和自然科学、社会科学、工程技术等作品： （一）文字作品； （二）口述作品； （三）音乐、戏剧、曲艺、舞蹈、杂技艺术作品； （四）美术、建筑作品； （五）摄影作品； （六）电影作品和以类似摄制电影的方法创作的作品； （七）工程设计图、产品设计图、地图、示意图等图形作品和模型作品； （八）计算机软件； （九）法律、行政法规规定的其他作品。	作品的种类，第三条所列作品的著作权受法律保护，图书馆文献提供服务提供这类作品要注意避免侵权。

续表

名称	条款(内容)	说明
	第五条本法不适用于： (一)法律、法规,国家机关的决议、决定、命令和其他具有立法、行政、司法性质的文件,及其官方正式译文; (二)时事新闻; (三)历法、通用数表、通用表格和公式。	不受著作权法保护的作品,图书馆可以放心提供这类资源。
	第十条　著作权包括下列人身权和财产权： (一)发表权,即决定作品是否公之于众的权利; (二)署名权,即表明作者身份,在作品上署名的权利; (三)修改权,即修改或者授权他人修改作品的权利; (四)保护作品完整权,即保护作品不受歪曲、篡改的权利; (五)复制权,即以印刷、复印、拓印、录音、录像、翻录、翻拍等方式将作品制作一份或者多份的权利; (六)发行权,即以出售或者赠与方式向公众提供作品的原件或者复制件的权利; (七)出租权,即有偿许可他人临时使用电影作品和以类似摄制电影的方法创作的作品、计算机软件的权利,计算机软件不是出租的主要标的的除外; …… (十二)信息网络传播权,即以有线或者无线方式向公众提供作品,使公众可以在其个人选定的时间和地点获得作品的权利; …… 著作权人可以许可他人行使前款第(五)项至第(十七)项规定的权利,并依照约定或者本法有关规定获得报酬。 著作权人可以全部或者部分转让本条第一款第(五)项至第(十七)项规定的权利,并依照约定或者本法有关规定获得报酬。	著作权的权利内容,并规定了著作权人可以许可或转让第(五)至(十七)项规定的权利,并获得报酬。图书馆的文献提供服务应避免侵犯著作权人的这些权利。

续表

名称	条款(内容)	说明
	第二十一条　公民的作品,其发表权、本法第十条第一款第(五)项至第(十七)项规定的权利的保护期为作者终生及其死亡后五十年,截止于作者死亡后第五十年的12月31日;如果是合作作品,截止于最后死亡的作者死亡后第五十年的12月31日。 法人或者其他组织的作品、著作权(署名权除外)由法人或者其他组织享有的职务作品,其发表权、本法第十条第一款第(五)项至第(十七)项规定的权利的保护期为五十年,截止于作品首次发表后第五十年的12月31日,但作品自创作完成后五十年内未发表的,本法不再保护。 电影作品和以类似摄制电影的方法创作的作品、摄影作品,其发表权、本法第十条第一款第(五)项至第(十七)项规定的权利的保护期为五十年,截止于作品首次发表后第五十年的12月31日,但作品自创作完成后五十年内未发表的,本法不再保护。	权利的保护期,过了保护期的作品,在开展文献提供时除了要注意保护著作权人的精神权利外,可以提供。
	第二十二条　在下列情况下使用作品,可以不经著作权人许可,不向其支付报酬,但应当指明作者姓名、作品名称,并且不得侵犯著作权人依照本法享有的其他权利: (一)为个人学习、研究或者欣赏,使用他人已经发表的作品; …… (六)为学校课堂教学或者科学研究,翻译或者少量复制已经发表的作品,供教学或者科研人员使用,但不得出版发行; …… (八)图书馆、档案馆、纪念馆、博物馆、美术馆等为陈列或者保存版本的需要,复制本馆收藏的作品; ……	著作权的合理使用。图书馆开展的文献提供服务通常是为了满足读者第一项、第六项的要求,因此属于著作权法规定的合理使用范围。

续表

名称	条款(内容)	说明
	第二十四条　使用他人作品应当同著作权人订立许可使用合同,本法规定可以不经许可的除外。 许可使用合同包括下列主要内容: (一)许可使用的权利种类; (二)许可使用的权利是专有使用权或者非专有使用权; (三)许可使用的地域范围、期间; (四)付酬标准和办法; (五)违约责任; (六)双方认为需要约定的其他内容。	除了合理使用和法定许可,使用他人作品应当同著作权人订立许可使用合同。还规定了许可使用合同应当包括的内容。
	第四十六条　有下列侵权行为的,应当根据情况,承担停止侵害、消除影响、赔礼道歉、赔偿损失等民事责任: …… (七)使用他人作品,应当支付报酬而未支付的; (八)未经电影作品和以类似摄制电影的方法创作的作品、计算机软件、录音录像制品的著作权人或者与著作权有关的权利人许可,出租其作品或者录音录像制品的,本法另有规定的除外; …… 第四十七条　有下列侵权行为的,应当根据情况,承担停止侵害、消除影响、赔礼道歉、赔偿损失等民事责任;同时损害公共利益的,可以由著作权行政管理部门责令停止侵权行为,没收违法所得,没收、销毁侵权复制品,并可处以罚款;情节严重的,著作权行政管理部门还可以没收主要用于制作侵权复制品的材料、工具、设备等;构成犯罪的,依法追究刑事责任: (一)未经著作权人许可,复制、发行、表演、放映、广播、汇编、通过信息网络向公众传播其作品的,本法另有规定的除外; …… (三)未经表演者许可,复制、发行录有其表演的录音录像制品,或者通过信息网络向公众传播其表演的,本法另有规定的除外; (四)未经录音录像制作者许可,复制、发行、通过信息网络向公众传播其制作的录音录像制品的,本法另有规定的除外;	规定了侵犯著作权的法律责任,其中很重要的内容就是未经许可使用他人作品的法律责任。

续表

名称	条款(内容)	说明
	(五)未经许可,播放或者复制广播、电视的,本法另有规定的除外; (六)未经著作权人或者与著作权有关的权利人许可,故意避开或者破坏权利人为其作品、录音录像制品等采取的保护著作权或者与著作权有关的权利的技术措施的,法律、行政法规另有规定的除外; (七)未经著作权人或者与著作权有关的权利人许可,故意删除或者改变作品、录音录像制品等的权利管理电子信息的,法律、行政法规另有规定的除外; (八)制作、出售假冒他人署名的作品的。	
信息网络传播权保护条例	第二十六条　本条例下列用语的含义: 信息网络传播权,是指以有线或者无线方式向公众提供作品、表演或者录音录像制品,使公众可以在其个人选定的时间和地点获得作品、表演或者录音录像制品的权利。 ……	定义。根据该定义,图书馆的文献提供服务并不侵犯著作权人的信息网络传播权。
著作权集体管理条例	第二条　本条例所称著作权集体管理,是指著作权集体管理组织经权利人授权,集中行使权利人的有关权利并以自己的名义进行的下列活动: (一)与使用者订立著作权或者与著作权有关的权利许可使用合同(以下简称许可使用合同); (二)向使用者收取使用费; (三)向权利人转付使用费; (四)进行涉及著作权或者与著作权有关的权利的诉讼、仲裁等。	规定了著作权集体管理组织经权利人授权,集中行使权利人的有关权利并以自己的名义进行有关活动。
	第四条　著作权法规定的表演权、放映权、广播权、出租权、信息网络传播权、复制权等权利人自己难以有效行使的权利,可以由著作权集体管理组织进行集体管理。	规定了著作权集体管理组织可以管理的权利

续表

名称	条款(内容)	说明
	第二十三条　著作权集体管理组织许可他人使用其管理的作品、录音录像制品等,应当与使用者以书面形式订立许可使用合同。 著作权集体管理组织不得与使用者订立专有许可使用合同。 使用者以合理的条件要求与著作权集体管理组织订立许可使用合同,著作权集体管理组织不得拒绝。 许可使用合同的期限不得超过2年;合同期限届满可以续订。	著作权集体管理组织应当与使用者以书面形式订立许可使用合同。
最高人民法院关于审理涉及计算机网络著作权纠纷案件适用法律若干问题的解释(2000年)	第二条　受著作权法保护的作品,包括著作权法第三条规定的各类作品的数字化形式。在网络环境下无法归于著作权法第三条列举的作品范围,但在文学、艺术和科学领域内具有独创性并能以某种有形形式复制的其他智力创作成果,人民法院应当予以保护。 著作权法第十条对著作权各项权利的规定均适用于数字化作品的著作权。将作品通过网络向公众传播,属于著作权法规定的使用作品的方式,著作权人享有以该种方式使用或者许可他人使用作品,并由此获得报酬的权利。	著作权法保护的作品扩大到各类作品的数字化形式。2004年修正时第二款被删除
《ISO和IEC标准出版物版权保护管理规定(试行)》2007	第三条　ISO/IEC标准出版物有纸质、电子等形式。包括: (一)ISO/IEC标准; (二)ISO/IEC标准衍生品; (三)ISO/IEC期刊等产品; (四)合作出版物。	规定了标准出版物有纸质、电子等形式。
	第四条　复制是指出于商业目的,以复印、打印、翻拍、拷贝、扫描、下载等方式将ISO/IEC标准制作一份或者多份的行为。 销售是指将ISO/IEC标准出版物进行出售的行为。 ……	对复制行为作了定义。

续表

名称	条款(内容)	说明
	第五条　国家标准化管理委员会统一管理 ISO/IEC 标准出版物的版权保护工作。 ISO/IEC 标准出版物的复制与销售统一纳入国家标准化网络信息服务平台并经国家标准化管理委员会授权有关单位负责管理。 未经国家标准化管理委员会授权,任何单位和个人不得擅自对 ISO/IEC 标准出版物进行复制、销售、翻译出版和使用。	图书馆提供标准出版物时应注意该规定。

2. 图书馆法律、法规

我国现行有效的图书馆相关法律、法规有:文化部《省(自治区、市)图书馆工作条例》(1982)、教育部《关于印发〈普通高等学校图书馆规程(修订)〉的通知》(2002)、教育部关于印发《中小学图书馆(室)规程(修订)》的通知(2003)、《浙江省公共图书馆管理办法》(2003)、《北京市图书馆条例》(2002)、《上海市公共图书馆管理办法》(2002 年修正)、《河南省公共图书馆管理办法》(2002)、《湖北省公共图书馆条例》(2001 年)、《内蒙古自治区公共图书馆管理条例》(2000)、《深圳经济特区公共图书馆条例》(试行)(1997)、《贵州省县级图书馆工作条例》(1985)。只有《北京市图书馆条例》第二十六条规定了图书馆应当依法保护馆藏文献信息资源的知识产权。

(二)港澳台地区法律规定

1. 香港地区法律规定

1997 年的香港《版权条约》第 46 条至第 53 条对图书馆、档案馆的各种合理使用问题做了非常细致的规定,涉及图书馆长(含代其行事的人)应该如何复制期刊内的文章、已发表作品的部分、未发表的作品,如何制作作品的替代复制品,如何供应复制品予其他图书馆,以及对制造多份相同材料的复制品的限制等各项法律规定和程序。①

2. 台湾地区法律规定

最新的 2003 年台湾著作权法有 117 条,其中有关图书馆的规定如下:

“供公众使用之图书馆、博物馆、历史馆、科学馆、艺术馆或其他文教机构,于下列情形之一,得就其收藏之著作重制之:(1)阅览人供个人研究之要求,重

① 刘可静. 知识产权与图书馆员. 北京:海洋出版社,2007

制已公开发表著作之一部分,或期刊或已公开发表之研讨会论文集之单篇著作,每人以一份为限。(2)基于保存资料之必要者。(3)就绝版或难以购得之著作,应同性质机构之要求者。”

从以上规定可以看出,我国著作权法相关法律、法规规定保护著作权人的权利,也规定限制著作权人权利的相关制度,如合理使用等。我们应充分学习相关法律制度,防止开展的服务侵犯权利人的合法权利。①

二、国内文献提供服务著作权解决方案的实践

1. 国家图书馆

国家图书馆文献提供中心成立于1997年,依靠国家图书馆丰富的馆藏资源和训练有素的资深馆员,以本馆资源和各类数据库为基础,以其他图书馆和各个情报机构为外延,由专业的图书馆员代为检索,为海内外用户提供各种类型的文献资料。用户可以通过网上申请、E-mail、电话等多种途径递交查询申请。凡需要建立长期文献提供服务关系的单位或个人必须与文献提供中心签订协议,协议的主要内容是用户保证不将文献用于个人学习或者研究以外的其他目的,如果用户使用文献超出了著作权法规定的合理使用的范围,由用户自行承担责任。

国家图书馆馆际互借与文献传递系统将于2009年3月投入使用。用户在登陆该系统时能看到版权提示信息“国家图书馆文献提供中心提供的原文复制件只能用于个人学习、研究或者学校课堂教学、科学研究的目的。如果用户超出著作权法规定的合理使用的范围使用文献,要为发生的版权侵权行为承担侵权责任”。

2. 国家科技图书文献中心

国家科技图书文献中心(NSTL)是根据国务院领导的批示于2000年6月12日组建的一个虚拟的科技文献信息服务机构,成员单位包括中国科学院文献情报中心等八家单位,他们面向全国开展科技文献信息服务。用户可以在检索的基础上,通过原文请求的方式获得所需要的文献全文复印件。提供方式包括E-mail、普通信函、平信挂号、传真或特快专递等。

国家科技图书文献中心在其主页上公布了版权声明,“NSTL提供的少量原文复制件仅用于个人学习、研究的目的,不能用于任何营利目的。如果超出‘合理使用’,用户要为发生的版权侵权行为负责。一经发现用户的请求超出著作权法规定的‘合理使用’范围,NSTL保留拒绝接受该请求或取消该用户原文请求的权利”。

---

① 刘可静. 知识产权与图书馆员. 北京:海洋出版社,2007

NSTL 提供的网络期刊的使用范围仅限于浏览和用于个人学习、研究目的的少量下载与暂时保存。下载(包括印出)的任何材料都含有版权提示信息,为防止该文的全部或部分被用于其他目的,这样的提示信息不得被删改。删改版权提示信息的用户将根据著作权法承担版权侵权责任。①

3. 上海图书馆

上海图书馆上海科学技术情报研究所是全国第一家省市级图情联合体,他们为海内外用户提供文献服务,在其文献传递的服务页面上提示:“使用我们的原文提供服务,请遵守中华人民共和国著作版权法的规定,尊重知识产权。”②

可见,国内主要的图书馆的文献提供机构通过服务主页上的版权声明,表明只有在用户的请求满足著作权法规定的“合理使用”条件时,才能进行文献传递。在实际操作中,一般将用户的申请默认为将用于个人学习、研究等著作权法规定的合理使用的目的,然后声明如果发生侵权行为,由用户自行负责,以此来避免自己陷入共同侵权的法律风险。存在的问题在于版权提示过于简单,而且,除了国家科技图书文献中心(NSTL),一般也无法做到将版权声明附加在提供文献的每个包裹或 E-mail 中,以提醒每一个用户注意版权问题。

4. 超星数字图书馆的超星版权模式

超星数字图书馆属于民营企业,成立于 1993 年,目前已经取得了 300 000 位作者同意签约授权个人作品的信息网络传播权,建立了一个全球华语范围内最大的在线数字图书馆,从而创造出一种经得起考验的“超星版权模式”。③

首先,超星数字图书馆在网站上公布了作者授权方案。作者可以选择 3 种方案之一进行授权:(1)向作者赠送 10 年期读书卡;(2)根据下载量付费;(3)作者要求单独定价,向用户单独收费。其次,超星数字图书馆制定了规范的授权文本,并对超星数字图书馆采取相关技术保护措施,避免作品在网上被非法盗版传播;同时,作者可以随时查询其作品的阅读次数等相关统计数据。将这些写入授权文本中,表明了超星数字图书馆尊重和积极维护作者权益的态度。超星数字图书馆在中国版权保护中心监督下,向馆藏作品支付报酬,切实保障著作权人的权益。超星数字图书馆考虑到互联网新的利用形式,如果没有足够的版权保护技术措施,作者的利益就无法得到保证,所以他们主要采用水印加密技术等各种技术来保证图书只能阅读不能下载。在服务方式上,以浏览和借阅为主,限制打印、传播,读者对资料不拥有永久的所有权。

---

① NSTL 版权声明. http://www.nstl.gov.cn/index.html [2009-02-25]

② 上海图书馆文献提供用户须知. http://eservice.digilib.sh.cn/wxtg/service/docusupply.htm [2009-02-25]

③ 宋晓莉,吕文. 图书馆信息服务中的法律问题及其解决方案. 河北科技图苑,2005(1)

5. 书生数字图书馆:极力倡导授权要约模式①

"授权要约"模式,是指在纸媒出版时直接登载授权要约,根据授权要约的内容,使用者只要接受权利人在要约中规定的条件,即可无需与权利人洽谈而与权利人达成授权协议,有权以要约中规定的方式使用作品。

世界上第一本刊登了授权要约的图书是《最后一根稻草》。书中有如下的作者版权声明:"任何个人或机构均可在满足以下条件的情况下使用本书:(1)授权范围:数字形式的复制权、发行权和信息网络传播权;(2)授权费用:收入的5%;(3)支付方式:在收入产生6个月内支付给中华版权代理总公司收转;(4)使用方式:保持作品完整性,必须注明作者和来源;(5)保留其他权利。中华版权代理总公司联系方式……"

书生公司董事长王东临在许多场合极力主张这种方式。王东临认为,彻底解决传统版权交易模式下的高成本问题的关键在于找到一种版权授权方式,它可以免除版权交易中一对一洽谈的交易成本。"授权要约一方面可以满足双方通过协议方式自愿形成授权关系,又能够免除一对一洽谈的交易成本,这是我们找到的一种比较新的模式。"

书生公司还提供了一系列授权要约的其他参考样式。

6. 其他版权实践

清华模式:首先取得出版单位的授权,通过出版单位刊登有关说明以取得作者的同意而获得作者授权,并给出版单位和作者支付适当的版税。

方正模式:以高额回报取得出版单位的授权,作者授权问题则由出版单位出面负责解决。

波库模式:直接支付现金购买作者版权。

雷速模式:采取版税制和版权置换方式,同时直接取得出版单位和作者的双重授权。②

前三者的实践是图书馆开展文献提供服务的版权解决方案,后三者是数字图书馆资源建设及服务中的版权解决方案,两者有着明显的区别。首先,前三者是公益性的图书馆开展的文献提供服务,为点对点的文献信息服务,一般充分运用合理使用制度规避侵权风险,后三者是商业性公司,一般不能适用合理使用制度,所以在现行版权法的框架内竭力寻求版权授权方式,以便能够进行数字图书馆的资源建设并开展服务。

---

① 以下资料均引自:郑泳. 从"七专家状告书生公司"谈数字图书馆的版权问题. 情报探索,2006(8)

② 刘青. 从 Google 数字图书馆计划看合理使用的新发展. 图书情报工作,2007

第五节　解决文献提供服务著作权问题的建议

图书馆在开展文献提供服务时,提供的文献类型从著作权角度来说,主要涉及两种文献,一种是受著作权法保护的作品,一种是不受著作权法保护的作品。受版权法保护的作品,又可分为已过权利保护期的作品和仍处于权利保护期的作品。不受著作权法保护的作品,图书馆可放心提供服务。已过权利保护期的作品,在进行文献传递时,不会侵犯著作权人的经济权利,除了要注意作者的署名权、修改权、保护作品完整权等精神权利外,可以放心提供。对于仍处于权利保护期的作品,则必须注意法律的规定,谨慎提供文献,避免侵权。

目前国内大部分图书馆对服务中的著作权问题仍然不够重视,绝大多数图书馆也没有专门处理著作权事务的机构。这和整个社会的法律普及程度是直接相关的。随着公众法律意识的增强,再加上技术的进步,图书馆提供的服务渐成规模,著作权问题越来越成为制约图书馆服务发展的瓶颈。就文献提供服务来说,主要可以采取以下几种方式解决服务中的著作权问题。

一、充分利用合理使用制度

我国现行著作权法对于著作权人的权利限制主要是合理使用制度,[①]实践中"为个人学习、研究或者欣赏"、"为学校课堂教学或者科学研究"而申请的用户在申请文献提供服务的用户中占很大比例。这类用户的请求符合法律规定的合理使用的条件,可以进行文献提供服务。

利用合理使用制度开展文献提供服务时应当注意:

1. 在服务主页上,应当有版权声明。表明只有当用户的申请满足合理使用的条件时,才提供所需文献。当图书馆发现用户的申请超出了合理使用的范围,有权拒绝提供文献。

2. 在用户的申请阶段应注意:用于申请文献提供服务的系统、E-mail 应包含版权提示信息,提醒用户在合理使用的范围内使用文献。电话申请或口头申请时,也应当由工作人员告知版权须知。

3. 在申请的处理阶段,应分辨用户申请的文献的权利状态。不受版权法保护的作品,图书馆可放心提供服务。已过版权保护期的作品,在进行文献传递时,除了要注意作者的署名权、修改权、保护作品完整权等精神权利外,可以放心

---

① 参见著作权法第二十二条。

提供。对于仍处于版权保护期的作品,应做到以下几点:

(1)在提供的文献原文中,应含有版权提示信息,提醒用户该文献的权利状态。该版权提示信息不得被删改。

(2)传递文献的 E-mail 或包裹中,都应该标明版权提示信息,提醒用户应在合理使用的范围内使用受版权法保护的作品;如果使用作品超出著作权法规定的合理使用的范围,应当自行取得著作权人的许可;如非法使用作品,用户应当承担侵权责任。

(3)关于提供作品的数量,我国版权法相关法律法规并没有明确规定。但是一般来说,应当谨慎提供全书影印服务及整刊复制。

(4)收费标准应采用成本回收机制,控制在非营利的范围内,保证服务的公益性。

(5)用户将获得的文献用于商业目的而发生侵权,文献机构应配合提供用户的相关资料,协助权利人对侵权行为进行查处。

目前我国图书馆的文献提供机构无一不采取这种做法,存在的问题是版权声明过于简略,操作流程很不规范。美国国会图书馆的文献提供部门也是采取这种做法。大英图书馆文献提供中心提供“图书馆特许复制品”也是采取这种做法。我们应当借鉴美国国会图书馆和大英图书馆文献提供中心规范的操作流程。

这种模式适合于公益性的文献提供服务。公益性的文献提供服务机构一般采取成本回收机制,仅向申请方收取合理的成本费用,如复制费、传递费以及检索手续费等,将服务收费标准控制在非营利范围。国内图书馆的文献提供服务机构及美国国会图书馆的文献提供服务都属于公益性的服务。

二、取得著作权人的授权许可

对于仍处于版权保护期的作品,文献提供服务机构可以按照法律的规定,事先与著作权人或者其代理机构签订著作权许可使用合同。当用户的请求超出合理使用(如用于营利目的),在进行文献传递时,就要向用户收取版权费,然后按照合同的约定向著作权人支付报酬。

现代社会是一个信息化的社会,信息资源越来越成为决定企业竞争力、个人发展潜力的重要因素。除了个人研究与欣赏、教学科研单位的研究,以营利为目的的研究也正在兴起,而且为社会所提倡。国家的“十一五”规划强调要全面贯彻落实科学发展观,提出必须提高自主创新能力,把增强自主创新能力作为科学技术发展的战略基点和调整产业结构、转变增长方式的中心环节,大力提高原始创新能力、集成创新能力和引进消化吸收再创新能力。图书馆等信息情报机构必然要加强对于国家科研机构、企事业单位的研究工作的支持。如果企业研究时要利用受版权保护的作品,必须首先自行获得著作权人的许可,可能就错过了研究的时机。因此,图书馆等信息情报机构如果能够与著作权人签订著作权许可使用合同,收取用户一定的版权费,必然会扩大文献提供的规模与效应。

此种模式适合商业性的文献提供服务,或者有志于规模化发展文献提供服务的图书馆。大英图书馆的文献提供中心就是采取这种方法。

在提供已取得权利人授权许可的文献时应注意:

1. 制定科学合理版权费用标准,应当综合用户类型、文献用途将版权费用标准分类,与权利人或权利人集体管理组织确认后公布;

2. 申请阶段应当了解用户类型及文献用途,并收取相应的版权费;

3. 及时将版权费支付给权利人或权利人集体管理组织;

4. 应当保存用户的申请信息及提供详情,以备权利人或权利人集体管理组织查询。

采取多种方式取得著作权人的授权许可,其中最重要的是应当加强与著作权集体管理组织的合作。

三、加强与著作权集体管理组织的合作

我国的《著作权集体管理条例》规定著作权集体管理组织经权利人授权,可以集中行使权利人的有关权利并以自己的名义进行有关活动,包括订立许可使用合同、收取版权费、转付版权费等。

图书馆在合理使用制度范围之外开展文献提供服务,必须取得权利人授权,并向其支付报酬。图书馆可以直接和著作权集体管理组织进行谈判,获得权利许可,并且可以将版权使用费交与著作权集体管理组织去分配给权利人,从而大大减轻了图书馆自行开展授权谈判的负担,提高了工作效率。通过著作权集体管理组织实现集体授权,不仅大大方便著作权人行使权利,也大大方便被许可人履行义务,是实现权利人和使用方双赢的理想模式。

国外文献提供服务发展较好的国家,无不拥有完善的著作权集体管理制度,拥有发达的著作权集体管理组织。在国外比较著名的有美国的版权清算中心(CCC)、英国的版权许可代办处(CLA)、加拿大的 ACCESSCOPYRIGHT、法国的 CFC、德国的 VG WORT、澳大利亚的 CAL、意大利的 AIDRO 等。这些版权集体管理组织的建立和运行很好地满足了商业文献传递公司对海量作品授权许可的需求。比如美国的 CCC 积极征募作者,并尽可能容易地让他们登记加入,发展作者队伍。在实践中,CCC 事先与版权人签订合同并及时将报酬支付给权利人,同时还要求权利所有者保证它有权授予 CCC 合同中约定的权利。美国的商

业文献传递公司一般都积极与 CCC 合作，大部分作品著作权的清算都是由 CCC 来处理，这种集中许可和清算的方式既确保了版权授权的合法性，也提高了版权授权和管理的效率。①

我国的著作权集体管理组织有：中国音乐著作权协会、中国版权保护中心、中国文字作品著作权协会。截至 2002 年 10 月中国音乐著作权协会仅有会员 2100 多人，中国文字作品著作权协会只有会员 2200 人。存在的问题有：权利人不够广泛、作用并未充分发挥。因为我国版权集体管理制度建立的时间不长，还处在摸索阶段，版权集体管理机构还没有充分发挥其社会作用。我国版权集体管理制度也有待进一步完善。图书馆界应当积极关注著作权集体管理机构的发展，积极与著作权集体管理组织合作，为解决图书馆资源建设和服务中海量作品的授权问题开辟一条行之有效的途径。

---

① 陈传夫，吴钢. 国际上文献传递版权实践及其启示. 数字图书馆论坛，2008(1)

第五章 文献提供的协议与技术

近些年来,图书馆正由传统型向现代型(或数字图书馆)转变。但在数字图书馆的形势下,各个图书馆有着各自不同的数据库结构、不同的浏览登陆环境以及不同的操作流程和不同的馆际互借与文献传递系统,在此情形下进行馆际互借、文献传递显然存在诸多不便和问题,因此一个让大家都可以接受并共同遵守的国际标准和协议就显得尤为重要。下面介绍几种馆际互借国际标准。

第一节 馆际互借国际标准 ISO 10160/10161

一、ILL 协议简述

ISO ILL 馆际互借协议是关于馆际互借的国际标准,也是基于 ISO OSI 结构的应用层协议。ILL 协议最先是由加拿大国家图书馆在 1983 年为了方便国家网络信息资源共享而发起的。1993 年由国际标准化组织定义为国际标准,并 1993 年发布了第一版,1996 年发布了第二版。ISO ILL 协议标准规定了两个或者多个 ILL 馆际互借应用通过 Internet,交互报文,而不用考虑使用的软硬件情况。协议规定了所交互报文的数量和类型、报文中的数据元素和报文交互的顺序。协议还定义了两种传输语法,EDIFACT 和 ASN. 1/BER 编码。同时,尽管协议没有规定通讯的方式,它预见了两种基本模式:存储转发和连接方式。目前的 ILL 经常在 TCP/IP 协议运作:存储转发模式使用 MIME E-mail;连接模式使用 TCP/IP 上的直接连接。标准规定系统之间的交互,但是并没有规定系统内部如何运作,或者如何存储数据。

ILL 协议包括两个文件:ISO 10160 和 ISO 10161。ISO 10160 目前的版本为第二版,全称为:1997 年信息与文献——开放系统互联——馆际互借应用服务定义(1997 Information and Documentation—Open Systems Interconnection—Interlibrary Loan Application Service Definition);ISO 10161 协议分为两个部分:ISO 10161—1,1997 信息和文献——开放系统互连——馆际互借应用协议规范——第一部分:协议规范(1997 Information and Documentation—Open Systems

Interconnection—Interlibrary Loan Application Protocol Specification Part 1: Protocol Specification); ISO 10161—2, 1997 信息和文献——开放系统互联——馆际互借应用协议规范——第二部分: 协议实施一致性形式声明(1997 Information and Documentation—Open Systems Interconnection—Interlibrary Loan Application Protocol Specification Part 2: Protocol Proforma)。在这两个协议之间, ISO 10160 协议规定馆际互借应用向用户提供的服务; 而 ISO 10161 协议规定馆际互借一方如何提供这种服务。

二、ILL 事务服务模型

(一)服务提供者和使用者

馆际互借标准是一个开放系统互联环境下的应用层协议标准。ILL 应用是由一系列分布式应用进程来完成的, 每个应用进程要完成两方面的功能: 本地处理功能和通信功能。前者包含数据库处理、报表生成等这样的操作, 它不属于本标准的范畴; 后者包括与开放系统有关的操作。一个应用进程内与开放系统互联有关的这部分被称为应用实体(Application Entity)。每个应用实体又可分为一个或多个应用服务单元(ASE)。ILL 系统中的一类重要的应用服务单元就是 ILLASE。所有的 ILLASE 及其他相关的 ASE 和整个系统的低层服务共同组成了馆际互借服务提供者。ILL 应用进程中使用了这些服务提供者所提供服务的那部分就被称为馆际互借服务使用者。

在 ILL 活动中, 服务使用者和提供者又可分为请求方、响应方和中间方这三类。其中, 请求方发出 ILL 请求, 响应方接收 ILL 请求并可能成为所要书刊的提供者, 中间方类似于响应方, 但它自己不能满足 ILL 请求, 而是代替请求方将请求转交给另一响应方。通常所借书刊对象的提供者就是响应方, 但标准规定的服务模型也允许以非 ILL 请求接收者来提供所需要的书刊或文献资料。

(二)馆际互借事务

事务(Transaction)是 ILL 协议标准中的一个重要概念, 一个 ILL 事务是指一次单独的、完整的 ILL 处理过程, 它包括从发出 ILL 请求开始到 ILL 活动结束这段时间内的所有活动、服务原语和所交换的信息, 它是对实际的人工或自动的馆际互借过程的抽象。一个 ILL 事务开始于一个互借请求, 返还型对象终止于返还型对象的返还, 非返还型对象终止于非返还型对象的借出。对于返还型对象, 一个 ILL 事务过程在对象借出后还可能包括续借、催还等过程。一个 ILL 事务过程也可能因为所借对象的丢失而异常的终止。

一个 ILL 事务是由而且只能由请求方来创建, 而一个 ILL 子事务(subtransaction)是由中间方创建的。当 ILL 涉及 3 个以上的服务使用者时, 最初的请求方发出 ILL 请求,而最后的一个响应方是该 ILL 事务中的 ILL 请求的最终接收者。

几个 ILL 事务可能是相互关联的。例如,一个请求方为达到目的,相继与多个响应方建立联系,从而创建了多个 ILL 事务,这些相关的事务组成了一个 ILL 事务组(ILL-transaction group)。在实际运行中,由最初的请求方来决定它所创建的 ILL 事务中哪几个组成一个 ILL 事务组。

每个 ILL 事务都有一个不同的 ILL 事务标识(Identification),该标识由以下几个部分组成:

(1)最初请求方标识:最先创建该 ILL 事务的请求方标识;

(2)馆际互借事务组名:用以区分同一请求方创建的不同 ILL 事务组;

(3)馆际互借事务名:用以区分同一事务组内不同的 ILL 事务;

(4)馆际互借子事务名:用以区分同一事务内由中间方创建的不同子事务。当且仅当所标识的是一个 ILL 子事务时,才会用到这一参数。

(三)事务类型和拓扑结构

ILL 事务有三种类型:简单型事务(Simple Transaction)、链接型事务(Chains Transaction)和分段型事务(Partitioned Transaction)。

1. 简单型事务

一个简单型事务只涉及两方:请求方和响应方,其表现方式是请求方和响应方以点到点的方式直接通信,如图 5 - 1 所示。

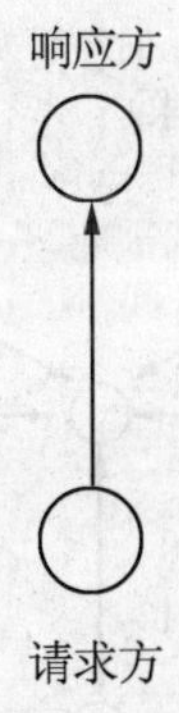

图 5 - 1　简单型事务

所有由最初的请求方创建的 ILL 事务一开始都是一个简单型事务。请求方可以在 ILL 请求中说明响应方可否在转发 ILL 请求时将该事务转变成链接型或分段型事务。一旦响应方做出了上述改变,那么它本身就变成了中间方。

2. 链接型事务

一个链接型事务至少要涉及三方:请求方、响应方和一个或多个中间方。一个 ILL 请求以链接的形式从一个中间方传给另一个中间方，直至到达能够满足 ILL 请求的响应方为止。每个中间方相当于 ILL 信息的中转站，请求方与响应方之间不是直接而是通过若干个中间方进行通信的。

请求方与第一个中间方的交互过程形成了主 ILL 事务，中间方与响应方以及中间方之间的交互形成了一个个 ILL 子事务，如图 5－2 所示。

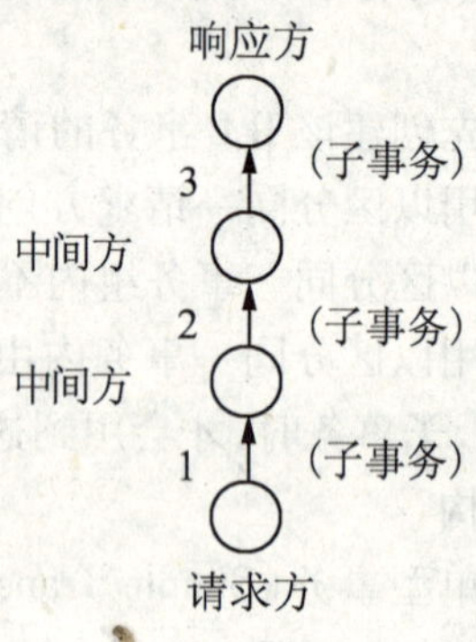

图 5－2　链接型事务

如果一个子事务仍无法完成 ILL 请求，那么中间方可能会与另外一个响应方建立一个新的 ILL 子事务，这样会形成一个以中间方为中心的星型拓扑结构的链接型 ILL 事务，如图 5－3 所示。

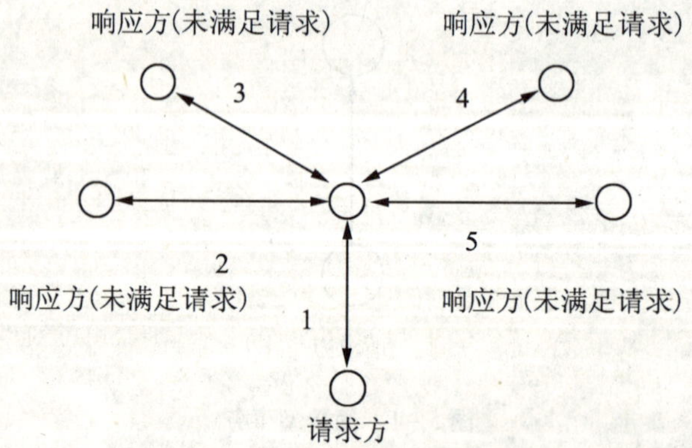

图 5－3　星型拓扑结构的链接型事务
1、2、3、4、5 都为子事务

3. 分段型事务

一个分段型事务也涉及三方：请求方、响应方和一个或多个中间方。一个 ILL 请求被从中间方转发给响应方，由它来响应该请求。当所要的资料发出，并且请求方已收到响应方的书刊发出通知后,以后的所有交互过程都将在请求方和响应方之间直接进行,中间方不再参与本次 ILL 事务的活动。分段型事务特别适用于下面的情况:中间方可以代替请求方找到合适的响应方,一旦某一响应方发出了书刊对象后,该中间方就无意再参与之后的 ILL 活动。许多联合目录机构就可以采用这种模式。

一个分段型事务可分为两个阶段:处理阶段(Processing Phase)和跟踪阶段(Tracking Phase)。处理阶段包含请求方和响应方借助于中间方所进行的全部交互过程,中间方之间、中间方和响应方之间的交互构成了 ILL 子事务;跟踪阶段是由请求方和响应方之间直接交互所完成的,这个阶段的主要内容是监控借出书刊对象,如过期通知、催还和续借处理等。

一个典型的分段型 ILL 事务如图 5-4 所示。同样地,所要资料可以直接或经中间方发给请求方或读者本人。

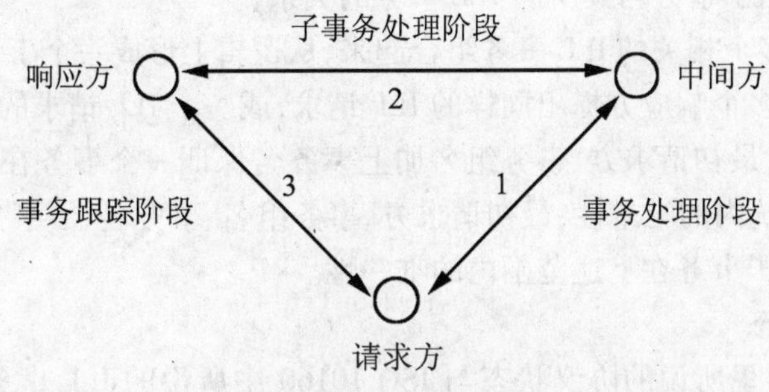

图 5-4　分段型事务

4. 其他几种特殊的服务模式

(1)转发

转发型事务隶属于简单型事务。中间方将 ILL 请求转发给另一个响应方后不再介入 ILL 事务。在转发的同时,中间方还要将转发事件通知给请求方。之后,请求方与接收经转发的 ILL 请求的新响应方进行通信。中间方对 ILL 请求的转发不会导致一个新的 ILL 子事务的产生。

(2)重发

当一个 ILL 事务请求未得到满足时,请求方可以向另外一个响应方发出 ILL 请求。每次请求重发都被看做是属于同一事务组的不同 ILL 事务。

(3)重试

当一个 ILL 请求遇到某几种特定的 ILL 回答时,ILL 事务或子事务终止。但请求方或中间方可在合适的时间向同一响应方重新发送最初的 ILL 请求,并在请求中说明这是一次重试类型的请求。对于最初的请求方来说,重试将产生一新的ILL事务,所以该ILL事务标识中的ILL事务名要不同于起初的ILL事务标识中的ILL事务名,但ILL事务组名应保持不变。对于中间方来说,重试将产生一个新的ILL子事务,这种情况下,事务标识中的ILL事务组名和事务名不变,而ILL子事务名要与起初的ILL事务标识中的事务名有所区别。

(四)事物信息

系统必须为每个ILL事务记录以下信息:事务标识、协议状态、协议变量、超时时钟、ILL请求信息、历史数据。

1. 事物标识

所有的APDU和服务原语都通过在其参数内包含一个ILL事务标识来与一个具体ILL事物联系起来。

事务标识应满足下列要求:

(1)唯一性;

(2)体现出子事务与其所属ILL事务的关系;

(3)允许多个相关的ILL事务组合起来,从逻辑上形成一个事务组。如某一请求方依次向多个响应方提出同样的ILL请求,或一个ILL请求的几次重试等。

总而言之,最初请求方、事务组名加上事务名保证一个事务在所有参与ILL操作的ILL系统内的唯一性;最初请求方、事务组名、事务名、子事务名加上中间方标识则保证子事务在上述范围内的唯一性。

2. 协议状态

ISO 10161里所说的协议状态与ISO 10160中所说的ILL事务状态是相同的。对请求方、响应方和中间方来说,均存在一些终止状态。一旦它们进入这些状态,除迁移到另一终止状态外,不会再发生其他的状态转移。

当一方的ILL事务进入终止状态后,该事务的有关信息一般还应保存一段时间。在这段时间内,对方还可以访问这些信息。标准中并未规定信息保留时间的长短,这是由实现者自己决定的。但标准中建议这段时间对可返还型对象来说,应长于最长借阅期、续借期和发送文献所需时间之和;对非返还型对象来说,这段时间应长到可能使请求方可以确定所借资料无法收到,而且应允许请求方能够有时间调用状态查询或丢失通知服务。

3. 协议变量

协议变量反映了ILL协议的行为特性。ILL协议机应为每一个事务保存一系列协议变量,且根据服务请求原语或收到的APDU中的参数随时对变量进行修改。中间方既执行着请求方也执行着响应方的角色,所以它应分别保存两套协议变量。下面分别介绍一下ISO 10160/10161中定义的协议变量。

(1)RETURN:用来指示所借对象是否是可返还型的,取值为true或false。

响应方或执行响应方功能的中间方在调用文献发出(shipped)时,ILL 协议机根据 shipped-service-type 参数的值对该变量进行设置;请求方或执行请求方功能的中间方则是在调用收到(RECEIVED)服务时,ILL 协议机根据 shipped-service-type 参数的值给该变量赋值。

(2)FORWARD:说明 ILL 请求可否被转发,取值为 true 或 false。ILL 协议机在收到 ILLAPDU 后,根据 third-party-information 参数中的是否允许转发这一项给 FORWARD 变量赋值。

(3)PART:说明可否创建分段型子事务或者是否已经创建了分段型子事务,取值为 true 或 false。ILL 协议机在收到 ILLAPDU 后,根据 transaction-type 对 ILL 事务类型进行判断。如果是分段型子事务,PART 值设置为 true;如果是链接型子事务,PART 值设置为 false;否则根据 third-party-information 参数中的是否允许创建分段型子事物这一项来给它赋值。

(4)CHAIN:说明可否创建链接型子事务或者是否已经创建了链接型子事务,取值为 true 或 false。ILL 协议机在收到 ILLAPDU 后,根据 transaction-type 对 ILL 事务类型进行判断。如果是链接型子事务,CHAIN 值设置为 true;如果是分段型子事务,CHAIN 值设置为 false;否则根据 third-party-information 参数中的是否允许创建链接型子事务这一项来给它赋值。

(5)SEQUENCE-TIME-STAMP(顺序时间标志):用以保留上次所收到的 APDU的时间。每当收到 APDU 时,ILL 协议机就用其中的 date-time-of-this-service参数给该变量赋值。这个变量的作用是用来检测失序 APDU。

(6)REPEAT-TIME-STAMP(重复时间标志):用以保留上次所收到的初始 APDU 的时间。如果收到的 APDU 是初始 APDU,用 date-time-of-this-service 参数值给这个变量赋值;如果收到的是重复 APDU,用其中的 date-time-of-original-service 给变量赋值。

(7)CURRENT-PARTNER-ID(当前对象标识):保存 ILL 事务的当前交互对象的标识,用作 APDU 的顺序检查。对请求方,该变量一开始被设置成 ILL 服务请求中的 responder-identification 的值,之后收到的 APDU 中一旦 responder-identification 的值与该变量不同,那么将原值加入到 PREVIOUS-PARTNER-IDS 变量中,用 responder-identification 的值重新给这一变量赋值。对响应方来说,该变量一开始被设置成 ILL 指示中的 responder-identification 的值,以后如果收到的 APDU中的 responder-identification 与该变量不同,就将原值加入到 PREVIOUS-PARTNER-IDS 变量中,用 responder-identification 的值重新给它赋值。

(8)PREVIOUS-PARTNER-IDS(过去交互对象标识表):保存本 ILL 事务中以前所有的交互对象的标识。每当 CURRENT-PARTNER-ID 值改变时,其原值一般就会被加入到这一变量中去。该变量可能会包含多个值。

4. 超时计时器

超时计时器功能是由响应方的服务提供者完成的。期限值是由请求方在它所发出的 ILL 请求中的 search type 参数中提供。请求方在发出 ILL 请求时，可利用下面两种方法之一设定 ILL 事务的存在期限。

(1) 在 search type 参数中给出 need-before-date 项，并将 expiry-flag 设为"NEED-BEFORE-DATE"；

(2) 在 search type 参数中给出 expiry-date 项，并将 expiry-flag 设为"OTHER-DATE"。响应方收到 ILL 请求 APDU 时，如果发现其中的 search type 参数里包含了期限值，同时它本身也支持超时计时器功能的话，那么它将对超时计时器进行设置，并启动计时功能。一旦当前日期与超时期限相同，而且响应方尚未对 ILL 请求作出响应(如执行 ILL-ANSWER、SHIPPED 或 FORWARD 服务)，那么请求方的服务提供者就会把 EXPIRY APDU 发给响应方和请求方的 ILL 实体，这两方将会收到 EXPIRY 指示原语，ILL 事务进入 NOT SUPPLIED 终止状态。如果响应方发回了 CONDITONAL 类型的 ILL 应答服务，而且 result explanation 参数中给出了 date-for-reply，超时时钟将会被重新设置成 date-for-reply 的值。一旦响应方收到了肯定的条件应答，超时时钟恢复为原来的值。以下事件将会中止超时计时功能：①是非 CONDITIONAL 的 ILL 应答请求；②是书刊发出请求；③是转发请求；④是撤销 APDU。

协议中并不要求响应方一侧的 ILL 服务提供者必须支持超时计时器功能。以上所说的一系列操作的前提是响应方的服务提供者具有超时计时能力。如果响应方收到的 ILL 请求 APDU 中包含了超时期限值，而它的 ILL 应用层实体却没有计时功能，那么它或是向请求方发出无法完成(UNFILLED)的 ILL 应答，并在应答解释参数里进一步说明不能满足请求的原因是无法进行超时计时，或者它照常对 ILL 请求进行处理，但该 ILL 事务就不会有超时的现象发生了。

5. 馆际互借请求信息

最初的 ILL 请求的所有参数应当保存下来，以用于转发、链接和分段型事务，但中间方在转发 ILL 请求或创建子事务时，可对里面的参数进行修改。ILL 请求信息中包含了请求方和响应方的标识，它们均为系统标识(system-id)类型数据，系统标识由以下两部分组成。

(1) person-or-institution-symbol：个人或机构代码；

(2) name-of-person-or-institution：个人或机构名称。

一个合法的系统标识至少应给出以上两项参数之一。协议对系统标识取值的要求是它必须保证唯一性。鉴于个人或机构代码只是在一定范围内能被识别且保证唯一，所以只有当 ILL 活动也局限于该范围之内时，才能单独使用个人或机构代码这一项作为系统标识。一旦跨出这个范围则必须使用个人或机构名称来保证其可识别性和唯一性。

ISO 10160/10161 标准内规定，在 ILL 事务的整个存在期间，参加 ILL 事务的任何方的标识必须保持不变。

6. 历史数据

历史数据包括以下几方面的信息：

(1) date-of-last-transaction(上次转移日期)：记录上次事务状态发生迁移的日期。

(2) most-recent-service(最近服务)：记录最近一次被调用的服务原语或收到的 ILLAPDU 的名称。一个例外是当为响应状态查询(STATUS-QUERY)而调用状态或错误报告(STATUS-OR- ERROR- REPORT)服务请求时，most-recent-service 指的 STATUS-QUERY 之前的那个服务或 APDU。

(3) date-of-most-recent-service(最近服务日期)：最近的服务或 APDU 中的 date-of-this-service 参数的值。

(4) initiator-of-most-recent-service(最近服务启动方)：最近一次服务的调用者或最近一次 APDU 的发送者。

(5) shipped-service-type(发送服务类型)：记录书刊发出(SHIPPED)或收到(RECEIVED)服务或 APDU 中的 shipped-service-type 参数的值。

(6) transaction-results(事务结果)：记录 ILL 应答(ILL-ANSWER)中 transaction-results 的值。

(7) most-recent-service-note(最近服务注释信息)：最近一次服务或 APDU 中的注释信息参数，如 requester note、responder note、ILL note 等。

历史数据被用在状态或错误报告服务中，所以应该保存于 ILL 事务的这个存在期间。一旦 ILL 事务结束，历史数据同时被删除。

(五) 事务状态

ILL 服务使用者和服务提供者在某一时刻所能进行的交互活动类型由当时的 ILL 事务状态所决定。ILL 事务状态包含了请求方状态、响应方状态以及所有参与 ILL 事务的中间方状态。

ILL 事务中的一个应用实体的当前状态决定其服务使用者可以调用哪些服务原语，该实体可以从对端实体接收哪些应用层协议数据单元(Application protocol Date Unit，APDU)，收到请求原语和 APDU 后，该实体将会发生什么样的状态转移，参与 ILL 事务的应用实体并不需要其他实体的当前状态，换句话说，本地实体的 ILL 事务状态就足以决定本地的 ILL 操作。

1. 请求方状态

(1) IDLE(空闲状态):ILL 事务尚未开始。

(2) PENDING(等待状态):已发出一个 ILL 请求,正在等待响应方的应答,或已收到消息,指示响应方可以提供所需资料,已为请求方进行了预约,或 ILL 请求已被转发给另一响应方。

(3) NOT-SUPPLIED(无法提供状态):响应方无法满足 ILL 请求。

(4) CONDITIONAL(条件状态):请求方已经收到响应方发来的一些条件,只有在它答应这些条件后 ILL 请求才可能被进一步处理。

(5) CANCEL-PENDING(撤销等待状态):请求方已经要求撤销本次 ILL 事务,正在等待响应方的回答。

(6) CANCELLED(撤销状态):请求方收到了响应方同意撤销 ILL 事务的回答,ILL 事务被撤销。

(7) SHIPPED(对象发出状态):请求方从响应方那里得知所借书刊已经发出。

(8) RECEIVED(收到状态):请求方收到了所借书刊对象。

(9) RENEW/PENDING(续借/等待状态):请求方发出一个续借请求。

(10) RENEW/OVERDUE(过期状态):请求方被告知自己借到的书刊已经超过还书时间。

(11) NOTRECEIVED/OVERDUE(未收到/过期状态):请求方得知所要书刊已经过期,但事实上它还尚未收到该书刊对象。

(12) RECALL(催还状态):响应方要求请求方马上返还所借书刊。

(13) RETURNED(返还状态):请求方已经返还所借书刊。

(14) LOST(丢失状态):请求方确定所借书刊已经丢失。

2. 响应方状态

(1) IDLE:响应方尚未收到 ILL 请求。

(2) IN-PROCESS:响应方已收到一个 ILL 请求,正在对它进行处理,但到目前为止,所借书刊尚未发出。

(3) FORWARD:ILL 请求已被转发给另一响应方。

(4) NOT-SUPPLIED:响应方已向请求方发出了 RETRY、UNFILLED、LOCATION-PROVIDED 或 ESTIMATE 类型的 ILL-ANSWER 请求,或 ILL 事务已超时。

(5) CANCELLED-PENDING:请求方已要求撤销本次事务,但响应方尚未作出回答。

(6) CANCELLED:响应方已答应请求方的 ILL 事务撤销请求。

(7) SHIPPED:所借书刊已经发出。

(8)RENEW/PENDNIG:响应方收到请求方的续借请求,但尚未作出回答。

(9)RENEW/OVERDUE:响应方收到请求方的续借请求,尚未告诉请求方所借书刊已过期。

(10)OVERDUE:响应方通知请求方所借书刊已经过期。

(11)RECALL:响应方已向请求方发出催还通知。

(12)CHECKED-IN:响应方已收到请求方返还的书刊。

(13)LOST:响应方得知借出的书刊已经丢失。

在具体实现协议时,实现者可根据自己的需求增加状态,但在向对端系统报告本地状态时,只能使用标准中所定义的事务状态。

3. 中间方状态

中间方在链接型和分段型 ILL 事务中既起着响应方的作用,与请求方或另一中间方通信,也在执行着请求方的角色,与响应方或另一中间方进行交互活动。所以中间方可以有两个状态:一是作为请求方的中间方状态,二是作为响应方的中间方的状态。

4. 终止状态

对给定 ILL 事务来说,无论是请求方、响应方,还是中间方都会有这样的一些状态,一旦达到这些状态之一,ILL 事务就不会再发生新的状态迁移了,即使有也仅限于在这些状态内部进行变迁,这些状态就被称之为终止状态。

对于链接型 ILL 事务,一旦中间方进入终止状态,此后它仅作为响应方与请求方之间传送消息的中转站。

(六)事务阶段

一个 ILL 事务分为两个阶段:处理阶段(Processing Phase)和跟踪阶段(Tracking Phase)。处理阶段对于所有类型的 ILL 事务来说,都是要经历的,而跟踪阶段仅限于可返还型对象。

请求方的处理阶段包含直至收到所要书刊时的所有事件和活动,该阶段通常终止于 RECEIVED 状态;响应方的处理阶段包含直至发出所借书刊时的所有事件和活动,该阶段通常终止于 SHIPPED 状态。对中间方来说,处理阶段终止于 SHIPPED 状态。跟踪阶段包含发出和收到所借书刊以后的所有事件和活动,如续借、催还、过期通知和书刊返还等。

三、ISO 10160/10161 服务定义

表 5-1 中列出了 ILL 服务的名称和类型,以及协议消息是否必须。对于非确认型服务来说,相应的协议消息可能是必须的,也可能是可选的。协议消息必须意味着一旦服务使用者调用服务请求原语,服务提供者必须向对方发送相应

的协议消息,也就是 APDU 数据单元。如果协议消息是可选的,那么在服务请求原语被处理后并不一定会向对方发出协议消息。其中,在其定义的服务类型中,ILL 请求、转发、转发通知、ILL 应答、条件应答、撤销、撤销应答、催还、过期通知、续借、续借应答、丢失通知、损坏通知、信息发送、状态查询、状态或错误报告及超时是必须的。

表 5－1　馆际互借协议定义的服务类型

服务特征	服务	类型	MSG
馆际互借请求	馆际互借请求	非确定	M
请求转发	转发	非确定	M
转发通知	转发通知	提供者发出	M
运送	已运送	非确定	U
馆际互借应答	馆际互借应答	非确定	M
条件应答	条件应答	非确定	M
取消	取消	非确定	M
取消应答	取消应答	非确定	M
回执	已接收	非确定	U
催还	催还	非确定	M
返还	已返还	非确定	U
收登	已收登	非确定	U
过期	过期	非确定	M
续借	续借	非确定	M
续借应答	续借应答	非确定	M
遗失通知	被遗失	非确定	M
破损通知	被破损	非确定	M
消息	消息	非确定	M
状态查询	状态查询	非确定	M
状态或差错报告	状态或差错报告	非确定	M

续表

服务特征	服务	类型	MSG
截止期限	截止期限	提供者发出	M
说明： MSG = 协议信息 M = 强制性 U = 使用者选择			

下面逐一简单地介绍各个服务所完成的功能：

1. 馆际互借请求：该服务允许使用者向机构请求文献。如果不能提供文献，应答方可以简单地反向应答，把请求传递到另一个机构，或向另一个应答方发起链接或分区子事务处理。发起链接或分区子事务处理是用从初始馆际互借一事务处理标识符导出的标识符来启动馆际互借请求的。

请求方提供的信息包括文献标识信息，如著者和题名，何时何人需要文献，目的地，文献本身或照相复制是否需要。该服务同样许可请求方请求对费用的估计，包括提供文献、查找文献或文献不能立刻提供时对该文献设置保留通知的费用。请求方也能控制使用转发、链接和分区，能提供请求可能被发送到的潜在应答方名单和已联系过的应答方名单。该服务也允许请求方请求以电子方式传递所需的文献。

2. 请求转发：该服务允许应答方把请求转发给应答方选择的或请求方提供的其他机构。

3. 转发通知：该服务允许中介通知请求方，馆际互借请求已被转发以及馆际互借请求被转发到了哪个应答方。

4. 运送：该服务有选择性地允许应答方显示被请求文献已被运送。该服务有选择性地允许应答方显示电子版文献已通过相同或不同的通信服务被运送。

5. 馆际互借应答：该服务允许应答方应答收到的馆际互借请求。以下为有可能的请求的应答：

(1)有条件的：被请求是可获得的，但是只有当请求方同意应答中声明的某种出借、发送和知识产权的条件，请求才能得到满足。

(2)重试：被请求的文献目前无法获得，但是显示该文献何时可获得的日期是明确的。

(3)未实现：被请求的文献目前不能通过传送服务或不能在请求方请求的时间获得或被运送。

(4)提供出处：提供收藏该文献的馆址。

(5)愿意提供:被请求的文献是可获得的,在可能的时候,将被运送。对发送服务或文献可被提供的估计时间有选择性地给予详细说明。

(6)保留设置:被请求的文献不能立刻获得,但是根据请求方的指示,已为请求方设置了保留通知。

(7)估计:为应答估计请求,提供为供应所需求文献的费用估计。

6. 条件应答:当馆际互借请求以有条件的状态应答时,该服务允许请求方对强加的条件给予接受应答或拒绝应答。如果请求方的应答是肯定的,馆际互借请求由应答方进一步处理。如果应答是否定的,就不提供文献,馆际互借一事务处理就此结束。

7. 取消:该服务允许请求方取消馆际互借一事务处理。

8. 取消应答:该服务允许应答方接受或拒绝取消馆际互借一事务处理的请求。如果接受取消馆际互借一事务处理的请求,馆际互借一事务处理就此结束。

9. 回执:该服务允许请求方显示已收到的被请求文献的清单。

10. 催还:当应答方希望文献立刻返还时,就采用该服务。该服务不允许请求续借文献。

11. 返还:该服务允许请求方显示被借出的文献已返还到应答方。

12. 收登:该服务允许应答方显示已从请求方收回被借出的文献。

13. 过期:当文献的到期日到达,该服务允许应答方通知请求方该文献过期。该服务可由应答方系统自动启动,或者由处于应答方地位的人员手工启动。请求方被期望返还被借出的文献,或请求续借。

14. 续借:该服务允许请求方请求续借被借出的文献。

15. 续借应答:该服务允许应答方接收或拒绝续借请求。如果应答方接受了续借请求,应答方也要指定新的到期日。

16. 遗失通知:如果请求方(或请求方的一个客户)遗失借入的文献或在传递中遗失该文献,该服务即被采用。该服务应该是在文献真正遗失时才启动。如果只是怀疑该文献遗失,则应采用消息服务来通知另一方。

17. 破损通知:如果请求方(或请求方的一个客户)损坏了借入的文献,或在传送中损坏了该文献,即采用该服务。发现破损的馆际互借一事务处理参与方应立即通知另一参与方。

18. 消息:该服务的基本目的是允许馆际互借使用者在任何时间为现行的馆际互借一事务处理发送自由格式的文本信息。这些消息可用做多种目的,通常是用做交换其他服务通常不能发送的信息。

19. 状态查询:该服务允许使用者决定馆际互借一事务处理的当前状态。在一个系统内的馆际互借一事务处理状态发生变化,而对应的系统却没有相应变化的情况下,该服务极其有用。该服务允许使用者在任何时间查询远程系统的状态,允许使用者在需要时采取适当的措施(如取消或跟踪馆际互借一事务处理)。

20. 状态或出错报告:该服务允许使用者向对应的使用者提供状态或错误报告。可在任何时候或在应答状态查询时提供状态信息。该状态报告包括馆际互借一事务处理的当前状态和别的相关信息。一旦发现问题,服务使用者或服务提供者可提出错误报告,拒绝请求。

21. 截止期限:该服务允许服务的提供者把馆际互借一事务处理的截止期限通知给服务使用者。①

第二节　Z39.50 协议

一、Z39.50 协议简述

Z39.50 协议是由美国国家标准局下属的全国信息标准组织制订的一个美国国家标准,其全称是“开放系统互联的信息检索服务定义和协议规范”。该标准定义了用于信息检索的两台计算机之间进行通信的模式以及交换信息的格式。它规定两台计算机中一个作为源端机,另一个作为目的机,二者以面向连接的方式通信。源端向目的端发出连接请求数据包,目的端接到数据包做适当处理后返回连接确认数据包表明两者连接成功。此后,源端可向目的端发送各种操作请求数据包,如检索请求、提交请求、浏览请求、删除结果及请求等,目的端接收各种请求后进行相应的处理并返回处理结果。Z39.50 协议对各种请求的提交和响应时序以及请求包的格式、语义做了详细的规定,以便于源端和目的端能协同完成整个检索过程。

概括地讲,Z39.50 协议的作用是规定分布式检索系统的通信方式和通信格式。依照 Z39.50 标准设计的各种独立开发的客户软件和服务器软件可以进行互操作,不依赖于软件提供者和软件运行环境。这给最终用户带来的好处是:可以利用一个单一的检索界面(客户程序)检索任何支持 Z39.50 协议的远程、异质数据库,而不需要学习每一种数据库独特的检索界面。从信息资源的开发、利用角度看,Z39.50 标准有利于实现世界范围内的资源共享和交流。

---

① 胡东涛. 基于 WEB 的网上文献传递系统研究与设计. 大连理工大学硕士学位论文,2006

二、Z39.50 协议技术概念与规范

(一)客户端与服务端

Z39.50 协议服务定义描述两个信息检索应用系统之间的活动,一方为通信发起方,客户端;一方为通信响应方,服务端。

客户端与服务端的通讯由 Z39.50 协议来实现。协议规范逻辑地分为客户端处理过程和服务端处理过程。客户端与服务端实现这两个协议处理过程的部分,我们称其为 Z39.50 源端与 Z39.50 目的端。一般而言,我们可以认为源端和客户端,目的端和服务端,在概念上是一致的。

Z39.50 源端与 Z39.50 目的端是通过一个 Z 联系(Z39.50-association)来进行通讯,这个 Z 联系是包含于一个应用联系(Application Associatoin)之中。一个 Z 联系由源端显式地建立,可能显式地被源端或目的端终止,也有可能隐含地因应用联系的终止而终止。在一个应用联系中,可能有多个连续不断的 Z 联系。同时,在一个 Z 联系中,又可能有多个并行操作。

源端与目的端的角色在 Z 联系中是不能互换的。一个 Z 联系也不能重启动。因此一旦一个 Z 联系被终止,便没有任何状态信息被保存。

(二)服务类型

Z39.50 服务是通过源端和目的端消息的交互来实现。消息是指源端或目的端发出的一个服务请求或响应。Z39.50 服务分为:证实型服务、非证实型服务、条件证实型服务三类。证实型服务:由源端或目的端发出请求,并且对方需要响应的服务。例如,检索服务(由源端发出)、访问控制服务(由目的端发出)。非证实型服务:由源端或目的端发出请求,对方不需要响应的服务。例如,触发资源控制服务(由源端发出),分段服务(由目的端发出)。条件证实型服务:由源端或目的端发出请求,对方根据条件可能会作出响应的服务。例如,资源控制服务由目的端发出。

(三)操作类型

Z39.50 协议定义了 8 种操作类型:创建(Initialize)、检索(Search)、提交(Present)、删除(Delete)、扫描(Scan)、排序(Sort)、资源报告(Resource-report)、扩展服务(Extended-service)。从源端发出一个与特定操作相关的 Z39.50 服务请求便创建一个相应类型的操作(例如,一个检索服务请求创建一个检索操作),该操作由目的端的服务响应来终止。只有源端的 Z39.50 服务请求才能创建一个同类型操作,但并不是所有的 Z39.50 服务请求都能创建一个操作。例如,检索服务能创建一个检索操作,而访问控制服务并不创建新的操作,这种服务通常属于一个已存在的活动操作。创建一个操作的服务请求称为初始化请

求，结束一个操作的服务响应称为终止响应。在源端看来，一个操作是从它发出初始化请求开始，在它收到终止响应时结束。在目的端看来，一个操作是从它收到初始请求开始，一直到它发出终止响应时结束。一个操作包括初始化请求和终止响应，以及介于其间的一些相关消息。

（四）数据库模型

Z39.50 协议的实质就是为了建立源端与目的端的互联，从而使客户端能够从服务端数据库中检索和获取信息。但数据库的实现方式各不相同，不同的系统有不同的数据存储方式和访问方式。因此，必须建立一个通用的抽象模型来描述这些不同的数据库，并在这些抽象数据库的基础上建立自己的应用。这就使得不同系统能用标准方式通讯，并能相互理解检索和获取数据库信息时用到的一些术语。

在本协议中，数据库特指一些记录的集合。每一条记录包含该记录一些相关的信息单元，这些相关的信息单元我们称之为元素。数据库记录就是表示这些元素的本地数据结构。每一个数据库都具备若干个检索点，检索点是唯一键或非唯一键，它既能单独地，也可以与其他检索点相结合来检索数据库。一个检索点可以但并不一定要与一个元素有关系，它可以等同于一个元素，或者是由几个元素派生而来。

（五）数据库检索

数据库提问式就是表示与数据库检索点相匹配的一些条件的表达式。提问式作用到数据库而形成的命中记录子集称为结果集。结果集可以被后续的提问式再引用，形成新的结果集。在本协议中定义了多种类型的提问式。

（六）索取数据库记录

当目的端处理完一个检索请求后，源端就可以利用索取服务来获取结果集中的记录。当源端请求索取结果集中的记录时，它需要提供数据库配置（Database Schema），元素说明（Element Specification）和记录语法（Record Syntax）。为了能从一个结果集中索取记录，每个数据库都相应的定义各自的数据库配置。数据库配置就是对数据库记录中所包含信息内容的一个说明，源端和目的端都能理解其意义，这样源端就可以根据元素说明来选择期望在返回记录包含的内容。

实质上，数据库配置就是定义一个抽象记录结构。当把数据库配置应用到一条具体数据库记录时，便形成一条抽象记录，这就是数据库记录的抽象表示。再把元素说明应用到这个抽象记录上，形成一个新的抽象数据库记录，这条抽象记录包含了元素说明中定义的元素。把新的抽象数据库记录用一种记录语法（如 USMARC、UNIMARC）进行表示，就形成了返回给用户的具体记录。

三、Z39.50 协议的工作原理、功能及工作模式

(一)Z39.50 协议的工作原理、功能

Z39.50 是一种开放网络平台上的应用层协议,它支持计算机使用一种标准的、相互可理解的方式进行通讯,并支持不同数据结构、内容、格式的系统之间数据传输,实现异构平台、异构系统之间的互联与查询。同时它还是一种基于网络的信息标准,它允许用户检索远程数据库,但不局限于检索书目数据,在理论上可用于检索各种类型的数据资源。

在 Z39.50 协议中共定义 11 种信息服务功能:初始化功能、检索功能、获取功能、删除结果集功能、访问控制功能、记账及资源控制功能、排序功能、浏览功能、解释功能、扩展服务功能、终止功能。

(二)Z39.50 协议的工作模式

Z39.50 协议的目的是使客户端和服务器端的开放互联变得便利。由于数据库完成的方法大不相同,不同的系统描述数据存储的格式不同,访问的方式也不尽相同,需要采用一种通用的、抽象的模型来描述数据库,各个系统可以将其具体实现映射到该抽象模型上。这就使得不同的系统在一个标准的、相互理解的基础上进行通信,从多样化的数据源中获得一个统一的信息视角,使客户端可以将不同数据库的信息集成在一起。

Z39.50 协议的强大之处在于其将信息查询和提取的过程标准化。首先,客户端和服务器端建立一个 Z39.50 会话初始化连接,通信双方对要发生的协议数据包的交换定义各自的期望值和最大限值(例如,定义从服务器端传输到客户端记录的最大长度、客/服双方各自所支持的协议版本和服务种类等)。初始化结束时,客户端发出查询请求,其查询条件在 Z39.50 客户端转换为 RPN(Reverse Polish Notation)格式的表达式,经 BER 编码后传输到服务器端。服务器接到查询请求后,针对一个或多个数据库执行操作,根据操作结果创造相应的查询结果集(称之为查询功能)。客户端在接收到查询请求的响应后,针对服务器端所创造的查询结果集提取所需记录信息或要求服务器端对此结果集做进一步的操作(称之为提取功能)。

四、Z39.50 协议基本服务机制

(一)创建机制

创建机制包括一个服务:创建服务。创建服务的功能是由源端发起并建立一个 Z 联系。在创建请求中,源端为初始化参数赋值。在创建响应中,目的端返回初始化参数,返回的初始化参数可能与源端设定的参数有所不同。如果目的

端发出的是“肯定”响应，表示已经成功建立了一个Z联系(Z-association)，但如果源端对目的端返回的初始化参数值的某些项不能接收，源端可以通过关闭服务(Close Service)终止Z联系后再发出创建请求，直到双方达成一致。如果目的端发出的是“否定”响应，表示无法建立Z联系，源端可试图重新发出创建请求。

(二) 检索机制

检索机制包括一个服务：检索服务。检索服务是源端向服务端提交提问式，在服务端的数据库中检索符合条件的记录，并把这些命中记录按序归成一个结果集。结果集的每一条记录按所处位置进行标识并供后续的操作引用。当然，结果集的一些记录可以在检索响应中直接返回给用户，这主要在于检索请求参数的设定。

(三)索取机制

索取机制包括两个服务：提交服务(Present)与分段服务(Segment)。源端根据目的端结果集中记录的位置，通过发送提交请求提取期望的记录，目的端在提交响应中返回相应记录。如果分段服务有效，而且要发送的记录不能在一个提交响应中完全发出，那么目的端首先会将发送记录分成若干批，依次通过分段请求将记录送到源端，最后才发出提交响应，像这种响应可称其为“复合提交响应”。我们可以把每个分段请求和提交响应都看成提交服务响应的一个个“分段”。

(四) 删除结果集机制

删除结果集机制包括一个服务：删除服务。删除服务使源端能请求目的端删除指定的结果集或所有的结果集。日的端根据请求条件，执行删除操作，并响应删除操作的结果信息。

(五)终止机制

终止机制包括一个服务：关闭服务。关闭服务允许目的端或源端突然终止所有活动操作并终止本次Z联系。在源端与目的端建立Z联系后的任何时候，它们都有可能接收到关闭请求，并且认为所有活动操作都突然终止，本次Z联系也被终止。同样，源端或目的端也可以发出关闭请求，这将终止所有活动操作和本次Z联系，并且只等待关闭响应。①

① 胡东涛. 基于WEB的网上文献传递系统研究与设计. 大连理工大学硕士学位论文，2006

第三节 Z39.83 协议

Z39.83 协议简述

NISO Circulation Interchange Protocol，即 Z39.83 协议，是由美国国家信息标准组织（NISO）制定的有关馆际互借的一种新协议，这一协议于 2002 年 7 月份正式推出。该协议包括两大部分，第一部分是 ANSI/NISO Z39.83—2002 Circulation Interchange Part 1：Protocol（NCIP），这部分定义了一系列的消息（Message）和相关的语法、句法规则，以便应用于：1. 执行对借进/借出书籍文献而言所必须的功能；2. 提供电子文献控制接口；3. 促进这些功能之间的合作管理。

该协议尤其支持以下领域：

1. 直接联机借阅——通过直接联机借阅，一个图书馆的用户可以从联盟内的另一图书馆借进/借出文献。NCIP 促进各独立借阅流通应用中的用户和文献数据之间的交流，因此允许一个图书馆管理非本馆成员或文献书目的数据信息。

2. 流通/馆际互借事务——NCIP 促进馆际互借应用和流通应用之间的数据交流，因此允许图书馆利用流通功能来追踪某一用户的所有借阅行为。

3. 自助服务流通——自助服务功能容许用户在不需要图书馆工作人员的帮助下借阅文献书目。这些应用也可以支持罚款/费用事务，并支持机构流通系统中的用户账户数据管理。

该协议的第二部分是 ANSI/NISO Z39.83—2002 Circulation Interchange Part 2：Protocol Implementation Profile 1（IMP1）。这部分的目的在于详细说明 NCIP，即 Z39.83 协议的应用细则。首先，制定该部分的目的主要在于支持直接联机借阅、流通/馆际互借事务、自助服务流通这三大应用领域。其次，该部分可以应用于诸如电子文献资源管理等新出现的领域。①

第四节 文献传递技术

文献传递服务是随着现代信息技术在图书馆中的应用，在传统馆际互借服务的基础上，更加广泛地利用各种来源和类型的外部文献资源，直接或间接为用

---

① 胡东涛. 基于 WEB 的网上文献传递系统研究与设计. 大连理工大学硕士学位论文，2006

户提供原始文献的服务。以前主要传递方式是邮寄、传真等，随着网络技术的发展，基于网络的文献传递服务已经成为文献传递服务的主流，下面介绍几种目前国内外主要使用的传递方式。

一、E-mail、Ftp 传递方式

网络刚刚兴起的时候，文献传递主要通过 E-mail 和 Ftp 方式传递。E-mail 方式，文献以附件形式发送至用户电子邮箱；FTP 方式，文献存放在用户指定的服务器上或存放在提供者的服务器上并通过 E-mail 通知用户下载。

二、Ariel 软件

Ariel 是由美国 Infotrieve 公司 1994 年研制的面向因特网用户的文献传递软件，是图书馆及其他机构用于传送文件的一种工具。Ariel 主要功能包括：使用 Ftp 或 Mime E-mail 标准传递文献；扫描和发送灰度及彩色图像；打印不同分辨率的图像；对不同大小的资料进行扫描或打印；与大多数的打印机和扫描仪兼容；可以导入 TIFF、PDF、GIF 和 BMP 格式的文档；馆员接收到文献之后利用Ariel 软件将文档以 PDF 或 TIFF 方式直接传递给读者。其工作流程是：当 Ariel 软件通过扫描、E-mail 或从其他 Ariel 工作站接收到文献之后，①将文档投递到 HTTP 服务器或 FTP 服务器上；②然后发送 E-mail 通知或发送全部文档给读者；③接收来自邮件系统的 Delivery Status Notification（DSN），根据 DSN 判断电子邮件是否成功发送；④读者接收 E-mail 通知或文档；⑤读者回复 E-mail；⑥读者在 HTTP 服务器或 FTP 服务器上查看或下载文档。Ariel 软件历经多次修订改版，目前已发展为 Ariel for Windows 4.1 版，现在全世界约有 15 000 多个图书馆/公司使用 Ariel。①

在文献传递服务中，特别是在以电子方式进行文献传递过程中，电子媒介的易扩散性一直是网上文献传递服务中版权保护的关键。Ariel 因为其专业性，能够实现扫描传递一体化，在网上文献传递服务领域得到了广泛应用，但它从技术上并没有完全解决被传递文献版权保护问题。

三、SED

SED（Secure Electronic Delivery）是大英文献提供中（BLDSC）新推出的网上文献传递方式，在 BLDSC 的文献传递服务中正起着愈来愈重要的作用。因为

① 李瑞芬，张晓青. 国外网上文献传递服务系统的发展现状及特点. 情报理论与实践，2007(5)

SED 允许 BLDSC 具有更快的处理速度和更大的处理能力。SED 传递的文件是一种加密的 PDF 文件,用户阅读 SED 传递的文件时必须使用 Adobe Reader 6.0.1 以上版本,因为 Adobe Reader 6.0.1 以上版本具有数字版权管理(Digital Rights Management,DRM)功能。在 BLDSC 的网上文献传递服务系统中,SED 传送的文件并不直接发送到用户的邮箱中,而是将被传递文件的超链接发送到用户指定的邮箱。用户在收到 SED 的通知邮件后,点击邮件中超链接可用 Adobe Reader6.0.1 以上版本打开相关文献进行阅读和打印。SED 传送的文件可在服务器上保留 14 天,逾期将自动删除。SED 服务标准分三种情况:2 小时内回复、24 小时内回复、标准回复。对于所有的国际用户,使用 SED 获得文献均要支付相关文献的版权费,即 SED 很好地解决了版权问题。在 BLDSC 的网上文献传递服务系统中,如果用户想通过 SED 进行文献传递并且是其注册用户,有相应的用户代码和账号,用户可通过 ARTWeb 提出文件传递申请,如果用户不是大英图书馆的注册用户,并且不打算成为其长期的注册用户,可通过 Articles Direct Online form 提出 SED 文献传递申请。

四、SDD

加拿大科学技术资料中心(Canada Institute for Scientific and Technical Informaiton,CISTI),隶属于加拿大国家科学图书馆,其文献传递服务中心建于 1924 年。CISTI 文献传递服务系统 Intellidoc 是一种集成的智能的文献传递系统,CISTI首先是把要传递的文献扫描成 TIFFB 文件格式,然后由 Intellidoc 转换成用户想要的文件格式,根据用户的要求通过 Secure Desktop Delivery(SDD),进行网上文献传递。

Secure Desktop Delivery 是 Intellidoc 独有的一种加密电子文献传递方式,传递的文献其格式为加密的 PDF 文件。用户获得 SDD 服务,首先必须注册成为 CISTI 用户并选择使用 SDD 进行文献传递,然后下载 SDD 插件并安装。SDD 并不把文献直接传递到用户手中,而是把准备好传递的文献以加密的 PDF 文件格式储存在 CISTI 的 Web 服务器上,同时将其书目信息和 PDF 文档下载超链接通过 E-mail 发送至用户的邮箱中,以便用户在接到 E-mail 通知后利用它们进行阅读和打印。SDD 90% 在 24 小时内完成,50% 以上在一个工作日内完成。

SED、SDD 两种加密电子文献传递作为一种集扫描、文件格式转换、传递于一体,并对传递的 PDF 文件进行加密处理的文献传递方式,它们相对不同文献传递服务系统来说具有私密性,是专有的,是与其特定的文献传递系统相匹配的,它传递的文件只能由系统合法用户查阅与打印,不存在非授权的扩散,从技术上解决被传递文献版权保护问题。因而我们认为发展加密技术,加强版权保护应该是未来网上文献传递服务发展的主流方向，特别是从目前加密电子文献传递的文件格式趋于统一，都是加密的 PDF 文件事实来看，加密电子文献传递实际上正给文献传递的标准化探索一条实用易用的新路，完全可以认为它是一种最具发展前途的网上文献传递方式。

第五节　馆际互借与文献传递系统

一、国家图书馆馆际互借与文献传递系统介绍

国家图书馆馆际互借与文献传递系统于 2006 年开始立项，经过两年多的招、投标和开发工作，于 2009 年 1 月开始试运行。

系统主要包括馆际互借读者网关系统、馆际互借事务信息管理系统和馆际互借服务器(协议机)。另外在后台还实现了从国家图书馆的综合信息服务系统 ALEPH 系统中，读取馆际互借单位的返还型文献的数据到馆际互借与文献传递系统中，数据包括集体用户的账户信息和文献信息，读取数据是随时进行的，一些时间参数可以设置。这样既保持了 ALEPH 系统的优势：读者发出的借阅请求直接传到书库，同时又通过本系统将数据读进来，进行账目和统计工作。

馆际互借事务信息管理系统包括：1. 使用对象是馆际互借员、系统管理员；2. 馆际互借与文献传递请求的处理；3. 用户、账户的管理；4. 系统参数配置、成员馆管理；5. 结算管理、查询统计。

馆际互借读者网关系统包括：1. 使用对象是读者；2. 可以提交 ILL 请求，进行个人信息管理和必要的查询统计；3. 与用户统一认证系统集成可以实现用户的单点登录，对外提供统一的提交 ILL 请求的接口。

本系统的主要特点：

1. 本系统是按照 ISO 10160/10161 国际标准设计和开发的，有利于国家图书馆文献提供各项业务今后的对外交流和接轨。

2. 本系统的启动使得国家图书馆文献提供中心长期以来的手工化工作流程宣告结束，代之以全自动化的、规范的、有序的业务流。

3. 用户通过读者网关，可以看到每个事务的全程处理过程以及详细的账目信息，大大减少工作人员与读者的沟通次数。

4. 目前统计功能完全摆脱人工劳动，只要输入需要的时间段，每月上交业务处的各种报表等就可以打印出来。

5. 本系统与 ALEPH 系统进行有效地结合，填补 ALEPH 系统的账目和统计

功能的不足。

6. 国家图书馆文献提供中心的四项主要业务馆际互借、文献传递、国际借进业务、国际借出业务，通过读者网关的中、英文两种界面提交申请都可以完成整个处理流程。

7. 目前国家图书馆文献提供中心业务是按全国行政区域划分的，因此本系统事务信息管理系统对于不同省市的读者实行区域划分，每个工作人员只能处理所辖区域的读者申请。

国家图书馆馆际互借与文献传递系统以后还会增加与国家图书馆 OPAC 检索系统、各种数字资源的链接。系统会逐步得到完善和提升，在满足国家图书馆文献提供业务需要的同时更加方便广大读者的使用。

二、CALIS 系统

中国高等教育文献保障系统（China Academic Library& Information System，CALIS）是由教育部直接发起，1999 年正式启动，依托于 CALIS 进入“211 工程”的全国 61 所高等院校图书馆组成一个图书馆联盟，建设以全国综合文献信息中心、学科文献信息中心和地区文献信息中心为主体的文献信息服务系统，为中国的高等教育服务。CALIS 馆际互借系统采用基于国际标准的馆际互借协议，通过协议机完成馆际互借的处理、跟踪至结算的过程，实现文献传递的自动化管理。

CALIS 的系统特色：

1. 馆际互借事务的处理是按照国际标准馆际互借协议 ISO 10160/10161（第二版）开发和研制的，从服务的模式到协议都遵循国际标准。

2. 支持借阅（返还式）及复制（非返还式）的馆际互借事务。

3. 有较强的账户、用户管理功能。

4. 对无馆际互借协议机的其他图书馆，可采用馆际互借协议状态进行馆际互借的仿真事务，便于统一管理。

三、NSTL 系统

国家科技图书文献中心 NSTL（National Science and Technology Libarary）是由科技部发起，2000 年 6 月正式成立的虚拟科技文献信息服务机构，以理、工、农、医 4 馆 7 家科技信息机构为主体共同组成的虚拟科技信息资源服务机构（即中国科学院图书馆、中国科学技术信息研究所、机械工业信息研究院、冶金工业信息标准研究院、中国化工信息中心、中国农业科学院图书馆、中国医学科学院图书馆组成）。NSTL 文献传递系统采用集中式的管理模式，通过网络向读者提供科技文献资源检索和全文提供服务,为国内的科技创新提供文献信息保障。

NSTL 采用集中式管理模式,是由一个虚拟的国家级文献中心集中提供整个国家文献的基本保障。由于系统内部共用一套馆际互借系统,成员馆不需自行维护。它以统一界面形式提供各馆馆藏的各类文献,其中期刊、会议记录等具体到详细的题名信息,注册用户可以在检索的基础上直接定购全文,非常简单易用。通过几年的运行和技术升级,系统用户以及文献传递量的快速增长造成的中心系统负载过大问题已经通过 8 个镜像站的相继建成而得到很大缓解。

四、CSDL 系统

CSDL 是中国科学院国家科学数字图书馆(Chinese National Science Digital Library)的英文简称。2002 年启动的 CSDL 联机联合编目服务系统(Union Service System ;Union Catalog Database)是 CSDL 的重点建设项目之一。它的建成标志着中国科学院文献资源联合保障体系已经初步形成。CSDL 联合服务系统以联机联合编目服务系统的数据为基础,为科研人员提供以中科院范围为主的馆际互借和原文传递服务,科研人员通过该服务系统可以方便地查询、获取全院各文献机构及国内主要文献机构收藏的中西文图书和期刊资源。CSDL 采用分布式的运行模式,具有直接与借出馆交互、分担事务联络通畅、传输信息标准化等优势,但是需要安装馆际互借系统服务软件并自行维护;同时用户要申请原文传递必须通过其所属成员馆的文献传递管理员申请,或通过管理员注册获取文献传递账号。此系统只提供中科院系统馆际互借与原文传递成员单位用户的注册和服务。

五、OCLC ILLiad 系统

ILLiad (Interlibrary Loan Internet Accessible Database)馆际互借系统最初是由美国弗吉尼亚综合理工学院与州立大学图书馆开发的一个系统,其后 Altas Systems 软件开发公司继续提升其功能。2000 年 6 月,OCLC (Online Computer Library Center)成为 ILLiad 代理发行商,Atlas Systems 公司则与之携手合作,继续推广及发展此系统功能并长期为其提供技术支持。OCLC ILLiad 是一个依据 ISO (International Organization for Standardization)馆际互借协议的馆际互借系统,它能与其他系统内成员馆实时沟通。读者可直接在网上递交馆际互借申请及获知其申请处理进度,甚至可从网上直接下载电子版论文,而无需亲身到图书馆领取申请的论文影印本。另外,此系统卓越化的 Web 界面,可以方便图书馆馆员对申请此服务的读者数据进行整体管理。现在全球已有 292 所大学图书馆使用此系统开展馆际互借服务。仅香港地区目前就有 6 所高校在广泛使用。

ILLiad 的工作流程可分为两个主要部分:前台处理和后台处理。

ILLiad 系统的主要特点:

1. 集成性:ILLiad 的集成性表现在它将整个馆际互借的过程集成在一个系统 Web 界面中,使馆际互借申请流程变得简单方便。整个系统功能照顾到馆与馆之间、图书馆馆员和读者之间的不同需要。

2. 时效性:ILLiad 是一个真正的跨馆馆际互借系统,能实时与其他成员馆沟通。比如它的 Odyssey 功能,能将有关文献直接从 ILLiad 用户馆的网络终端机传送到另一 ILLiad 用户馆的终端机,使文献传递成为无缝衔接的过程,简化文献传递处理的步骤,加快文献周转的时间。

3. 方便性:ILLiad 能够自动进行用户因馆际互借服务而与图书馆产生的费用结算,使图书馆馆员能够方便地进行统计分析以及相关费用的结算管理。提高整体工作效率,降低馆际通信成本和时间。

4. 开放性:ILLiad 优秀的开放性表现在读者和馆员都能够在网上的馆际互借账户查看自己所发请求的进展情况。且馆员可利用 Online Policies Directory 功能,直接查看各馆际互借成员馆的馆藏资源、联络资料、借还规则和收费标准,从而增加馆际互借工作的透明度和合作机会。

5. 易用性:ILLiad 还提供了一个 OpenURL 功能,如果读者在 FirstSearch, SFX, EBSCO 等数据库中检索出相关文章,并对其引用文献感兴趣的话,可以将请求直接提交到 ILLiad 系统中,此项功能简化填写申请的过程并节省时间,读者可以直接从 ILLiad 账户中获取该引用文献。

6. 通用性:馆员可通过 ISO 馆际互借协议,自动收发馆际互借请求,为其他请求馆提供高效、良好的文献传递服务。对于没有安装 ILLiad 的图书馆,ILLiad 本身还提供 Lending Web Form 功能,来接收其发出的请求;另外也可以利用 ILLiad以 E-mail 方式向其发出请求。

六、SUBITO 系统

Subito 是德国、奥地利、瑞士研究图书馆文献传递服务的商标,是德国教育科研部为加快文献资料提供速度而建立起来的国际性的图书馆文献传递服务系统,现有德国、奥地利、瑞士等国的 37 个图书馆参加,总部设在德国首都柏林。Subito 依赖于 37 个成员馆的几百万种期刊及图书,形成了一个为科学、经济、社会等所有领域提供信息的重要基地,它直接面向用户提供文献传递服务,服务对象主要为德国、奥地利、瑞士和列支敦士登等国家的非商业性用户,用户在享受文献传递服务前必须先注册成为系统合法用户。Subito 提供两种文献传递服务方式:Subito-Article-Delivery 和 Subito-Book-Delivery。

Subito-Article-Delivery 通过 Subito 的联合目录(Serial Catalogue) 可为用户提供成员馆馆藏期刊、连续出版物、丛书及图书中章节的网上文献传递服务。Subito 的联合目录包含大约 100 万种印刷型的各个领域、各种语言的期刊和 350 万种来自成员馆的参考书目。Subito 网上文献传递服务只对注册的合法用户提供,其文献传递的文件格式有两种:PDF 文档和 MTIFF 文档,文献传递的方式有三种:①E-mail,论文以附件发送至用户电子邮箱;②FTP Active,论文存放在用户指定的服务器上;③FTP Passive,论文存放在提供者的服务器上并通过 E-mail 通知用户下载。Subito 网上文献传递服务一般在 72 小时内完成,快递服务在 24 小时内完成。Subito-Book-Delivery 提供成员馆的图书外借服务。用户通过 Subito的联合目录可以在线检索和预定,并直接由提供馆将文献寄至用户工作地点,但用户须在四周内寄回。Subito 的文献传递服务受到了国家的部分资助,比其他的文献传递服务便宜。

七、BLDSC 系统

成立于 1970 年的大英图书馆文献提供中心(BLDSC)是全英面向世界的大型文献配送中心,它以补充配送科技文献为主,每年收到的文献传递请求约 400 万件,其中 3 /4 来自英国国内,1 /4 来自英国以外的国家。BLDSC 主要依托自身的馆藏,利用其网上文献传递服务系统,直接面向用户提供文献传递服务,目前,它不仅以其海量馆藏(尤其是期刊) 成为英国馆际互借和文献传递的最后出借者,而且其网上文献传递服务实现了与其馆藏统一检索系统的集成,并且提供文献的满意度已达 83.9% 。BLDSC 网上文献传递服务系统文献传递的方式有两种: Ariel 和 SED。

八、CISTI-Intellidoc 系统

加拿大科学技术资料中心(Canada Institute for Scientific and Technical Information,CISTI),隶属于加拿大国家科学图书馆,其文献传递服务中心建于 1924 年。CISTI 提供科技、医学、工程与农业领域的期刊论文、技术报告文献传递,服务对象为其注册用户,服务资源包括 3 个来源: ①CISTI 的馆藏,包括 5 万多种期刊、60 多万种图书、会议录、研究报告等;②加拿大农业图书馆的主要馆藏,包括 3 万种期刊、6 万种图书、会议录和科技研究报告;③伙伴图书馆提供的文献传递服务。CISTI 文献传递服务系统 Intellidoc 是一种集成的智能的文献传递系统,它与包括上述服务资源的 CISTI 目录检索集成在一起,直接面向用户提供文献传递服务,其主要功能有:可接受不同的订购方式、确认用户、知道文献所在位置、把文件转换成用户想要的格式、把文献传递给用户、跟踪文献传递服务处理

进程、对文献传递服务进行统计分析等。CISTI 首先是把要传递的文献扫描成 TIFFB 文件格,然后由 Intellidoc 转换成用户想要的文件格式,根据用户的要求通过 Ariel,Secure Desktop Delivery (SDD),进行网上文献传递。Intellidoc 系统文献传递服务的响应时间一般为 72 小时、24 小时和 2 小时。

九、CLIC 和 LADD(澳大利亚)系统

CLIC(CAVAL Interlibrary Consortium)是澳大利亚图书馆联盟(CAVAL)的馆际互借管理系统,该系统服务于澳大利亚国内五大高校图书馆和 Carm 中心,拥有超过 45 000 直接的最终用户。在 2000 年,澳大利亚国家图书馆(NLA)又实现了澳大利亚图书馆文献传递功能(Libraries Australia Document Delivery ,LADD)。LADD 系统包括 700 多家图书馆,有大型的高校图书馆、公共图书馆、小型专业图书馆,而且提供此服务的图书馆越来越多。

在 CLIC 和 LADD 两个系统间被满足的事务量,每年平均为 250 000 件。

两个系统提供 Z39.50 协议可以访问澳大利亚和海外的大量数据库。为便于使用两个系统,为最终用户提供了 Web 界面,为管理者提供了 Windows 客户端和其他的数据库集成软件。

另外,LADD 系统还承担着澳大利亚馆际互借付费的门户,澳大利亚图书馆之间的所有 ISO ILL 事务在此付费门户都有记录,对于所有成员馆,LADD 系统提供专一的票据和付费,是所有事务的合成器。此服务对用户来说是有价值的,这意味着每个图书馆不必处理与其他图书馆的多个票据和付费。付费门户按澳元提供票据和付费,因此每个地方不必关注外币汇率情况。

馆际互借(CLIC)与文献传递(LADD)系统之间相似的一点是它们都使用 VDX(Virtual Document Exchange)软件。VDX 是产生于馆际互借与文献传递管理软件项目。尽管两个系统使得馆际互借业务非常方便,并且使用相同的软件,但是它们从根本上使用完全不同的商业模式和不同的结构配置,反映它们的业务需求不同。

第六节　数字图书馆中的信息服务新技术

Web 技术的飞速发展,将传统数字图书馆建设推进到以“图书馆 2.0”为目标的建设道路上来。“图书馆 2.0”主要以数字图书馆数据展示和用户交互层面的突破性为特点,倡导“更好地收集和组织资源,在适当的时候、以适当的方式、将合适的信息传递给合适的用户”的理论。“图书馆 2.0”所包含的内容有 BBS、

Blog、RSS、IM、WIKI、DSpace 等技术内容。

一、RSS 技术

(一)RSS 名称与原理

RSS 是一种用于网上新闻频道、博客(Weblogs)和其他 Web 内容的数据交换规范,起源于网景公司(Netscape)的推送技术(Push Technology),将用户订阅的内容传送给他们的通信格式。RSS 可以是以下 3 个解释的其中一个:(1) Really Simple Syndication:真正简单聚合;(2) RDF(Resource Description Framework) Site Summary:RDF 站点摘要;(3) Rich Site Summary:丰富站点摘要。

RSS 的原理十分简单,主要是联合和聚合作用。内容提供者根据 RSS 规范对各种信息用 RSS 格式打包,即创建 RSS Feed 文件,然后采用"推"技术将其发布到网络中,这个 RSS Feed 中包含的信息就能直接被其他站点调用,而且网站联盟也能通过互联网调用彼此的 RSS Feed 文件,自动地显示网站联盟中其他站点上的最新信息,这被称为 RSS 的联合,通过这种方式网站间实现资源共享。而聚合是指通过软件工具的方法从网络上搜集各种 RSS Feed 并在一个界面中提供给读者阅读,这些软件可以是在线的 WEB 工具,也可以是下载到客户端去安装的工具,在国内多称为 RSS 新闻阅读器,网络用户可以在客户端借助于支持 RSS 的 RSS 新闻阅读器输出网站内容。

(二)RSS 的特点

1. 来源多样的个性化"聚合"特点。

2. 信息发布的时效、低成本特点。

3. 无"垃圾"信息、便利的本地内容管理特点。

(三)RSS 在图书馆信息服务中的应用

1. 制作各种资源列表

可以将图书馆新购进的纸本文献、电子文献、数据库等按学科分类例表制作成 RSS Feed 文件,读者通过 RSS 阅读器随时了解图书馆的文献动态。

2. 改善参考咨询工作

对于图书馆咨询工作人员来说,尤其是各学科的学科馆员,由于工作需要,必须密切跟踪本领域的最新进展。一般是将那些对自己工作有帮助的网络站点的链接放进收藏夹,然后不厌其烦经常登录这些站点,查看这些站点有没有更新。随着收集的站点越来越多,这种方法的效率越来越低,无法满足工作的需要。采用 RSS 则可以解决这个问题,咨询工作人员只要订阅相关站点的 RSS Feed,检查更新的工作完全交给各类阅读器去做,咨询工作人员需要做的只是设定好更新的时间,然后有选择的阅读更新的内容。

3. 个性化信息推送

个性化定制推送服务是 RSS 应用的一个亮点。用户可以通过几个关键词长期关注某一个领域。图书馆可以利用这一思路,通过网络编程能很容易地实现个性化定制推送服务,通过建立读者兴趣档案,分析其信息偏好,设定针对性的个性化信息推送服务,对信息源进行搜集和整合,形成 RSS 文档与主题聚合,对信息内容集结形成 RSS Feed,读者即可通过订阅使用 RSS 阅读器来获取为其量身订制的个性化信息资源。进一步的深入,还可以提供基于检索式的个性化推送服务,使推送的信息范围更广、更准确。

二、SNS 技术

SNS(Social Networking Software),其核心在于 Social Networking——社会化网络。SNS 的理论基础是六度空间理论。SNS 跟其他 Web2.0 工具相比,最大的特点是把人跟人之间真实的关系在虚拟网络中再现。

图书馆与用户的交流程度,对图书馆的信息服务会产生重要影响。通过 SNS,图书馆可以和用户建立更深的关系,形成"黏性",培养起用户的忠诚度。通过 SNS,图书馆或许可以通过自己的 SNS 页面,把用户、出版社、数据库商等关系户紧密地联系在自己的周围,并可以根据用户的需要设计自己的信息服务,并进而影响供应链端。

图书馆目前对 SNS 利用的常见途径,就是借助现有的具有一定影响力的 SNS 网站,如 Facebook,Myspace 等,跟用户进行互动,向用户介绍图书馆的服务和资源,开展合作等。目前图书馆文献提供业务并非只是图书馆对读者提供单纯的服务,图书馆的文献提供业务是多链条的,可以是跨馆、跨地区、跨行业的,有图书馆之间的协作也有图书馆与其他行业的合作,因此随着 SNS 应用的逐步推广,当出版商、数据库商等图书馆供应链条上越来越多的合作者参与到 SNS 的应用中来的时候,图书馆可以利用 SNS 实现更多的功能。

三、IM 技术

(一)IM 技术简介

即时通讯软件即 Instant Messenger(IM),俗称"网络寻呼机"。它继承电话的即时性和 E-mail 的并发性(多任务)两大优点,集成好友搜索、在线显示、信息即时收发、语音视频交谈、公共聊天室、网络会议、收电子邮件、手机短信、搜索引擎、文件传递或共享等多项功能,受到了网民极大的青睐。

IM 自 1998 年面世以来,市场竞争异常激烈,大浪淘沙,2003 年占据国内市场约 91% 份额的 4 种软件——腾讯 QQ、微软 MSN Messenger、网易泡泡和朗玛

UC 等,大都历经数十个测试和升级版本,功能越来越完善与强大,服务越来越周全,应用的范围越来越宽广。应用 IM 整合图书馆已有的多种服务项目,将使图书馆、计算机系统、数据库、网络和读者之间融为一体,形成全新的图书馆信息服务模式。

(二)IM 在图书馆使用中的优点

1. 实时互动、便利、快捷、高效

2. 无时空限制

3. 费用低廉

4. 功能丰富强大

5. 操作简单,界面友好直观

(三)IM 在图书馆文献提供服务中的应用

1. 电子文献传递

电子文献传递服务是在网络环境下图书馆为满足读者,特别是异地读者对文献资料的代查代检需求、馆际互借资源共享和提高工作效率而采取的服务手段。IM 传输文件功能可以传递任何格式的文件,而且对于传输文献的大小也不会像 E-mail 那样有所限制,宽带尤其是局域网内传输文件的速度很快。

2. 定题与专题服务

IM 能够很方便地保存聊天记录,咨询馆员根据聊天记录建立读者档案或毕业生论文写作专题数据库,分析读者不同需求,利用熟悉的馆藏资源、便利的检索工具和专业的检索能力,将各学科、各领域的馆藏资源、电子文献数据库的即时信息、相关课题的前沿研究成果、相关专业的最新学术动态以及网络虚拟资源进行归纳综合、分类组织,通过 IM 在最短的时间内提供给读者。定题与专题服务属于较高层次的服务方式,时效性强,可以针对重点学科课题立项、课题决策、科研项目、学科带头人等重点对象开展定题服务和跟踪报道。

四、WIKI 技术

(一)WIKI 概念

Wikipedia(维基百科)2007 年将 Wiki 定义为:Wiki 是一种交互式网站,这种网站允许访客随意添加、修改、编辑、移动网站内容,不用征得网络运营商的同意,而且这种添加、修改、编辑、移动网站内容的代价远比 HTML 文本要小,同时也允许更多的网页链接。Wiki 一词来源于夏威夷语的“weekee”,原本是“快点”的意思,此处指的是一种网上共同协作的超文本系统,可由多人共同对网站内容进行维护和更新。与其他超文本系统相比,Wiki 系统有使用方便及更为开放的特点。

(二) Wiki 的特点

Wiki 是一个协同著作平台或开放编辑系统。顾名思义,Wiki 主要有两个特点,即协同工作和开放编辑。所谓协同工作,就是它能够让浏览网页的人都能去修订网页。所谓开放编辑,就是开放编辑权限。因而协同性和开放性是 Wiki 两个最基本特点。

(三) Wiki 的技术实现

Wiki 通过文本数据库或者关系数据库实现版本控制,因而可以从技术上达到开放编辑的目的,可以随时找回被访客修改以前的数据。一般情况下,由多人相互协作控制其版本,既可以保护内容不会丢失,又可以防止任何电脑"高手"随意修改、删除网站信息的内容。

(四) Wiki 在图书馆文献提供服务中的应用

不同行业、不同类型图书馆之间可以利用 Wiki 网站进行卓有成效的合作,进行学术交流、研究合作、业务探讨。当前图书馆间进行合作比较优秀的 Wiki 网站是图书馆教育 Wiki(http://instructionwikeorg/Main_Page)网站和图书馆成功网站(http://www.libsuccess.org)。国内类似图书馆联盟的网站都可以采用 Wiki 技术。馆际互借的成员馆通过 Wiki 网站建立联系,进行业务交流,打造一个互动的交流平台。

所以 Wiki 技术的发展为图书馆之间、图书馆与其合作者之间、图书馆员之间、图书馆员与读者之间的交流、协作提供了更好的互动平台与沟通工具。

21 世纪的图书馆在各种新技术、新理念、新思维的不断冲击下,正以前所未有的速度发生着巨变。图书馆人自然就是这种巨变的弄潮儿。图书馆的未来将带给我们无限的遐想和憧憬。

第六章　文献提供服务与网络搜索的相关问题探讨

在相当长的一个历史时期内,图书馆是人们心目中查找文献信息的终极地。图书馆的文献提供服务正是依托图书馆实体馆藏丰富的各类型文献资源,遵循"咨询申请——检索处理——文献传递"这个基本的服务模式,担负着为广大读者用户提供文献情报信息的职能。由于网络的开放性以及信息的网络化,世界上任何地方的单位或个人都可随时与网络连接,查找各式各样的信息,在提高了各种信息检索的便捷性和可获得率、达到文献信息资源充分利用的同时,也带来对传统图书馆的文献提供服务的冲击与挑战。面对这个新的课题,为了更好地做好网络环境下图书馆的文献提供工作,有必要对网络搜索网络信息检索的原理、方式、与文献提供的关系以及要如何应对等问题,作系统地了解分析和研究探讨。

第一节　网络搜索的基本概念简介

20 世纪 90 年代以来,随着 Internet 在全球范围内的迅速发展以及计算机技术、通讯技术的日益成熟,网络信息资源急剧膨胀,层出不穷,越来越多的人开始利用网络发布和查询各种信息。面对庞大的、繁杂的、跨时空、跨行业、跨语种的网络信息,用户迫切需要掌握有效的检索知识来快速而准确地查找所需要的信息。于是,网络搜索及网络信息检索便应运而生。首先,我们要弄清几个相关的概念。

一、网络搜索

(一)网络搜索的含义

顾名思义,网络搜索就是在互联网上进行信息搜索。从广义上讲,网络搜索是以 Internet 为载体的信息查询活动,它是利用一定工具和检索系统,采用相应方法和技巧,从浩瀚的网络资源中查找特定信息的过程。①

① 邢志宇,周明杰,武二伟. 实用网络搜索. 西安:西安地图出版社,2005

网络搜索具有以下特点:第一,搜索绝对是互联网里最基础,也是最核心的应用。一个网站门户,可以通过人工将内容不断做得非常丰富,非常充实,但如果脱离了搜索的依托,可能这个网站门户和信息的有效性就会大打折扣,用户就会大打折扣。第二,搜索对于互联网的发展,就像是它的动力引擎,起着领跑互联网业发展的作用。看一看网络发展的历史:从横空出世到兼并收购,从格局变换到上市追捧,又到如今不断有新的搜索引擎强势推出,都充分地证明了这一点。第三,网络搜索具有较强的实践性和个性化特色,搜索的效率和成败很大程度上取决于搜索者的信息意识、学科知识、网络知识、语言能力、分析鉴别能力等多种因素及其独特的搜索体验。任何人都能够受益于网络搜索,都可以在搜索实践中探索和总结出适合自身需要的搜索模式和搜索方法。网络搜索是一个查找知识、查找信息的实践活动,在互联网这个现代社会信息交流的平台上,网络搜索已经成为人们必备的社会技能。

(二)网络搜索的工作过程

网络搜索的过程包括明确搜索意图、制定搜索策略、选择搜索工具、构建检索式、搜索结果评价等几个步骤。

1. 明确搜索意图

所谓意图是指对学科与主题、载体与类型、时间与地域、来源与出处等因素的限定。明确搜索意图就是基于这些限定去表述个体信息需求的意愿和企图,有的放矢地进行网络搜索,这是网络搜索的前提。

例如,从网络上搜索关于“网络发展和应用现状”的相关信息,在搜索时除必须的主题外,使用“统计报告”,是对来源与出处的限定;使用“中国”是对地域的限定;使用“2009 年”是对时间的限定;这样就很快得到最新一期的中国互联网络信息中心(CNNIC)所作的《中国互联网络发展状况统计报告》(2009 年 1 月)。

2. 制定搜索策略

所谓搜索策略即检索的基本思路,是根据检索要求选择便捷的方法、适当的工具、在适宜的地方查找所需要的信息。① 制定搜索策略就是要根据个性需求的内容和特点、选择描述具体检索要求的关键词、搜索习惯适应的搜索功能、搜索引擎,尽可能缩小搜索的范围。网络搜索既是极具个性化的,但也是有一定规律可循的。例如,网络搜索结果往往是与个人的年龄、网龄、学识、用语习惯、搜索习惯等因素息息相关。

---

① 邢志宇,周明杰,武二伟.实用网络搜索.西安:西安地图出版社,2005

3. 选择检索工具

搜索工具是互联网发展到一定阶段的必然产物，并随着网络的发展不断创新和完善。从实用的角度讲，目前常用的搜索工具可分为：网络搜索工具、站内搜索工具和数据库检索系统。“工欲善其事，必先利其器”，不同类型的搜索工具有着不同的功能，同类搜索工具之间也存在着性能、特点等差异，选择得当的搜索工具可以使网络搜索达到事半功倍的效果。

例如，具有同一特征的多个目标和主题范围广、概念宽泛的问题适合用分类搜索工具；特定的事务或概念宜用关键词搜索工具；专题范围较小，体裁较单一，具有相同性质和专门用途的信息查询主要使用站内搜索工具等。

4. 构建检索式

构建检索式是搜索引擎能够理解和运算的查询串，由关键词、逻辑运算符、搜索指令等构成。关键词是检索式的主体，逻辑运算符和搜索指令根据具体的查询要求从不同角度对关键词进行搜索限定。①

关键词——描述搜索内容的关键性词语，可分为主题关键词和特征关键词；逻辑运算符——网络搜索中被称为“布尔逻辑符”，即基本的计算机传统检索技术“与(and)”、“或(or)”、“非(not)”的使用；通配符——电脑键盘字符，用来代替规定的对象，如“*”、“?”等；搜索指令——从不同的角度限定网络搜索功能的词语和符号，对搜索结果起着定向和控制的作用。在这里，关键词在网络搜索中起着关键的作用，并且关键词的数量与结果输出成反比，也就是说，使用关键词越多，得到的结果越少。例如，在 Google 中输入“文献提供服务”，所得搜索结果是377 000条；输入“图书馆 + 文献提供服务”，所得搜索结果是34 900条；输入“高校 + 图书馆 + 文献提供服务”所得搜索结果是 9790 条。由此可以看出，关键词的外延越小结果越趋于准确。此外，除了要学会在搜索中选择和提炼关键词，还有对习惯用语、专业术语、地方方言、全称、简称、缩写、同义词、近义词、拼音文字的前缀后缀等有所了解，以及对计算机键盘符号的熟练应用，才能成为网络搜索的高手。

5. 搜索结果评价

搜索结果评价是对搜索结果价值的评判和对搜索结果进行去粗取精、去伪存真的甄别和筛选。用于指导搜索者在已有的结果列表中选择和利用具有准确性、可靠性、权威性的较高质量的特定结果。在网络搜索的实践中，通常是从结果来源、和信息出处两方面进行评价和选择。②

---

① 邢志宇，周明杰，武二伟. 实用网络搜索. 西安：西安地图出版社，2005

② 邢志宇，周明杰，武二伟. 实用网络搜索. 西安：西安地图出版社，2005

结果来源是指相关的搜索结果是使用何种类型的搜索工具获得,即结果的途径来源;信息出处则是指信息的原始出处,即信息的最初发布者,从原始出处判断信息的可靠性是搜索结果评价的重要方法。

二、网络搜索引擎

(一)网络搜索引擎的含义

搜索引擎是一个用户定义的信息聚合系统,通过用户输入的查询关键词,搜索引擎推测用户的查询意图,然后快速返回相关的查询结果供用户选择。[①] 通俗地讲,搜索引擎是因特网上的一种特殊类型的站点,是一种用于帮助 Internet 用户在互联网上查询信息的搜索工具,是一种在 Web 上应用的软件系统,通过在建立引擎的 Web 页上输入我们所需查询信息的关键词,它以一定的策略在 Internet 中发现、搜集信息,并对搜集的信息进行加工整理和组织存贮后,经过引擎的检索服务器在内部的数据库找到匹配相关的资料并按一定的规则整理后再输出,通过网络传给用户使用的一种在线服务方式。

进入信息社会,计算机和互联网技术已成为这个时代的标志。人们要从浩如烟海的网络信息中找到和分享人类的经验与智慧,利用互联网这个巨大的信息资源来更新知识和提高效率,搜索引擎就成为不可或缺的工具。网民们不需记住那些复杂的网址和路径,而只需记住搜索引擎的入口,提交查询词,即可直接找到所需的信息。此时,搜索引擎就是破解互联网迷宫的金钥匙,就是引领走出互联网迷雾的导航灯塔。

在搜索引擎问世之前,人们就已经开始使用网页。但在网络时代的初期,是通过已知网页中的链接,或通过互联网上高手张贴的链接表,来一步一步找寻所需信息。那时候,有浏览器就够用了。浏览器相当于提供了一个信息总目,提供用户对各个网站进行直接点击、浏览,方法简易、直接。而当信息时代网络作为全球最大的信息知识库,以每天新增一百万个页面的速度扑面而来的时候,浏览器已远远不能满足人们对于信息的需求,查询与索取也变得越来越难。搜索引擎作为当前全球科技的最尖端领域,作为现代信息获取的核心技术,不断有效地改变人们搜索信息的方式,在满足人们在互联网上快速、方便地查询信息方面发挥着越来越重要的作用。

(二)网络搜索引擎的工作原理

搜索引擎是互联网的核心技术和应用之一,但并不真正搜索互联网,搜索引擎是搜索数据集的程序,它搜索的实际上是预先整理好的网页索引数据库。搜

---

① 梁斌. 走进搜索引擎. 北京:电子工业出版社,2007

索引擎的原理,可以看做三步:从互联网上抓取网页——建立索引数据库——在索引数据库中搜索排序。

依据其搜索技术和工作原理,搜索引擎可分为全文搜索引擎、分类搜索引擎、元搜索引擎三种类型。

全文搜索引擎:利用“蜘蛛”或“机器人”等索引程序自动提取网页信息,建立网页索引数据库,再以 Web 形式提供给用户一个检索界面,供用户检索的网站。检索时,用户输入检索项,搜索引擎代替用户在数据库中找出与用户查询条件提问相匹配的记录,然后返回结果,并按一定的相关度排序输出。由于它是利用关键词来实行其搜索功能,因此也称为“关键词搜索引擎”。此种检索机制适合于检索特定的信息及较为专深、具体或位置不明确抑或类属不明确的课题。信息量大且更新速度快是它的优点;但检索结果准确性差,需要用户针对具体情况反复检索。这类搜索引擎在国外著名的有 Google、AllTheWeb、AltaVista、Excite、Inktomi、Ask Jeeves 等。国内具有代表性的有百度、搜狗、一搜、中国搜索等。

分类搜索引擎:由人工或利用相关辅助程序对网站进行评价、筛选、收录、标引和提要,并按照一定的分类体系对网站信息进行组织和编排。检索时,根据网站的主题和学科性质,从顶向下形成分层,逐级查询,最终指向 WEB 信息资源的链接——网站。分类搜索引擎使用户可通过浏览目录中的分类来缩小范围,提高检索的准确性。它的优点是导航质量较高;不足是人工限制它的更新和速度。Yahoo、Open Directory、Project、Dmoz、LookSmart、About、搜狐、搜狗、新浪、网易等都是著名的分类搜索引擎。

元搜索引擎:又称“搜索引擎的搜索引擎”,是指在统一的用户查询界面与信息反馈的形式下,共享多个搜索引擎的资源库为用户提供信息服务的系统。它不建立自己的索引数据库,借助于其他搜索引擎进行工作,在接受用户查询请求时,它是将用户的查询请求同时向多个搜索引擎递交,同时调用其他独立的源搜索引擎进行搜索,将返回的结果进行重复排除、重新排序等处理后,向用户提供各个源搜索引擎的查询结果,或提供经过筛选和重新排序的搜索结果。优点是比单个搜索引擎更大,范围更全;缺点是依赖独立的搜索引擎的搜索质量,需要做进一步筛选。著名的元搜索引擎有 Metacrawler、SavvySearch、InfoSpace、Dogpile、Vivisimo 等,中文元搜索引擎开发较少,具代表性的有万纬、搜星等。

除此以外,互联网上还有很多小型的搜索引擎,专门提供特定领域的信息检索服务,在一定范围内能起到大型搜索引擎所达不到的专业检索效果。

(三)相关网络搜索引擎简介

从 1993 年英国 AEXOR 公司的 Martijn Koster 开发最早的网上检索工具 AliWeb 以来,短短十几年内,网上检索工具以惊人的速度发展成熟起来,各种英文及中文的搜索引擎日新月异,功能及应用技术各具特色,这里我们只简单介绍几个与图书馆信息检索、与文献提供服务相关的搜索引擎。

1. Google 序列

世界著名的搜索引擎 Google 公司于 2004 年 10 月提出 Google Scholar,11 月提出 Google Print,12 月又提出 Google Library 项目计划。这几个专业搜索引擎产品序列在相继陆续面市后,在图书馆界引起轰动效应。

Google Scholar(学术搜索)(http://scholar.google.com)(图 6-1)该搜索引擎专为学术领域准备,从 Google 收集上百亿个网页中筛选出各学科领域内的连续出版物、同行评论的书籍、摘要论文和专题报告等有学术价值的内容。它具有强大而灵活的文献检索功能:简单点,可以在搜索栏中输入一个或多个关键词,搜索引擎会优先进行文献标题中关键词的匹配;复杂点,可以使用高级检索功能,以提高文献检索的准确性和有效性。例如,搜索某个学者的作品,不仅有全部在网上的文章,并且可以查到在哪个数据库有,该文被引用情况,以及所引用文章的目录及链接等。同时该学者所著的书也会有显示,并告知该书被哪些图书馆所收藏,或其他可能获得的商业途径。为此,Google Scholar 日益成为科研工作者和学生了解世界最新研究现状,查找专业文献资料的得力工具。

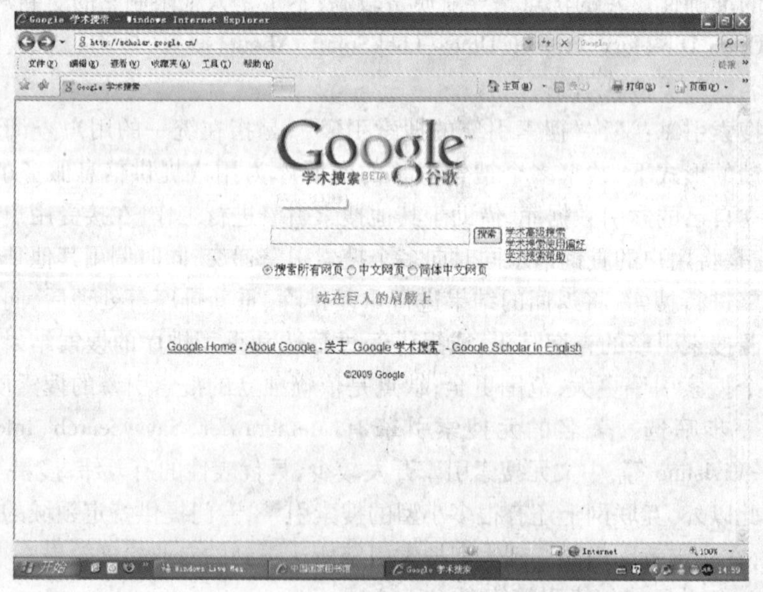

图 6-1　谷歌学术(Google Scholar)搜索网页

Google Print 计划(http://books. Google. com)(图 6-2)实际包括出版商计划和图书馆计划两方面的内容。Google Print 主要是与出版商的合作,用于提供与出版商的链接。属于公共领域(即版权已不受限制)的图书可以显示完整的内容,而仍然受版权保护的书籍,用户仅能浏览目录数据及一些含有关键词的简短片段或者内容摘录等。对于出版商提供的图书,Google Print 也并不反映全文,而是提供书的引文信息,出版社信息,以及该书的网上书店在线购买等链接信息。

图 6-2 谷歌图书馆(Google Print)搜索网页

Google Library 是图书馆计划,该项目的一期计划主要是与哈佛大学图书馆、牛津大学图书馆、斯坦福大学图书馆、密歇根大学图书馆以及纽约公共图书馆这 5 所图书馆合作并签署协议,由图书馆提供其丰富的馆藏,而 Google 负责提供经费与技术,将这些馆藏扫描成电子版并链接到它的检索引擎中。目前已经有更多的大学图书馆加入其中,Google 宣称,预计到 2015 年,Google 将建成一个全世界最大的网络图书馆,拥有超过 5000 万册的图书。

2. Worldcat

Worldcat 是 OCLC 联机联合编目数据库,包含全世界近万个图书馆整合的书目数据资源,覆盖 400 多种语言和人类 4000 年来有记录的知识,目前,Worldcat 有近亿种图书和其他资料的书目,以及这些资料的 13 亿多个馆藏地点,成为世界最大的图书馆网络,向全球 80 多个国家及地区的 400 多万所图书馆提供服务。开始,检索 Worldcat 是 OCLC 与 Google、Yahoo 及其他搜索引擎合作,即 Open worldcat 计划,基于强大的搜索引擎技术,通过 Web 搜索界面查找书目数据。2006 年 8 月,则推出自己固定的网站,http://www. worldcat. org(图 6-3),网站有简单的界面和快速检索的功能,通过题名、主题和人名三种途径,便可查询到各图书馆的图书、期刊、CD 的文献题名、文献类型、作者、出版地等信息,以及链接到相关图书馆的馆藏信息,并还可以找到一些得到授权的电子文献全文及声像和音频资料等。此外,它还提供一个 Search Box,用户可以经过 Worldcat 找到距离最近的图书馆,以便索取文献;或通过相关部门进行馆际互借或者文献传递申请。

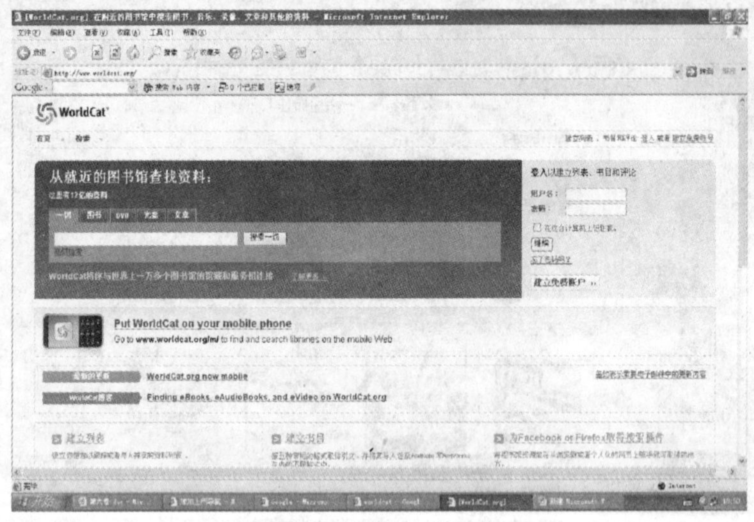

图 6-3　Worldcat 联机联合编目数据库网页

三、网络文献信息检索

网络搜索包罗万象,在图书馆文献信息服务的角度,我们更为关注的是网络搜索中的文献信息检索部分。

(一)文献检索和网络文献信息检索

1. 文献检索:是根据特定的要求,从大量的文献资料中迅速、准确、完整地查找特定文献的过程。20 世纪 80 年代以前,印刷型文献占据主导地位,文献检索的基本手段是手工检索。随着数字化文献的出现和计算机数据存储技术的进步,光盘和联机方式的计算机检索在检索过程中所占的比重越来越大。进入 21 世纪以后,计算机网络技术发展迅速,互联网日益成为人们获取和传播信息的主要途径，网络信息检索则成为当今信息社会的主要检索方式。①

2. 网络文献信息检索：是由网络站点、网页浏览器和搜索引擎以及网络支撑组成的检索系统，其中的核心部分不是众多站点，而是网络浏览器和具有收集、检索功能的搜索引擎。众多站点、网页上的信息是网络信息的基本组成部分。

（二）网络文献信息检索途径和方法

网络文献信息检索是网络搜索众多需求之中的一种，同样是通过联网计算机，并使用特定的检索指令、检索词、检索提问和检索策略，从网络资源中检索出所需要的信息，但比起泛泛的网络搜索，网络信息检索专业性要强一些。我们可以通过某种文献信息的检索过程具体阐述网络文献信息检索的途径及方法。

以报刊文献检索为例：在明确检索意图、确定主题检索词或关键词后，可从搜索引擎检索、网络数据库检索、相关网站导航、网络资源的链接和超链接等途径开始搜索。

搜索引擎是最普及、最常用的网络信息检索方式。检索报刊文献多使用搜索引擎检索的网页检索功能，如报载资料主要使用“新闻搜索”并辅以网页搜索功能。目前国内著名和常用的新闻搜索引擎为：百度、Google、中国搜索等。另外国内较大的新闻媒体都有自己的门户网站，公开发行的中文报刊大多都有专门的电子版网站，所以很容易通过相关门户网站检索到报刊文献的相关资料。

数据库检索是报刊文献信息的另一条主要检索途径。目前网络上的报刊数据库基本上都是采用分级授权的服务方式，免费提供题录检索功能，一般图书馆、科研院所、高校都拥有这些数据库的使用权，如《中国期刊全文数据库》、《维普中文科技期刊数据库》、《中国重要报纸全文数据库》、《全国报刊索引数据库》、《人大报刊复印资料全文数据库》等。

图书馆的网站一般都有网络导航，相当于图书馆的目录索引，为用户指引搜索途径；此外，有经验的网络搜索者都知道，当我们检索到某一信息资源时，往往有许多地址链接、推荐链接、热点链接等相关链接，顺链而下，可以查找到更多相关有价值信息。

网络文献检索的专业性和专指性比较强，检索过程中不仅要正确、灵活地使用主题词表、布尔逻辑运算（逻辑和、逻辑或、逻辑非）和追加限定检索等方式，也要讲究一些技巧，才能大大提供文献检索的查全率、查准率。例如，善于利用

---

① 刘廷蓉. Google Scholar 搜索引擎和网络文献检索. 农业图书情报学刊，2008(7)

系统检索提示(帮助、关于等)、充分应用检索条件、尝试进行多次试检、合理使用扩检及缩检等。

(三)网络信息检索技术及发展趋势

网络信息检索技术一路伴随着网络、计算机和通讯技术的脚步前进,如今将进入搜索引擎的新一代。综合目前专家学者对网络信息检索的各种研究论述,看网络信息检索技术的发展趋势主要有以下几个方面:

1. 鉴于搜索检准率不高的弱点,改善高级搜索页,构建精确的、高度目标化的、专业化的搜索条件,成为搜索引擎们技术推进的重要组成部分。垂直搜索、纯净搜索及元搜索将受到用户格外青睐。

2. 基于内容检索技术和语音识别技术的发展,网络信息检索会走上多样化的道路,它的表现形式除了文本,还有声音、图像、动画、视频等多媒体;它会更注重用户体验和搜索提问的理解。可视性、智能化、个性化将是网络文献检索的方向。

3. 在目前搜索引擎各有所长、但又不能以偏概全的情况下,已有综合性检索方式问世。比如"深搜熟滤"之类的软件,将这些搜索引擎集合到一块,通过软件让电脑帮您检索到您要的信息,通过勾选想查看的若干个搜索引擎,然后输入您要搜索的关键字,这时,在软件下方的状态栏里就会显示各个搜索引擎的搜索进度,等它们搜索完成后点击相应搜索引擎的按钮,就可以进入不同搜索引擎的界面查看信息。在检索网络文献信息时,你不用再担心哪一个搜索引擎好,或是哪些信息漏掉了,"深搜熟滤"的作用是"一网打尽"。

还有一种独特的元搜索引擎称作聚类搜索,简单讲就是聚合了其他搜索引擎的搜索引擎。它会把从其他搜索引擎中搜集到的结果按主题进行分组。如 Clusty,此类搜索引擎在对诸如"censorship"的信息进行一般搜索时是最为有效的。又如 www. baigoogledu. com(图 6 – 4),这是两大搜索引擎的结合,在搜索框里键入关键词,就可搜索目标信息。该浏览器是一分为二的(图 6 – 5),每边各是各的搜索引擎,如调度中间的隔离线,还可屏蔽其中一个,很有特色。

总之,未来信息检索技术将在理念、技术、人性化、智能化等方面全面突破,逐渐适合人脑的思维方式,实现智能、高效、快速而灵活的信息检索,达到随心所欲查找,迅速取得所需信息的水平。促进人们对无序信息世界的有序化组织,使信息资源得到更为合理的开发和利用。

图6－4　谷歌百度聚类搜索引擎

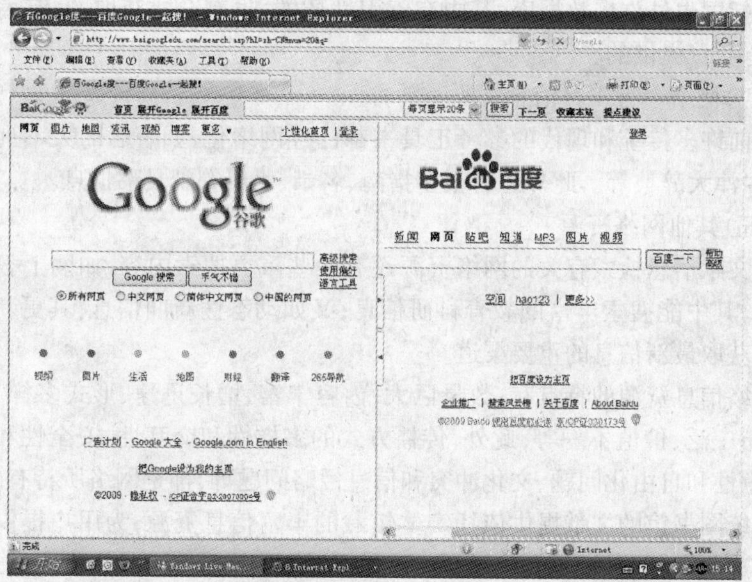

图6－5　www. baigoogledu. com 搜索界面

第二节 文献提供服务与网络搜索的区别

图书馆的文献提供服务与网络搜索是两个完全不同的概念,但二者之间又有着密切的联系。我们可以从以下几个方面进行对照比较。

一、搜索内容

网络搜索是依托网络上大量的信息源,应用各种搜索工具——搜索引擎进行搜索文献信息的工作。网络可利用的信息资源是多种多样,目前的网络搜索中与文献信息检索相关的内容大体有:

(一)网上图书馆信息

包括国内外图书馆的联机公共目录检索系统(OPAC),虚拟图书馆、数字化图书馆资源,图书馆导航链接等。

(二)电子出版物

包括电子图书、电子期刊、电子报纸等介质的网络出版物。

(三)数据库信息资源

包括国内外许多数据库,其中有索引性质的,也有全文获取的;有商业运作的,也有免费提供的。

(四)网络参考工具信息资源

目前许多传统和现代的参考工具书都已经网络化,如著名的大不列颠百科全书、牛津大辞典等。此外还有很多指南、名录、手册等工具书信息。

(五)其他网络资源

与文献信息检索有关的网络资源还有一些重要搜索内容,如网上教育培训类信息,其中能搜索丰富的教育科研信息;又如动态性新闻信息,其更新快和广泛性是获取最新信息的重要渠道。

网络信息资源的特点有:数量巨大、内容丰富、增长迅速、形式多样、结构复杂、分布广泛、价值不一等,此外,传播方式的多样性和交互性、安全性和无序问题、任意性和自由化问题、文化冲突和信息侵略问题等,都是网络所特有的。

传统图书馆的文献提供依托实体馆藏的丰富信息资源,为用户提供定向性服务。这些资源包括印刷型、磁盘、光盘、平片、缩微胶片等各种载体形式,还有各地图书馆具有的特色馆藏资源、特定的数据库资源和经过加工的二次文献、三次文献等。在网络环境下,上述提到的各类网络信息资源也会因读者用户的需求,而被图书馆文献提供工作人员信手拈来,加工处理,显然文献提供服务信息检索的内容要远远超于网络搜索。而最终提供给用户的文献信息是有序的、整合的、特制的、有标引的、有出处的。文献信息内容与自己需求的相符性是用户首要考虑的问题,从这点出发,文献提供服务更接近用户要求。

二、用户范围

一直以来,图书馆习惯以"读者"称谓来图书馆的人们,他们在图书馆里接受文献借阅、参考咨询、培训讲座等各种服务,即使是那些通过电话、传真、邮寄、E-mail 等其他方式接受图书馆文献提供服务的人们,也被称作"非到馆读者"。图书馆根据不同性质类型各自拥有固定或松散的主流读者群。如专业图书馆的科研工作者;高校的教职员工及学生;公共图书馆的市民大众等。而文献提供服务是图书馆中专业化水平较高的服务,其读者群更是具有用户专指性强、收益对象明确、具有一定排他性的特点。如高校图书馆联合系统之成员馆;地区图书馆联盟之协作馆、国家图书馆之党政机关立法决策部门、企业生产单位、教育科研专家学者等多层面的读者用户群。文献提供服务由于受到管理和技术方面的限制,一般要求成员须具有真实性的信息或者是协议及资金上的保证。

网络搜索摆脱了图书馆的服务模式,网络信息的开放性、共享性,任何有条件上网的社会各类人群都是信息和知识的需求者,都可以自由自在地在网上搜索信息、下载信息、传递信息。没有时间、地点的约束,除特殊需求外,一般也不用让人知道你是谁、什么身份。即使是搜索使用了公开的图书馆的联网信息,从理论上讲,也可以不必是读者,而是"网络用户"。也就是说,在网络环境下,图书馆读者的界定已经变得非常模糊,已不易做分类或统计。

对图书馆来讲,一方面是越来越多的用户选择不再到图书馆来,在网络上自行查询检索、自我服务的方式;另一方面,网络的便利也使越来越多的用户迈过当地所在图书馆的限制,跨越时空,直接向文献的原始提供机构寻求服务;还有一种情况:开始网络用户选择网络检索的自我服务,但当在网络搜索中遇到障碍和难点的时候,他们又回过头来求助于图书馆的文献提供。这种图书馆文献提供服务的读者与网络检索用户之间的相互转换随时发生着,也是网络环境下特有的现象。

三、获取方式

网络文献信息的直接获取,是网络信息检索最主要的特点之一,也是最受用户欢迎的原因之一,是真正的文献信息资源共享的实现。比起文献提供服务的文献信息传递方式确实占有节省时间(不必去图书馆)、节省开支(网上有很多免费下载)、节省精力(减少了与提供者的沟通)的绝对优势。

值得一提的是，目前使用搜索引擎能在网络中搜索到相当数量的电子文献，即“开放存取”原文文献，允许任何用户免费阅读、下载、复制、传播，这也使很多专业人士、年轻用户成为“开放存取”文献搜索应用的先行者。虽然目前国内外业界对“开放存取”尚有许多争议和讨论，但对用户在文献信息获取上的便利之至是不言而喻的，对文献提供服务体系将产生的影响也应当引起我们高度注意。

当然，网络文献信息直接获取的弊病也比较明显。除了所获取文献信息的准确性、可靠性是网络搜索目前难以解决的问题以外，还有因知识产权保护而使用户的合理需求得不到满足的困惑；因电子商务不完善而造成的网络支付结算难的情况，这些都使网络文献信息直接获取的快感及成就感大打折扣。

文献提供服务的文献信息获取方式是与时俱进的，从传统的邮件邮寄、扫描传真，到 E-mail、Ariel 传递，还有通过各种文献传递系统或文献保障系统里直接递交，借助计算机技术、网络技术、通讯技术的发展，用户获取文献的速度已经加快，质量也大大提高。但是相对网络文献信息直接获取方式的确定性，目前图书馆文献提供部门各种传统与现代文献传递方式并存的情况，还不可避免地存在超时、丢失、沟通不畅、阴差阳错等现实问题，亟待解决。

第三节　网络信息检索的发展及对文献提供服务的影响

一、网络信息检索的现状

自 1998 年起，中国互联网络信息中心（CNNIC）定于每年的 1 月和 7 月发布“中国互联网络发展状况统计报告”。统计报告的权威性受到各方面的重视，被国内外广泛引用。根据最新一期的报告统计数据显示：截至 2008 年 12 月 31 日，中国网民规模已达到 2.98 亿人，普及率达到 22.6%，超过全球平均水平；网民规模较 2007 年增长 8800 万人，年增长率为 41.9%。依然保持快速增长之势。另截至 2008 年底，中国的网站数，即域名注册者在中国境内的网站数(包括在境内接入和境外接入)达到 287.8 万个，较 2007 年增长 91.4%，是 2000 年以来增长最快的一年。截至 2008 年底，中国网页总数超过 160 亿个，较 2007 年增长 90%。网页的增长速度与网站的增速基本一致。

在网络应用率方面，搜索引擎作为网民在互联网中获取所需信息的基础应用，目前的使用率为 68.0%，在各互联网应用中位列第四。2008 年全年搜索引擎用户增长了 5100 万人，年增长率达到 33.6%。由于互联网整体网民规模快速增长，新增网民中低学历网民比重增大，而该部分网民的搜索引擎使用率较低，导致搜索引擎的整体使用率下降。①

这份报告用数字说话，从一个侧面验证，网络搜索仍然是人们信息检索的重要手段。作为图书馆的文献提供服务者，必须面对这个事实。

二、网络信息检索的优势

网络信息检索日益受到人们的关注，它的优势体现在以下几个方面：

（一）资源丰富性

首先，以网站为单位分布的网络信息资源形成了当今世界上内容最丰富、形式最多样的学术信息资源库，网上信息资源的瞬息万变，更新迅速，同时覆盖面又广，成为用户最多、影响最大的信息检索系统。其承载量远远超过人类有文字以来所产生的书籍等载体的数量。

（二）信息共享性

只要一台电脑，用户只要进入互联网，使用搜索引擎，便可以查找文献信息。网络信息检索大众化和共享性是任何图书馆或其他文献提供单位所拥有的用户群所无法相比的。通过网上平台，或查询或检索，或获取摘要或获取原文，随心所欲。

（三）实时更新性

公认的网络特点就是实时更新速度快。搜索引擎可以自动搜索、采集和标引网络上众多的站点和页面，标引速度快，能够及时跟踪与检索迅速更新变化的网络信息资源，提供最新的文献资料。

（四）界面友好性

网络搜索引擎通过交互式的图形界面查询方式，用户操作简单，使用方便，提供多种检索查询方式，用户一般不需培训就能很快上手，是网络搜索的另一个重要特点。

三、网络信息检索存在的问题

诚然，网络的出现使信息发布和信息检索变得容易而自由。但同时，它所呈现出来的问题和不足也是显而易见的。大致有以下几点：

（一）检索效率比较低

网上信息数量巨大，可用信息大量增加的同时，内容庞杂，良莠不齐，鱼目混珠，这是每个使用者都会遇到的问题。很多时候，随便一个搜索请求就会出现几十万条甚至几百万条结果，有用信息往往夹杂在大量无关信息之中。呈现在我

① 中国互联网络发展状况统计报告. http://www.cnnic.com[2009-01-15]

们面前的结果不是内容泛泛,就是毫不相关,为了在互联网上准确地寻找到所需信息,不得不一次又一次重复检索。除去非常专业的信息检索以外,大多数人都不会有耐心地去细细查看三屏以上的搜索结果。有报道说,著名的关注信息产业方向的调查咨询公司 Outsell 曾对 7000 名“搜索专家”作过一份调查,结果表明,30% 的搜索由于搜索不相关而导致无功而返。如果说专家的搜索失败率几乎都在 1/3 左右的话,那么我们一般人被浪费的时间则只会更多。

(二)检索功能缺乏灵活性

目前许多搜索引擎的查询方法比较单一,一般只提供分类查询方式和关键词查询方式,只能就某一关键词或者概念进行笼统的检索,不能从文献的多个方面对检索提问进行限制。

(三)不能满足个性化需求

网站信息雷同,浅尝辄止,不能满足不同群体或用户个体的个性化需求。目前大部分信息检索系统都是采用关键词输入方式进行检索,由于这种方法缺乏对关键词语义的理解,对任何用户都是一种模式,没有考虑到用户的个性化差异,使得用户无法准确地表述自己的兴趣,搜索往往不能达到用户满意的结果。

(四)获取率不高

搜索引擎的使用者都清楚,通过搜索引擎的信息检索质量远非宣传的那样准确,在信息的可靠性、权威性、有序性和相关性等方面都不能达到完全的信用度。当然这是搜索引擎技术之外的缺陷造成的,比如说它的营利企业性质、它的经过竞价获得的排序内容、各类排序技术高度机密的封闭运行模式等,并且可能是目前搜索引擎根本无法解决的难题。作为搜索引擎必须占有相当大的信息量才能具有一定的查全率和实用性。目前还没有一种覆盖整个互联网信息资源的搜索引擎。国内外的研究表明,尽管网络搜索引擎发展迅速,规模越来越庞大,其覆盖范围却难尽如人意。无效链接和更新周期的限制,使得网络存在大量过时信息,想要进一步获取信息并非易事。此外,版权的问题也是网络信息获取率不高的一个重要因素。

四、网络信息检索发展对文献提供服务的影响

网络信息检索的发展不仅是对图书馆的文献提供服务产生影响,对整个图书馆界的发展也有极大的影响。改革开放以来,图书馆作为传播知识、传播文化的重要阵地,在一段时间内曾达到相当辉煌的程度。如国家图书馆的到馆读者在 2002 年曾达到日均14 000人的高流量,但而后便是逐年下降的趋势,这种状况不仅仅是国内,国外图书馆大致也是如此。不能否认这是网络化、数字化崛起发展带来的影响。具体到文献提供服务有了哪些改变呢:

(一)对服务内容的影响

传统的文献提供服务是整个图书馆参考咨询工作的重要组成部分。参考咨询的工作内容是为读者或信息用户解决文献或信息查询与获取过程中遇到的各种问题,提供或推荐相关文献或文献线索,帮助他们掌握各种文献查询工具的利用途径、方法和技巧,进而满足其自身的信息需求。而文献提供则是在此基础上,将具体的、完整的文献信息资料最终提供到读者用户手中。事实上,网络的发展,网络信息检索的应用,为图书馆的文献提供服务注入新的内涵和内容,对图书馆的文献提供服务有巨大的推动作用,成为图书馆信息服务的重要组成部分。借助网络检索及网络技术的应用,扩大了服务的范围,增多了文献信息查询的途径,也大大提高检索查询的工作效率。这应当说是积极的影响。

(二)对文献提供人员的影响

网络环境下信息资源类型多元化并呈纷繁复杂、无序分散的状态,对文献提供人员检索查询提出更高的要求,这就是不仅要有传统印刷型文献检索能力,而且更重要的是还要有网络信息检索能力,敏锐的信息鉴别力,良好的信息获取、分析、研究、整合和加工能力,较高的综合组织能力等。否则将跟不上时代的进步而被淘汰。

(三)对服务方式的影响

网络环境下文献信息检索的便利,改变了许多用户获取文献信息的方式,有能力的用户选择自行查询,自我服务,脱离图书馆,直接通过网络查找自己所需的信息。表面看,到馆读者减少了,但实际上网络环境还带给图书馆更广阔的文献信息提供空间。如改变以前与读者面对面、单一的服务方式,可以超越时间、空间的界限,开展单对多等信息服务形式;改变以前以自我为中心的服务方式,转变为以用户为中心的服务方式。用户不再被动接受服务而是主动地选用物理图书馆藏或虚拟馆藏,促成文献提供方推送服务、跟踪服务等主动服务模式的推进,成为新的业务增长点。

第四节　文献提供服务应对网络搜索的策略

曾经有人预言,网络文献信息查询检索的发展抢了图书馆的饭碗。还有人说,网络搜索的出现,一方面给图书馆带来一把开启信息的钥匙,同时也带给图书馆一具枷锁。我们认为,既不能过分夸大网络文献信息检索的作用,也不可盲目悲观。怎样积极应对这一机遇与挑战;怎样吸取网络检索的先进理念和技术手段,扬长避短,搭建现代图书馆文献资源共享的平台;怎样调整思路、改进文献提供服务的策略,这才应当是图书馆人应当认真思考的问题。

一、网络搜索成功模式对文献提供服务的启示

因特网之所以活力十足,是因为它能从多方面贴近生活,对生活的表现力最丰富,人性化发展趋势始终是搜索引擎发展的主题,一切从用户的角度出发,源源不断推出符合用户需求的新产品,让全世界的人们分享免费信息,这种网络搜索生存的根本要素和成功模式,也理应成为图书馆文献提供服务最该借鉴的服务理念。

用户是图书馆存在的基础,满足用户不断增长变化的需求,是图书馆最基本的职能和社会责任。在文献提供服务方面,当制定政策规定、构建组织结构、增设业务内容、调整服务方式、添置设备仪器等方面的时候,是不是更多地站在用户的角度去思量?是不是更多地考虑使用户更方便、更快捷地获取文献信息资料?网络文献信息检索带给图书馆信息服务的危机提示我们,图书馆早已不是用户信息需求的唯一选择,要适应用户主导的发展趋势,就要真正做到想用户之所想,急用户之所急,以更人性化的服务理念、更优质的服务质量去争取用户,维护用户的利益,真诚服务于用户。

二、将先进的网络搜索技术引入到文献提供服务中

展望未来,信息知识的全面开放和全球化共享是必然趋势。而客观讲,我国文献提供工作的效率较之国外还是相对较低,或者说发展很不平衡。这就需要我们密切关注和跟踪现代科学技术的发展和应用,将其成果及时地纳入到图书馆的服务工作之中。

首要一点是重视网络化、数字化对文献提供的技术支持,运用新技术对文献提供服务系统进行升级改造,使之更加有效和及时处理文献信息的检索查询和传递,提高工作效率。

图书馆的使命之一是使馆藏得以广泛的共享,而网络技术可以实现图书馆实体资源与数字资源的无缝连接。因此与搜索引擎合作是图书馆的一个很好的思路。搜索引擎与图书馆相结合,无论是书目信息合作,数字化的全文合作,或是更深层次的战略和服务的合作,都将实现真正意义上的统一平台检索,为图书馆的信息资源高度共享奠定基础。一方面,二者结合,将使信息资源更加丰富,吸引更多的网络用户。另一方面,图书馆借助搜索引擎强大的网络影响力、技术力量和资金,实现馆藏文献的数字化,加快网络化知识传播的进程,从而达到图书馆和搜索引擎互利双赢的结果,使大众更加受益。这方面国家图书馆迈出了探索的一步。

一切受公众欢迎的东西，都不应该是图书馆的敌人，如何将现代技术，包括商业产品引入图书馆的服务，把它们作为图书馆服务公众的助手而不是把它们当作敌手，这是一个涉及图书馆发展观的问题。① 针对网络化数字化，国家图书馆提出了“借船出海”的思路，这是一种重要的馆藏信息揭示手段。从 2005 年起，国家图书馆向 Google Scholar 等著名的学术资源搜索引擎开放了大部分数据库的接口，希望读者能够借此更方便地找到本馆所拥有的数字资源。2007 年，国家图书馆又与 OCLC 达成了协议，将馆藏中文书目数据库提供给后者，其主要目的是希望通过借助 OCLC 这一知名的专业平台向全世界的读者揭示馆藏。目前，国家图书馆正在考虑通过打造“文津搜索”系统，以联合的力量，逐步建立一个以国内图书馆馆藏学术资源为主要查询内容，兼及其他能够控制的虚拟馆藏的学术搜索引擎，在此基础上，通过文献传递、馆际互借等合理使用手段来提高服务能力。②

其他图书馆也有类似的行动，如中国科学院国家科学图书馆在 2006 年 1 月也将联合目录进入 Google Scholar，用户可通过 Google Scholar 检索中国科学院国家科学图书馆 40 余万条书目数据，并可通过原文传递服务获取全文。北京师范大学图书馆将 Google Scholar 学术搜索引入信息服务，获得满意服务的比率非常高。

三、网络环境下坚持文献提供服务的优势

在这个世界上，网络信息只是众多文献信息类型中的一种，并不是所有；搜索引擎也只是网络检索工具，并不是网络信息。读者也好，用户也罢，最终关注和需要获取的，不仅仅是文献信息的载体形式，更重要的是内容。因此，在网络环境下，图书馆文献提供服务固有的优势是网络检索无法取代的。那么，什么是图书馆文献提供的优势？应当怎样保持这些优势呢？

（一）可靠全面的文献来源

文献来源的可信度是网络检索的软肋。相比之下，图书馆文献提供部门提供给读者用户的文献来源可靠而全面。比如国家图书馆，百年的累积，千年的遗珍，已经形成了一定的藏书体系。3 千多万册的中外文图书、6 百多万册的各类期刊、270 万册的古籍善本及特藏、30 万份的学位论文收藏等，国家图书馆正在努力成为全球最全的中文文献收藏中心和全国最大的外文文献提供中心。丰富的馆藏资源不仅是民族智慧的结晶和国人的骄傲，而且件件有源可溯，本本有据

① 陈力．公共服务中的图书馆服务．中国图书馆学报．2006(1)

② 陈力．数字时代的馆际互借与文献传递．国家图书馆学刊，2008(3)

可查。随着时代的进步，馆藏文献的载体也在不断丰富和更新，以传统载体为蓝本制作的缩微胶片、电子资源、光盘数据库等，以及经过加工整合的超过千万页的数字资源，不仅同样极具学术和收藏价值，而且成为文献提供服务质量和信用的保证。

（二）图书馆特色文献资源

所谓“网络搜索”是以互联网为载体的数字化信息的查询和搜索，传统的载体（如纸质印刷品、缩微胶卷等）中未经数字化处理的内容是无法通过网络直接获取的。到目前为止，这部分资源还是相当可观的。如历史地图，珍善本古籍等资料的需求，还是要靠图书馆的实体馆来解决。此外，国内外许多图书馆都有各自独有的特色文献资源馆藏，包括自行创立的、对本身现有资源结合读者需要进行深加工、系统有组织地重新整合的特色电子资源馆藏等，都是网络检索无法与之相比的。当网络检索作用有限的时候，专业的数据库及其专业的检索工具就显示出优势。一些未开放的数据库是对网络检索功能权威性的最大挑战。信息量大不等同于信息全，这是影响网络信息检索质量的一个重要因素。

（三）返还式馆际互借

对于读者用户来说，获取所需要的文献信息是他们寻求图书馆帮助的唯一目的。在目前情况下，网络化、数字化并不见得能够帮他们得到所有，所以传统的返还式馆际互借仍然是一种有效的文献提供信息模式。从国家图书馆的文献提供工作实践来看，这种返还式馆际互借至今仍占据相当重要的位置，而且是最受其他图书馆特别是高校图书馆和专业图书馆欢迎的一种文献提供服务形式。

（四）个性化服务

网络环境下的图书馆文献提供服务对象有两个特征：社会化与个性化。社会化是指服务领域的高度拓展；个性化则是对用户服务的针对性增强。由于专业图书馆、高校图书馆的服务对象是特定人群，因此与用户间的联系交流也就能够更加密切，相较于针对性相对泛泛的网络搜索与网络文献信息检索则更要强很多。比如高校图书馆的文献提供人员在与科研人员，学科带头人交流的同时，对相应的专业领域有一定的了解，对学科的前沿领域有所在意，也可以对他们所承担的国家重点项目全程关注，更快更早的知道用户的需要，针对读者的需求“量身定做”服务，改进工作，这是图书馆文献提供服务特有的优势所在。

（五）文献整合、揭示的能力

将馆藏目录全部加工成机读目录，建立图书馆系统的文献编目合作机制，这是传统图书馆的优势。在网络环境下，运用现代图书馆的理念和技术手段将各级各类图书馆丰富的书目数据资源和人力资源整合起来，有计划有步骤地对特色馆藏资源进行数字化，建设特色馆藏的全文影像资源、全文文本资源和音频资源，并开展网络资源长期保持的试验，然后以国家图书馆为中心，实现书目数据资源共建共享，并以此作为文献提供和传递的基础，进而实行文献信息资源的全面共享。[①] 这是网络信息检索无法达到的效果，也只有既具备图书馆专业素养又精通网络信息检索的复合型图书馆专业人员才能胜任的工作。

四、网络搜索与图书馆的双赢

过去图书馆的文献提供只是图书馆拾遗补缺的工作，是读者服务工作的一种补充。随着社会和技术进步，特别是网络的发展，文献提供的工作内容越来越丰富，文献提供的形式越来越多样，成为图书馆服务工作中最重要的组成部分。在网络信息检索日益深入的时候，要结合图书馆参考咨询和文献提供的现状，提出新的服务理念和设想，即以网络搜索的优势，加上图书馆知识化、学科化、人性化、个性化的多元咨询服务方式，积极改进图书馆的文献提供工作，达到图书馆文献提供工作与网络搜索的结合与双赢。为此要做好以下工作：

（一）摆正心态　正确定位

面对网络搜索的挑战，图书馆员摆正心态、正确定位是非常重要的。首先，图书馆珍藏典籍、传承文化、传播知识的职能是不会改变的，保证公民平等自由地获取知识与信息权利的宗旨是不会改变。因此，图书馆不会因为数字化、网络化的介入而消失掉。我们应当清醒地认识到，文献提供服务最直接的作用，是为用户提供文献信息，但是，能够提供文献信息却不仅仅是图书馆的专利，很多网络服务商、数据提供商或社会咨询机构都在参与文献提供服务的工作，这个事实是毋庸置疑的。假如我们换一个角度，站在用户的立场上看，多一种搜索知识、信息的手段，多一条获取知识、信息的渠道，是科研工作者的幸事，是百姓大众的幸事。不同类型、不同性质的服务机构满足读者用户的不同需求，共同构成整个社会的文献信息服务体系，是社会的进步，科学技术发展的必然。作为图书馆的文献提供服务，要找准自己的位置，面对网络信息检索的蓬勃兴起，既放宽胸怀，广纳兼收；又固守阵地，立足本职，这才是应有的态度。

（二）培养人才　造就专家

随着数字化与网络化的发展，图书馆的文献提供工作的性质与内容较之过去有根本性变化，特别是与参考咨询工作的融合，使得今天的文献提供工作已经成为图书馆专业性最强的工作之一，对于从业人员的要求也越来越高。目前，结合科学技术的不断进步和现代化理念的介入，一些新的服务模式开始实施，如许多高校实行的学科馆员制，专家咨询制、国家图书馆即将实行的咨询馆员制等，

---

① 陈力．数字时代的馆际互借与文献传递．国家图书馆学刊，2008（3）

既为文献提供服务的发展带来新的生机与活力，又为培养专业人才、造就专家创造良好的契机。图书馆的文献提供部门不仅要做传统的馆际互借和文献传递，还要建立一支精良的专业队伍，有网络搜索查询的高手，有信息分析、信息整合、信息发布的专家，还有负责信息培训、信息导航的导航员。充分发挥图书馆的优势，实行推送服务、跟踪服务、专业服务、翻译服务等一系列高端服务，使读者有更多的选择，实现图书馆的文献提供服务可持续发展。

（三）行业联手　共建共享

网络环境下，要保证在激烈的竞争中占有一席之地，图书馆界的联合至关重要。一个图书馆的资源和能力是有限的，但全国的图书馆联合起来，就是一个其他网络搜索无法比拟的巨大知识网。

图书馆文献提供服务的基础是馆藏，包括各载体形式的实体馆藏资源及各类型的网络信息资源，在这方面比起网络搜索还是占有优势的；几代图书馆人积累、传承对文献信息深度组织、筛选、加工、整合的能力也是占有优势的；能为用户提供多层次及信息增值服务也是占有优势的。要充分利用自身的这些优势，尽快完成呼吁多年的、在图书馆界已经达成共识的意愿——联合采访、联合编目、联机检索。国家图书馆作为全国的书目数据中心，多年来，一直致力于建立起全国范围内图书馆系统的文献编目合作机制。联合编目中心采用中心——分中心——成员馆的组织模式，数据的使用单位已超过1000家，成员馆发展到600多家，并且成立了11家分中心。目的就是在全国范围内组织和管理图书馆联机联合编目工作，运用现代图书馆的理念和技术手段将各级各类图书馆丰富的书目数据资源和人力资源整合起来，以国家图书馆为中心，实行书目数据资源共建共享，并以此作为文献提供和传递的基础，进而完成图书馆“作为一种促进社会信息公平的保障机制”的使用，实现真正意义上的文献信息资源的全面共享。[①]使图书馆在网络环境下的优势发挥到极致。

从长远战略目标看，文献提供服务与网络化、数字化时代同步，符合网络化、数字化技术进步潮流。因此，通过对文献提供与网络搜索等相关问题的研讨，认清形势，把握机遇，借鉴和应用网络搜索以及网络信息检索的先进理念和先进技术手段，提升图书馆的文献提供服务能力，加速现代化图书馆的发展进程。

---

① 陈力．数字时代的馆际互借与文献传递．国家图书馆学刊，2008（3）

第七章　文献提供服务网络联盟

第一节　文献提供服务网络联盟概述

一 文献提供服务网络联盟的概念

(一)理论基础

1.共生理论

共生(Symbiosis)是生物科学中的一个重要的基本概念。现代生态学把整个地球看成一个大的生态系统——生物圈,生物圈内的生物与环境之间通过能量转换和物质循环密切联系起来形成了广义共生。狭义共生即是生物圈内的生物之间的组合状况和利害程度的关系。袁纯清(1998)将生物学的共生学说创新为社会科学的共生理论,他定义共生是指"共生单元之间在一定共生环境中按某种共生模式形成的关系",这一定义指出了社会共生的三要素:共生单元、共生模式、共生环境。

文献提供服务网络联盟作为一种合作组织,可以理解为是建立文献提供服务机构(共生单元)之间以及文献提供服务机构和相关知识主体的一种共生关系。它的建立,有助于实现共享知识和技术,有利于降低知识交易的成本,有利于合理分配既得利益,实现互利互惠的共赢策略,是促进文献提供服务的有效模式,是增强文献提供服务机构核心竞争力的重要手段。互惠共生模式是文献提供服务网络联盟发展的主流。

其共生机制包括同行业内的文献提供服务机构横向共生界面和跨行业、跨区域的文献提供服务机构纵向共生界面。所谓同行业内的共生界面是指同行业内的文献提供服务机构之间(如公共图书馆之间)的共生界面。因其共生单元隶属的系统相同,便于上级单位统一协调,其重要特点是信息传输的功能较强,共生序的形成功能较易实现,分工与合作相对明确,但物质交流功能表现不是很明确。不过,这是符合我国目前文献信息资源分布现状的一种共生界面,它有利于政府部门对系统内文献信息资源进行协调,从而减少该行业内文献信息建设中的无序和盲目状态,减少重复建设,从整体上提高国家文献信息保障能力。如教育部组建的中国高等教育文献保障系统,文化部建设的全国文化信息资源共享工程,科技部组织的国家科技图书文献中心等是此类型的共生关系。跨行业、跨区域间的文献提供服务机构的共生界面,因行业不同,不同背景的人相互交流启发,因而其共生界面复杂,容易形成网络,信息传输功能相对较强,有利于知识的溢出,有利于能量传导,但是分工和合作的中介功能相对困难,需要及时沟通和协调。总之,应消弭行政主导的缺陷,联盟成员之间应跨越行业、区域的限制,通过虚拟馆藏、联合共建等方式来促进自身的发展,满足读者日益增长的需求。

文献提供服务网络联盟的更好发展,应构建横向沟通、纵向整合的共生秩序。文献提供服务协作机构之间应紧密合作,充分发掘共生单元的特色资源,激发共生能量,建立完善的协作机制,挖掘联盟的潜能,培养良好的联盟文化,实现充分的知识共享,实现文献提供服务网络联盟的整体优化和可持续发展。运用共生理论来解释文献提供服务网络联盟,从文献提供服务网络联盟的共生单元,共生模式和共生环境等角度来分析其存在的合理性与科学性,有助于促进其更好地发展。①

2. 知识联盟

知识经济时代,技术开发速度加快,全球化竞争趋势日趋激烈,同时由于受资金短缺、人才缺乏、创新能力不足等诸多因素的影响,组织内部知识技术创新方面存在许多制约因素。在这种信息革命普及的大环境下仅仅依靠自己的力量发展自己需要的所有知识和能力是一项花费昂贵而且困难重重的事情。于是基于学习新知识和创造新知识的知识联盟顺应知识经济发展的趋势,成为战略联盟发展的重要模式。

(1)知识联盟内涵

知识联盟概念产生于贝克尔(Becker)和墨菲(Murphy)对知识分工模型的研究。指的是企业在实现创新战略目标的过程中,为共享知识资源、促进知识流动和创造新知识与其他企业、大学和科研院所之间通过各种契约或股权而结成的优势互补、风险共担的网络组织。其目的是学习创造知识,拓展创新能力,实现共赢。通过知识领域的战略合作,联盟方不仅可以获取经验创新能力等隐性知识,而且通过知识的互补,还可以创造出单个企业无法创造的新知识。

(2)知识联盟特性

①知识联盟的核心功能是在各联盟成员之间构建一个可以确保知识资源便利、畅通流动的网络,促进知识(尤其是隐性知识)在联盟成员之间的相互流动,加速将知识转化为市场价值的进程,提高各成员的创新能力。②知识联盟的中

---

① 龙叶,白庆珉. 图书馆知识联盟的共生理论研究. 情报科学,2008(1)

心任务是促进知识在联盟成员之间充分共享。联盟成员所拥有知识的互补性为组织之间知识共享奠定现实基础,同时联盟的有效运作也要求各成员密切合作,共享知识。③知识联盟成功的根本途径是联盟成员间密切合作和交互学习。隐性知识的学习是一个潜移默化的过程,要求联盟成员的工作人员紧密合作,将交互学习尽可能融入合作各方的整个运作系统中。④知识联盟的最终目标是联盟成员共同发展,获得可持续的竞争优势。①

3.信息资源共享

信息资源共享和图书馆联盟的研究在理论与实践两个方面齐头并进。

(1)理论方面:有学者认为信息资源共享经历了三个阶段,即文献信息资源共享阶段、信息资源共建共享阶段、全社会信息资源共享阶段。目前,我国信息资源共享正向第三阶段发展。图书馆信息资源共享研究和实践的新模式应该是把共建共享和基于信息产业链共享这两方面结合起来。同时,区域信息资源共建共享具有诸多优势,如相同的人文地理环境基础、便利的网络信息技术和设施保障等。因此,有学者建议以一个共建共享管理中心为支撑,以地、市、县馆及科技情报等收藏机构为辅助,建立地方性的文献信息资源保障系统。

(2)实践方面:继2005武汉宣言之后,“长沙愿景”和“北京宣言”相继问世,分别宣誓地方公共图书馆以及高校图书馆(人文社科)资源共建、共知、共享的理念;其次,共享、联盟理念、图书馆人文精神和总分馆式的管理模式已经深入人心并且结出累累硕果。长三角地区,苏州图书馆、杭州图书馆、常熟图书馆、上海嘉定区图书馆交相辉映;珠三角地区,深圳图书馆、东莞图书馆和佛山禅城区图书馆各有创新。以东莞图书馆为例,他们借鉴国内外经验,以技术和管理为支撑,创建一种开放、共享、区域协作的集群化整合模式,其特点有:①树立大资源观,将一切与图书馆行业发展相关的因素(如馆舍、设备、人员、技术、书刊、制度规范等)都视为资源,进行统筹考虑和整合利用;②自主开发区域图书馆业务自动化管理平台,从技术手段上提供保证;③用互惠互利的合约明确各方面的权利和责任,妥善解决资产所有权和使用的分离问题;④用详细的流程设计和制度规范日常管理;⑤用评选先进的方法激励成员馆的责任心和荣誉感。

4.非线性网络思维模式

网络时代引发人类生存方式的变革,所谓网络化生存,其中最深层面的触动,便是人类思维方式的嬗变。网络思维是以现代信息网络技术为“硬件”的“软件”,是立足于信息时代新基石之上的新观念。它是网络状的,立体化、多维度、无边缘的拓扑结构。从思维的维度看,网络思维表现为“维度”的增加,即思

---

① 王丽凤.知识联盟——机构组织联合发展战略.内蒙古科技与经济,2008(8)

维的维度由一维拓展到万维，纵横交错，变化无穷。任何知识点、工作点，不再是孤立的、静止的，而是网中之纽结，网中之纲目，丝丝相连，环环相扣，一荣俱荣，一损俱损。网络思维作为一种交互性的思维方式，是指导现代文献提供服务协作网络联盟的哲学智慧。

非线性是网络思维的基本特征。所谓非线性，指事物之间的联系不是单向的，而是双向、多向的；它不是停留在一个点上、一条线上或一个面上，而是多节点、多角度、多方位、多层次、多维面，因而是多元的思维。各工作环节延伸并勾连成闭合循环回路。可以给予现代图书馆一个简洁的定义：知识的存储地——知识的交汇地——知识的创造地。图书馆从传统到现代，本质上是内核的转移，工作重心从存储转向交流，最终为了创新。而知识创新之成果，必然又是文献信息资源建设的主要内容。由此形成网式链接和循环。①

（二）文献提供服务网络联盟的界定

目前，文献提供服务网络联盟的概念在国内并没有明确的界定，笔者借鉴图书馆联盟等相关概念，并结合自己从事的文献提供服务工作实践，提出对文献提供服务网络联盟这一概念的界定。

美国早在20世纪20—30年代就出现了图书馆联盟。所谓图书馆联盟（Library Consortia）是指两个或两个以上的图书馆之间建立的为更好地实现资源共享的一种网络化合作组织。在20世纪80—90年代，图书馆联盟出现了第二次高潮，形成了几乎没有一个图书馆不属于某地区性行业性图书馆联盟的局面。近10年来，英、德、澳以及许多发展中国家都建立了数量众多的图书馆联盟。②

根据前文所提到的共生理论、知识联盟、信息资源共享和非线性网络思维模式等理论基础，笔者认为文献提供服务网络联盟是指文献提供服务机构之间建立的网络化联盟组织，是以实现资源共享、互惠互利为目的而组织起来的，受共同认可的合作规范的文献提供服务机构联合体。它是图书馆界为解决当前所面临的复杂竞争环境、日益增大的投资风险、相对匮乏的人力资源、捉襟见肘的资金支持等问题在管理模式上的突破。文献提供服务网络联盟可能有具体的组织实体，也可能没有实际的组织机构。在网络环境下，文献提供服务网络联盟的文献提供服务主要是通过现代通信技术和计算机网络设备将其成员的相关信息资源系统组织起来，按照一定的协议和合同进行统一规划，既有分工，又有合作。

为文献需求者提供更为便捷和周到的服务，正成为推动文献提供服务网络联盟发展的关键因素，并且日益成为文献提供服务机构所依靠的战略资源和推

---

① 董志珍. 略论网络思维方式在图书馆的运用. 科技情报开发与经济，2008(21)

② 袁子英. 论落后地区高校图书馆对地方图书馆的拯救策略——以吉首大学为例. 图书馆学刊，2008(3)

动文献提供服务机构可持续发展的优势资源。① 它既是一种经济行为，又是一种社会行为，无法与社会关系、社会地位、环境等因素分离开来。它所具有的网络化特征表明它不仅仅是一个反映各成员之间经济关系的组织，还是一个反映各成员之间社会关系的组织。可以说，正是这些潜在组织内部和组织之间的社会因素和经济因素推动着组织变革，促使文献提供服务网络联盟的产生、发展和科学治理结构的形成。运用新经济学的社会网络分析框架来分析文献提供服务网络联盟的有关行为，主要原因在于文献提供服务网络联盟作为一种合作组织，其本质是依靠各成员机构的社会网络以合作的方式交换服务和资源。②

二、国内外文献提供服务网络联盟介绍

（一）国外文献提供服务网络联盟

国外的文献提供服务在组织管理模式、服务流程上有很多值得我们借鉴的地方。例如，美国尝试一种资源共享与文献提供服务的新模式，即由多家图书馆共同组成并共同支撑的馆际联合共同体，这种共同体既有地区性的，也有全国性的。这种文献提供模式很受重视，发展迅速、数量多、水平高、读者利用率很高，如 ILLNET、OhioLINK、TexShare、UALC、WRLC 等。再如，英国侧重于集中型模式，大部分文献提供业务（80%）由大英图书馆文献供应中心提供；德国图书馆界则采取分地区进行资源共享与文献提供的模式，德国有 7 个地区互借中心，各区的馆际互借服务基本上由所在区域各图书馆解决等。

（二）国内文献提供服务网络联盟

目前我国形成了 5 大文献传递网络（单位）：中国高等教育文献保障系统（China Academic Library & Information System，CALIS）、中国高校人文社会科学文献中心（China Academic Social Sciences and Humanities Library，CASHL）、国家科技图书文献中心（NSTL，通常俗称的“八家”）、国家图书馆和中科院系统，一些地区还搭建地方性的文献信息资源协作网，且各具特色，少数核心单位已与国外重要文献传递机构建立联系。在寻求协作机构方向上各单位亦呈现差异化，如国家图书馆以借书为主，并努力以各国国家图书馆为主要协作单位，中科院则以专业图书馆和文献提供单位为第三方文献源拓展方向。

然而，虽然这些各种各样的文献提供服务体系在图书馆业界都做得很成功，但是也仅是局限于某一特定地域或系统之内，到目前为止，国内图书馆界还未建立起一个非常成功的、跨地域、跨系统的全国范围内的文献提供服务网络联盟，

---

① 高凡徐，引旎. 图书馆联盟的社会网络资源配置. 国图书馆学报，2006(3)

② 袁辉. 文献提供协作网合理构建研究. 现代情报，2008(8)

以实现全国范围内的资源共建共享。

仔细分析起来,可以看出决定网络联盟关系构建的因素很多,如合作传统、行政干预、项目推动、发展政策引导等,但在文献提供服务实际工作中,网络联盟的搭建最终取决于3个因素,即资源、服务和费用。资源是调度文献获取的导向标,资源优势或特色是决定文献获取的终极因素;文献传递工作者的服务素质和文献提供机构的服务能力,包括软硬件设施、技术支持以及人力、财力、领导重视程度等是文献提供的保证,三者合一,便决定实践中通过某一关系渠道获取文献的频次。而网络联盟中网络关系多少及位置不同的馆在网络中的重要性不同,如杭州电子科技大学图书馆网络链接较少,对整个网络影响不大,网络的其他节点对它的依赖度很低,处在网络边缘位置;而拥有宏富文献传递资源的清华大学图书馆、国家图书馆、中科院国家科学图书馆,网络关系相对充足,网络对他们的依赖性也很强,因此成为网络的核心节点(Corenodes);另外一些图书馆则给予文献传递服务较多的重视,自身与某些有特色的文献传递节点搭建联系,成为整个网络通向该节点的桥梁,如厦门大学图书馆是网络通向韩国仁荷大学图书馆的桥梁。由此可见,在文献提供服务网络联盟中,资源、服务决定着位置,而位置进一步影响着文献获取,二者形成优势循环。①

关于本节中提到的国内和国外的几个重要的文献提供服务网络联盟机构,在本书第三章中均有相应介绍,在此不作赘述。

第二节 建立文献提供服务网络联盟的目的和作用

一、形成协作网络,加强各协作单位之间的交流和合作

所谓协作网络,是指事物之间的联系不是单向的,而是双向、多向的;它不是停留在一个点上、一条线上或一个面上,而是多节点、多角度、多方位、多层次、多维面,因而是多元的思维。在协作网络中,各工作环节延伸并勾连成闭合循环回路:知识的存储地——知识的交汇地——知识的创造地。文献提供服务从传统到现代,本质上是内核的转移,工作重心从存储转向交流,最终为了创新。而知识创新之成果,必然又是文献信息资源建设的主要内容,由此形成网式链接和循环。② 构建文献提供服务网络联盟,其宗旨正是为文献提供服务机构及从事文

① 吉卫红. 搞好江苏省高校图书馆文献资源共享协作网的几点建议. 江苏图书馆学报,1997(6)

② 董志珍. 略论网络思维方式在图书馆的运用. 科技情报开发与经济,2008(21)

献提供服务的工作者搭建信息沟通与交流的平台，建立馆际互借与文献传递业务交流的长效机制，加强技术交流与协作，促进人员联合培训，进一步推进资源的共建、共知、共享。

二、增加各文献提供服务网络联盟成员的社会资本

同其他形式的资本一样，社会资本是一种在未来预期收益驱使下，可以进行投资的具有很长生命力的财产。文献提供服务组建联盟，事实上就是一种围绕文献提供服务的长期发展战略建立的文献提供服务机构之间的关系网络的投资行为，它可以大大增加文献提供服务机构的社会资本。

首先，社会资本既可转换也可以有多种用途。如一个文献提供服务网络联盟具有良好的社会关系，既可以用来收集信息，也可以用来扩大影响、扩大服务范围，还可以用来影响对其的资金投入。对文献提供服务网络联盟而言，亦是如此。一个文献提供服务网络联盟组建的动机也许是因为文献提供服务机构之间的合作而起，但对各成员机构的运行会带来全方位的合作，其原因就是社会资本功能的多样性。

其次，社会资本可以和其他资源产生互补或替代作用。例如在文献提供服务网络联盟中，当某一成员机构因某种原因在资金、物力、人力等方面缺乏时，它可以通过与其他成员之间的合作关系和诚信关系进行物力、人力等资源的相互调剂和协调，这就是联盟组织中的社会资本作为一种替代品在发挥作用。

再次，合理使用社会资本可以使其增值。在文献提供服务网络联盟中，各成员馆的诚信是一个重要的社会资本。随着各成员馆之间频繁合作，联盟的社会资本迅速增值，从而给各成员机构带来更广范围的合作，节约更多的成本，产生更大的经济效益。

三、有利于文献资源共建共享和资源优化配置

国内外较为常见的图书馆文献资源共享形式是馆际互借，它是一种馆际之间的双向协作形式，而文献提供服务网络联盟是更高层次上的文献资源共享形式。这种协作形式不同于馆际互借的双向协作方式，它突破了空间和地域的界限，使文献提供服务机构之间的文献资源建设实现共建共享。从某种意义上讲，这是向市场经济迈进了一步。与市场依靠价格机制不同，文献提供服务网络联盟内部依靠行政机制配置资源，文献提供服务网络联盟的网络组织依靠互惠互利、信任、合作等行动配置资源。因为，单个文献提供服务机构不是依靠自己的力量生存和发展，而是依靠与其他文献提供服务机构相互联结生存，并努力建立和维护这种协作关系，在网络组织中利益分享、风险分担，依靠协议、社会伦理和

道德规范解决冲突。

同时,建立文献提供服务网络联盟还可起到补充馆藏资源不足的作用。建立文献提供服务机构网络联盟,可起到补充馆藏文献资源不足的作用。尤其是对于规模较小、专业面较窄的文献提供服务机构,馆藏文献的数量与结构是一个补充;同时,也使各大中型尤其是大型文献机构中未被利用或未被充分利用的馆藏文献资料发挥理应发挥的作用,避免文献资源的严重浪费。此外,文献提供服务网络联盟也密切了协作机构间的联系,加强了他们之间的合作与互鉴。①②

四、有利于资源互补,突出特色资源和开展核心服务

如果把信息市场看作是一个网络,每个文献提供服务机构都要尽力扩大自己的社会网络规模,但仅仅是考虑网络规模是不够的,还必须考虑规模的分化程度,即尽量发展非多余的关系,增加网络的结构空洞。

结构空洞是衡量网络中非多余链接关系常用的一个指标,发展结构洞,减少同质性关系,增加异质性文献获取渠道,一定程度上会促使各文献提供机构增加特色资源供给,避免服务趋同,既有利于保持文献获取路径的关系和控制优势,也有助于形成多元的文献提供渠道,实现文献提供协作网效用最大化。由于关系的数量和力量具有相关性,个体维护社会网络的资源和精力有限,关系数量越多,力量就越弱,而强关系更可能局限于数量较少的联系之中。因此,个体文献提供机构在搭建文献获取渠道时,不必与每一个文献提供机构建立直接联系,可以根据资源、服务情况,有选择性地构建个体文献提供网络。

两个拥有相似资源和规模的文献提供服务机构之间建立以馆际互借、文献传递、分工采购等活动为主的联盟几乎是不可能的,因为组建联盟是为了资源互补,而不是发展与自己相似的资源。这也从理论上解释为什么文献提供服务机构必须发展自己的特色资源和核心服务,只有依靠特色资源的核心服务,才能在竞争越来越激烈的信息服务市场找到生存之路。例如,考虑到当前已有数家图书馆与大英图书馆文献提供中心(BLDSC)建立业务往来,其他图书馆可不必再与 BLDSC 建立直接联系,而选择利用弱关系,采用代查代借方式提取 BLDSC 的文献;即便是从增强自身文献提供实力出发,此时再与 BLDSC 建立直接联系也不明智,因为国内到 BLDSC 提取文献数量是有限的,关系的增多意味着分摊到每条渠道上的文献申请量减少,维护与 BLDSC 关系的成本上升,反不如与尚未搭建联系的其他重要节点建立并发展成强关系,以占据先发优势。根据英国文

---

① 翟蓉. Web2.0 在文献提供服务中的应用初探. 2008 中国图书馆学会论文,2008

② 陈力. 数字图书馆资源建设刍议——兼论国家数字图书馆的资源建设. 国家图书馆学刊,2004(4)

献提供服务的发展经验,联盟在文献提供服务中有着资源、技术和组织优势,且联盟之间相互交叉是合作的有效形式。

因此,构建文献提供服务网络联盟正是顺应信息时代发展的潮流、具有前瞻性和开拓性的思路模式,符合社会发展的需要。而由于条块分割等客观条件所限,目前国内的文献提供服务网络联盟的涵盖面较窄,许多重要的有特色的文献收藏机构未能建立联系,某些文献获取渠道时常中断或受阻。加上文献提供服务中存在的“系统之争”、“资源之争”,集中获取,资源揭示不充分,资源开放度不够等问题,2007 年 10 月,国家图书馆组织召开首届“全国馆际互借与文献传递研讨会”,并在会上发起倡议,搭建全国文献提供协作网平台,为促进文献提供服务协作网络联盟形成跨区域、跨系统的、统一有序的体系做了开拓性工作。

第三节 全国文献提供协作网的发起

2007 年 10 月 11—12 日,由国家图书馆主办的首届“全国馆际互借与文献传递研讨会”在北京隆重召开。来自全国各地公共图书馆、高校图书馆及科研院所等 78 家图书馆的领导、业界专家及工作人员共 203 位代表参加了会议。这是第一次在全国范围内召开的馆际互借与文献传递工作大会。与会代表共同对近年来馆际互借与文献传递工作进行梳理和总结,并探讨数字时代馆际互借与文献传递业务发展中的理论与实践问题。

会议召开之际,通过交流,大家达成以下三点共识:第一,建立馆际互借与文献传递业务的交流平台;第二,进一步推进资源的共知、共建、共享,形成优势互补,实现联合服务;第三,积极发展馆际间的协作与联盟。

由此,倡议建立全国文献提供协作网机制,本着资源共知、共建、共享、技术交流与协作、人员联合培训、信息沟通的宗旨,达到推动业务发展,实现联合服务的目的。

并提议建立全国文献提供协作网网站,搭建信息沟通与交流平台,网站内容包括业务学习、信息发布、文献信息需求、在线业务交流等模块。本网站由国家图书馆负责初步建设和维护,全国各图书馆与情报服务机构均可成为合作单位,负责并参与各模块的内容建设。

文献提供协作网由国家图书馆发起,并于 2007 年 11 月成立。该网站由国家图书馆初步建设并维护,首批协作单位为参加研讨会的所有公共图书馆、高校图书馆和情报服务机构,大家共同参与各模块的内容建设。

宗旨是通过“全国文献提供协作网”,搭建信息沟通与交流的平台,建立馆际互借与文献传递业务交流的长效机制,加强技术交流与协作,促进人员联合培训,进一步推进资源的共知、共建、共享,形成优势互补,实现联合服务,积极发展馆际间的协作与联盟,达到文献信息资源共建共享的目的。

由于信息技术、网络技术的飞速发展以及伴随全球范围内出版物及其价格的剧增而出现的图书馆采购经费的紧缺,使得资源共建共享成为越来越多图书馆的共识。面对海量的信息资源,多样化的读者需求,以及社会信息服务机构的竞争,图书馆的馆际互借与文献传递业务正面临着前所未有的机遇与挑战。本次会议正是在此背景下,为全国从事馆际互借与文献传递的工作者提供一个互相交流的平台,大家彼此分享经验、共同探讨问题,有利于该项工作在全国范围内深入健康发展,促进同行业工作人员的交流,推动全国馆际互借与文献传递工作领域内的学术研讨。

此次会议中,由国家图书馆提出建立全国文献提供协作网机制的倡议,得到与会代表的赞同和积极响应。为实现这一目标,国家图书馆率先建立全国文献提供协作网网站。

第四节　全国文献提供协作网的功能模块及特点

一、功能模块概述

(一)系统功能模块划分

为了给全国文献提供工作者建立一个综合性的集文献检索、文献提供服务及业务交流为一体的文献提供协作平台,基于“合作共享发展”的理念,构建了全国文献提供协作网。既有利于保持文献获取路径的关系和控制优势,也有助于形成多元的文献提供渠道,实现文献提供协作网效用最大化。

系统划分为以下8个功能模块:关于我们模块、跨库检索模块、业界动态模块、标准规范模块、学习园地模块、业务交流模块、会议论文管理模块、协作单位模块。

其中,各个功能模块包含的子模块及系统界面图如下:

1. 关于我们模块

- 协作网介绍
- 倡议书
- 联系我们

图 7－1　关于我们模块界面

2. 跨库检索模块

- 普通检索
- 高级检索

图 7－2　跨库检索模块界面

3. 业界动态模块

- 国际动态
- 国内动态
- 学术会议

图 7－3　业界动态模块界面

4. 标准规范模块

- 业务规范
- 政策法规
- 国际标准

图 7－4　标准规范模块界面

5. 学习园地模块

- 知识介绍
- 业界专题
- 文献检索技巧

图 7－5　学习园地模块界面

6. 业务交流模块

- 文献博客圈
- 业界论坛
- 在线交流

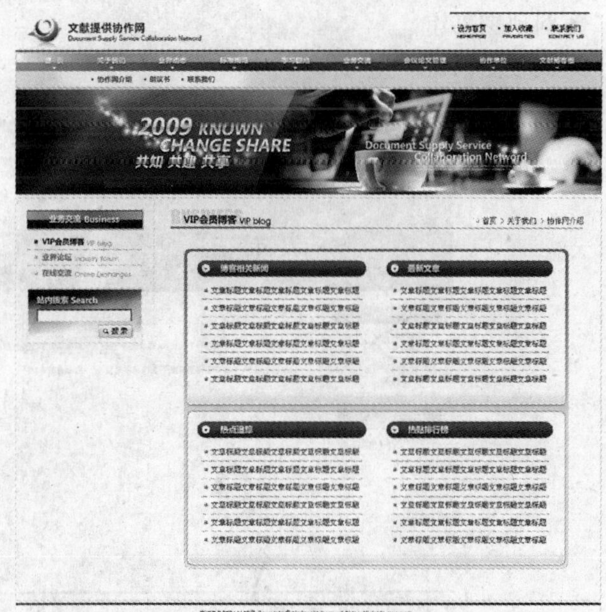

图 7－6　业务交流模块界面

7. 会议论文管理模块

- 历年会议论文搜索
- 会议论文投稿系统

图 7－7　会议论文管理模块界面

8. 协作单位模块

- 国家图书馆
- 公共图书馆
- 科研图书馆
- 高校图书馆

图 7－8　协作单位模块界面

(二)网络拓扑结构图

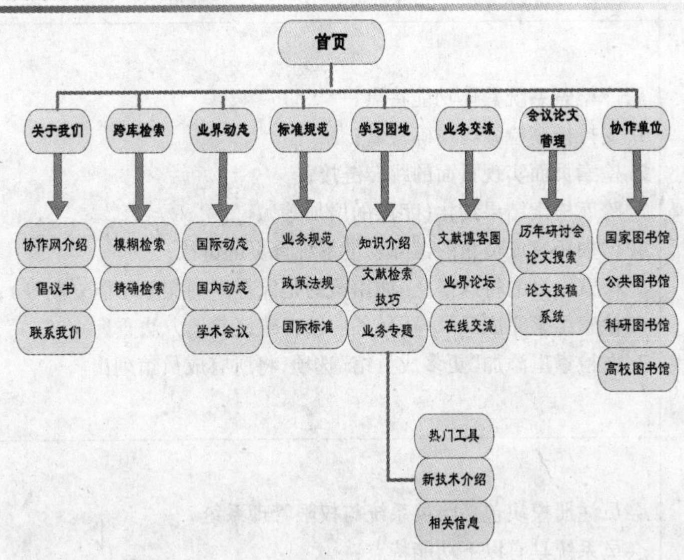

图7-9 文献提供协作网网络拓扑结构图

(三)各功能模块的特点详细介绍

表7-1 功能模块特点介绍

功能模块	特点
数据库组建	整个网站数据库的搭建,与各个图书馆图书管理系统数据库的对接与数据的调用。
文章发布系统	文章发布具体有以下功能特点: 1. 可以分类别管理,类别添加简单,并且支持无限级别扩展; 2. 能够自由发布文章,文章编辑可以进行所见即所得可视化编辑,支持图文动画混合编排;能够上传图片,可发布无限多个; 3. 能够自由的在各个频道页面中插入文章显示条目; 4. 文章发布简单,可以设定发布的类别、标题显示字数、显示条数、是否显示时间、是否显示更多文章链接等项。

续表

功能模块	特　　点
跨库检索系统	跨库检索系统具体功能特点： 1. 支持模糊检索与精确检索； 2. 检索页面实现页面的跳转链接； 3. 跨库检索结果细化(字段的增加等)； 4. 增加所有成员馆的馆际互借系统首页的链接； 5. 检索结果的特殊信息(如馆藏的是保存本的文献不能复制等)； 6. 检索结果完成后的导向(如向读者建议其他方法查询)； 7. 在检索里添加“更多成员馆”选项,将所有成员馆列出。
会员注册	会员注册模块包括会员系统与权限管理系统 会员系统具有以下功能特点： 1. 自由添加会员:后台中可以手动添加会员； 2. 前台能够进行用户注册,注册后的用户可以自动添加至指定组,且会员注册默认加入组可以进行设定； 3. 修改会员所属组名单:会员所属组可以进行修改,同时,一个用户可以同时属于不同的会员组； 4. 能够进行会员搜索； 5. 能够添加新的会员组； 6. 与馆际互借网站的用户账号通用； 7. 另外添加成员馆的软件。(由我方人员自行添加成员馆) 权限管理系统具有如下功能特点： 1. 能够设定会员组的权限； 2. 能够对频道管理组、新闻管理组、产品管理组、下载管理组中的会员进行具体权限设定,即各用户能够拥有不同的权限,且能够进行交叉管理,即会员能够同时管理频道、新闻、产品等。 3. 能够设定网站管理组权限,能够选择对网站后台任意功能模块区域进行管理。

续表

功能模块	特　　点
学习园地模块	新闻类信息的管理,其中包括上传、下载图片、文字、视频播放等。 下载系统具有如下功能特点: 1. 能够设定下载频道; 2. 能够进行下载类别的管理,能够进行类别的增加、修改、删除的操作,且能够进行子类别的管理; 3. 能够对下载文件的属性进行扩展的操作; 4. 能够自由添加下载内容; 5. 能够上传下载的文件; 6. 能够对以添加的下载内容进行查看、修改、删除、查询、优先级设定等操作; 7. 能够对需要审批的内容进行审批操作; 8. 采用灵活机动的模板机制,可以做到每个下载类别的样式都可以不相同。 视频播放系统具有如下功能特点: 1. 能够上传影音文件; 2. 能够定义播放窗口的大小; 3. 能够选择播放的质量; 4. 能够选择文件在页面中的对齐方式; 5. 可以播放视频文件,并可以在新闻、产品、下载、频道里都能播放视频文件。
站内搜索	站内搜索系统具有如下功能特点: 1. 能够针对不同类型的页面进行搜索,如网站频道页面内容、新闻内容、产品内容下载内容等; 2. 搜索速度快捷; 3. 搜索出来的内容能够进行自动分页; 4. 能对搜索的内容进行加亮显示而不影响页面的布局。
访问统计	访问统计具有如下功能特点: 1. 能够按日、月、年对网站的访问量进行统计,并且能够查询以前的统计数据; 2. 能够按日、月、年对网站的 IP 访问量进行统计,并且能够查询以前的统计数据; 3. 能够对各频道页面的访问量进行统计; 4. 能够对访客的来路进行合理的分析,为企业在网络上投放广告提供参考作用; 5. 各项统计数据都带有显示图例; 6. 用户在论坛中发帖数的统计,发表博客篇数的统计。

续表

功能模块	特　　点
博客系统	网站统筹化 1. 使用论坛整合接口，让博客论坛融为一体 在论坛里可以设置用户组权限，让特定的用户组有权限使用博客个人主页系统。用户在论坛里浏览自己的主题时可选择将帖子推送到自己的博客主页中去。在博客用户控制版面里，用户可以使用帖子推送功能，将自己在论坛里发表的优秀文章收藏到自己的博客主页中。 2. 实现与论坛数据整合 如果您已经拥有一个论坛账号或注册了一个论坛账号，无须再次注册即可登录博客系统；如果您在博客系统中注册一个博客账号，无须再次注册即可登录论系统。 3. 论坛文章推送功能 管理自己的发表的文章，可以将优秀的文章加入到自己的博客主页中，永久收藏。您也可以在浏览主题的时候选择将主题推送到您的博客主页中。 便捷人性化 1. 强大的搜索功能 强大的搜索功能，让您快速的寻找需要的博客以及博客文章。 2. 轻松架设博客门户站点 便捷的内容调用功能、内容丰富的站点首页和分类页面以及文章分类浏览功能，真正实现博客的共享以及分享交流功能。 3. 统计博客浏览次数 准确记录博客点击率，让您轻松了解自己的人气指数。 时尚个性化 1. 独立的二级域名功能 独立的二级域名功能，让您拥有属于自己的域名，更方便快捷地访问博客主页。 2. 功能强大的个人主页系统 独立的二级域名，个人日志，相册系统，播放音乐，放置 flash 特效等众多强大的功能，让您的个人主页更显个性时尚。 3. 朋友圈功能 想怎么创建就怎么创建，个性化的朋友圈，让您更显时尚魅力。一个朋友圈，几个知心朋友，谈天说地，爱怎么交流就怎么交流。 4. 灵活的用户模版系统 功能强大的用户风格定制功能，您可以根据自己的喜好，想做什么样的风格就做什么样的风格，让您的个性在另类时尚的模板中尽情展现。 5. 个性相册系统 多相册功能，满足您多样化的需求，同时支持相片上传和使用 URL 地址两种方式保存相片。

续表

功能模块	特　　点
订阅(RSS)	1. 没有广告或者图片来影响标题或者文章概要的阅读; 2. RSS 阅读器自动更新定制的网站内容,保持新闻的及时性; 3. 用户可以加入多个定制的 RSS 提要,从多个来源搜集新闻整合到单个数据流中。
频道管理系统	频道管理具体有以下功能特点: 1. 添加、修改、删除频道简单,只需对文字进行添加、修改与删除的操作; 2. 频道编辑可以进行所见即所得可视化编辑,支持图文动画混合编排; 3. 能够上传图片,图片可发布无限多个; 4. 频道添加完毕后,相对应的页面会随之产生,自动调用模版默认页面架构; 5. 能够对频道进行排序管理; 6. 能够上传频道图像; 7. 能够指定频道链接; 8. 能够对子频道进行相应的管理; 9. 能够对频道进行移动; 10. 能够对频道中的内容中字词语句进行整体替换。
会议论文管理模块	会议论文提交及管理系统 1. 会员可以提交论文(文章类信息); 2. 管理员可以在后台管理已发布的论文,可以进行删除、修改、保存等功能。
在线下载管理系统	下载系统具体有以下功能特点: 1. 能够设定下载频道; 2. 能够进行下载类别的管理,能够进行类别的增加、修改、删除的操作,且能够进行子类别的管理; 3. 能够对下载文件的属性进行扩展的操作; 4. 能够自由添加下载内容; 5. 能够上传下载的文件; 6. 能够对已添加的下载内容进行查看、修改、删除、查询、优先级设定等操作; 7. 能够对需要审批的内容进行审批操作; 8. 采用灵活机动的模板机制,可以做到每个下载类别的样式都可以不相同。
论坛管理系统	论坛管理系统具体有以下功能特点: 1. 论坛板块的划分; 2. 各版块版主的设置; 3. 帖子的设置(包括置顶,精华,推荐,帖子的批量删除等); 4. 论坛的基本设置(包括屏蔽词语,上传图片的设置等)。

续表

功能模块	特点
调查问卷管理系统	调查问卷系统具有如下功能特点: 1. 任意位置发布;可以发布任意多个投票; 2. 投票的方式可以为单选或多选;投票选项不受限制; 3. 可以控制投票结束时间; 4. 发布投票时,您可以选择网站的频道,发布到任意频道中; 5. 防止重复投票机制。
评论系统	评论系统具有以下功能特点: 1. 新闻、产品、下载可以发表评论,并可以选择关闭; 2. 评论有字数限制; 3. 防攻击功能,限制 30 秒之内只能发表 1 次评论; 4. 后台可删除评论。
在线客服	TQ 洽谈通
短信客服	1. 瞬间传送:网站上的客户留言即时以短信方式发送到指定手机上 2. 数据同步:信息同步写入系统数据库及发送到您的手机上 3. 安装简单:仅仅一段代码即可实现在线短信客户的安装 4. 防垃圾信息:有效防止垃圾代码、恶意信息、系统判断每 IP 发送间隔 5. 按发送收费:按发送收费,不发送不收费,发送不成功不收费 6. 管理查询:通过登陆用户界面管理查询信息

二、主要模块功能设计

(一)跨库检索模块

跨库检索模块是文献提供协作网的文献检索业务集成系统,用户可按检索词、检索字段、数据库、图书馆同时检索多个平台上的资源,输入一个检索词,便可以看到多个数据库的查询结果,避免查找同一资源需要分别进入不同图书馆的数据库进行检索的不便,为用户提供更为便捷和高效的检索渠道。与此同时,您也可选择单个数据库,针对某种具体资源进行个性化检索。与此同时,您也可选择单个数据库,针对某种特定资源进行个性化检索。目前,先将国家图书馆、中国科学院图书馆、上海图书馆、清华大学图书馆和北京大学图书馆五大图书馆作为该系统跨库检索模块的试点数据库,今后随着系统的日益完善和合作的进一步开展,将会邀请更多的图书馆加入文献提供协作网的跨库检索合作馆的队伍中来。

1. 主要功能与特点

(1)支持模糊检索与精确检索;

(2)检索页面实现页面的跳转链接;

(3)跨库检索结果细化(字段的增加等);

(4)增加所有成员馆的馆际互借系统首页的链接;

(5)检索结果的特殊信息(如馆藏的是保存本的文献不能复制等);

(6)检索结果完成后的导向(如向读者建议其他方法查询);

(7)在检索里添加"更多成员馆"选项,将所有成员馆列出。

2. 跨库检索页面介绍

在系统首页中的"跨库检索"导航栏目链接进入镜像系统跨库检索页面。系统提供两种检索界面,分别支持跨库模糊检索与跨库精确检索。

(1)跨库模糊检索

跨库模糊检索界面是跨库检索默认的检索页面,进入协作网首页后,默认的检索界面如下图中圆圈所标示,检索界面主要由以下几个部分组成:检索入口区和变更检索范围区。检索人员在检索入口区输入检索词,并在变更检索范围区勾选检索范围(可选择一个或多个图书馆进行检索),点击"检索"按钮,系统即开始进行检索。

图 7－10　跨库模糊检索界面

下图以检索著作“红楼梦”为例，以图示说明系统在所选择的检索范围内进行跨库模糊检索，该示例显示在检索范围选择3个数据库的情况。

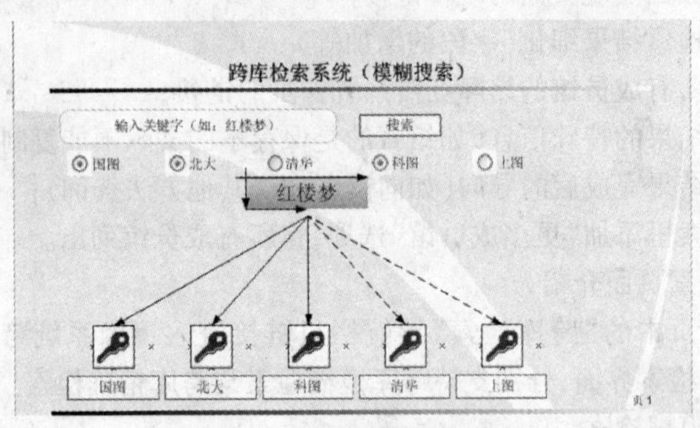

图7－11　跨库模糊检索界面示例1

检索列表页（模糊搜索）

关键字：红楼梦

国图

书目名称	作者	ISBN号	是否在架	归还日期
红楼梦选集上	曹雪芹	95784932	是	
红楼梦选集下	曹雪芹	95784932	否	2008.8.20
红楼梦赏析	曹雪芹	95784932	是	
红楼梦鉴赏	曹雪芹	95784932	否	2008.8.31
曹雪芹与红楼梦	曹雪芹	95784932	否	2008.9.10

北大

书目名称	作者	ISN号	是否在架	归还日期
红楼梦选集上	曹雪芹	95784932	是	
红楼梦选集下	曹雪芹	95784932	否	2008.8.20
红楼梦赏析	曹雪芹	95784932	是	
红楼梦鉴赏	曹雪芹	95784932	否	2008.8.31
曹雪芹与红楼梦	曹雪芹	95784932	否	2008.9.10

科图

书目名称	作者	ISN号	是否在架	归还日期
红楼梦选集上	曹雪芹	95784932	是	
红楼梦选集下	曹雪芹	95784932	否	2008.8.20
红楼梦赏析	曹雪芹	95784932	是	
红楼梦鉴赏	曹雪芹	95784932	否	2008.8.31
曹雪芹与红楼梦	曹雪芹	95784932	否	2008.9.10

页1

图7－12　跨库模糊检索界面示例2

(2)跨库精确检索

跨库精确检索即高级检索，需要检索人员输入检索词（并选择是否词临近），选择检索字段，并选择数据库或图书馆，一个或多个检索条件后，进行检索。

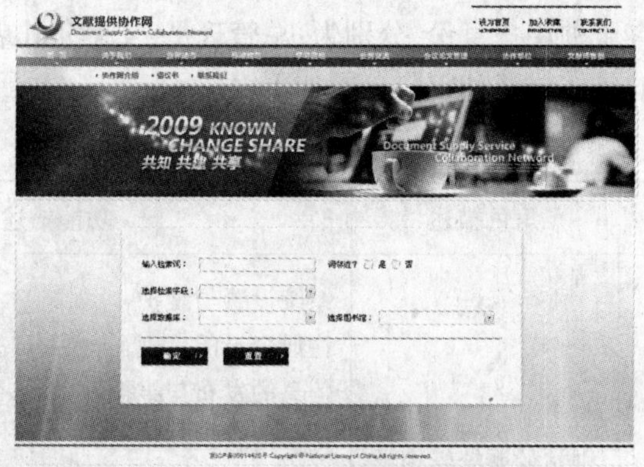

图 7 – 13　跨库精确检索界面

下图以检索著作“红楼梦”为例，以图示说明系统在所选择的检索范围内进行跨库精确检索，该示例显示在检索范围选择 3 个数据库的情况。

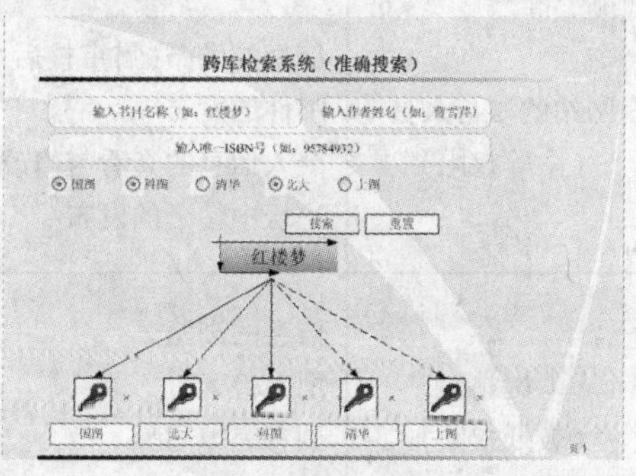

图 7 – 14　跨库精确检索界面示例 1

检索列表页（模糊搜索）

关键字：红楼梦

国图

书目名称	作者	ISBN号	是否在架	归还日期
红楼梦	曹雪芹	95784932	是	

北大

书目名称	作者	ISBN号	是否在架	归还日期
红楼梦	曹雪芹	95784932	否	2008.8.21

科图

书目名称	作者	ISBN号	是否在架	归还日期
红楼梦选集上	曹雪芹	95784932	是	

图 7 – 15　跨库精确检索界面示例 2

（二）系统后台权限管理模块

本系统中共有 4 种用户身份，分别为：总管理员，文献工作者，注册会员及普通浏览者。他们的具体描述和权限分配如下表所示：

表 7－2　后台权限管理角色及权限分配

角色类型	角色描述	功能描述
总管理员	网站的系统管理员 （最高权限）	系统设置与维护 注册会员的管理 信息的发布与维护 论坛的管理与维护 调查问卷的管理与维护 邮件发送的管理与维护 文章的审核发表 查看网站访问统计 数据备份
文献工作者	网站的参与人员 （中等权限）	信息的发布（需审核后才能在网上中发布） 邮件的发布 个人信息的查看与修改 论坛中帖子的发布
注册会员	网站 （较低权限）	信息的浏览 图书检索 调查表填写 论坛中帖子的发布
普通浏览者	网站 （最低权限）	信息的浏览

1. 后台权限管理系统概述

（1）管理人员权限认证数据形成

管理人员的权限认证数据是由特殊的网站管理人员（授权人）录入管理人员的信息和各管理栏目来生成的；权限认证的另外一个部分是对可管理栏目的授权，赋予栏目属性为哪一类型的管理人员可以使用。

（2）管理人员登录权限验证：管理人员权限形成后，形成一个特征标志，栏目属性同样会形成一个特征标志，两个特征标志运算后得到结果，结果为通过、

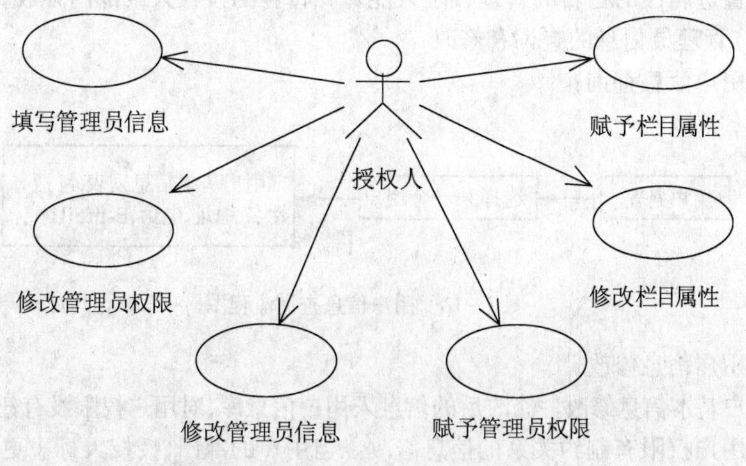

图 7－16　管理人员权限用例图

不通过。

2. 后台权限管理系统功能分析

(1)管理员信息建立

用户数据录入。录入用户数据信息,用户的用户名、部门、职位、E-mail、电话等信息不能为空,分配给用户一个初始密码,必须初始化授权人标志,系统会建立初始的用户权限。这些信息录入用户信息库,同时 E-mail 给用户,内容包括用户名和密码,通知用户修改密码。

(2)可授权栏日信息建立

①可授权栏目名称录入。如果栏目是可授权的,必须录入栏目信息库,以便保存栏目的授权属性。

②可授权栏目属性设置:

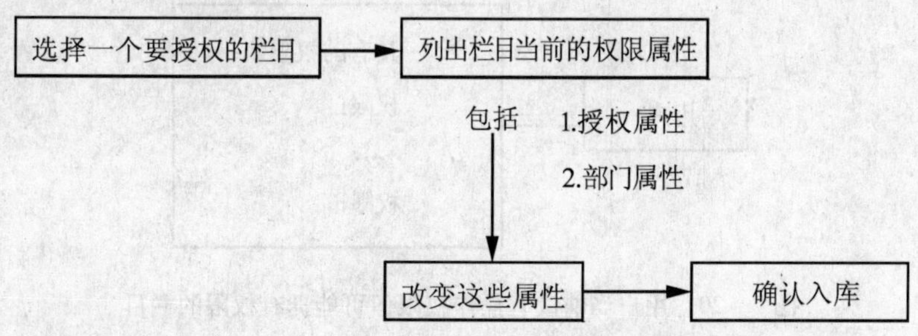

图 7－17　可授权栏目属性设置流程图

设置过属性的栏目的管理权限只能对相符合的授权人或部门开放。

(3)管理员信息的查询和修改

①用户信息查询:

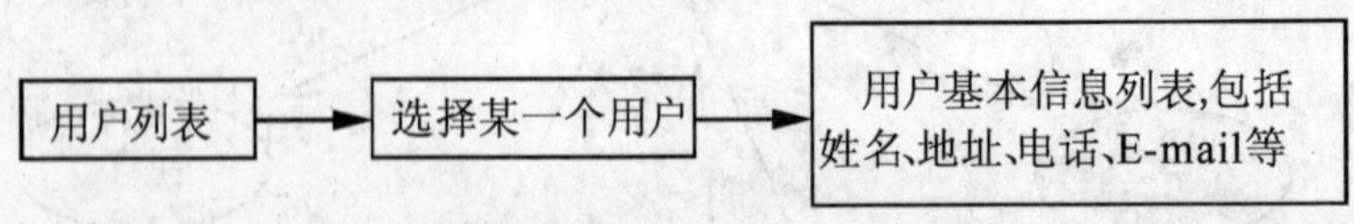

图7-18 用户信息查询流程图

②用户信息修改:

用户基本信息修改。修改后的信息入用户信息库,对用户权限没有任何影响。

与用户权限有制约关系的信息修改。当用户的部门、授权人标志更改以后,用户权限标志中的相关标志部分修改为相应的值,有可能引起用户原有的权限不能使用。

(4)给管理人员授权

①显示用户当前有操作权限的栏目:

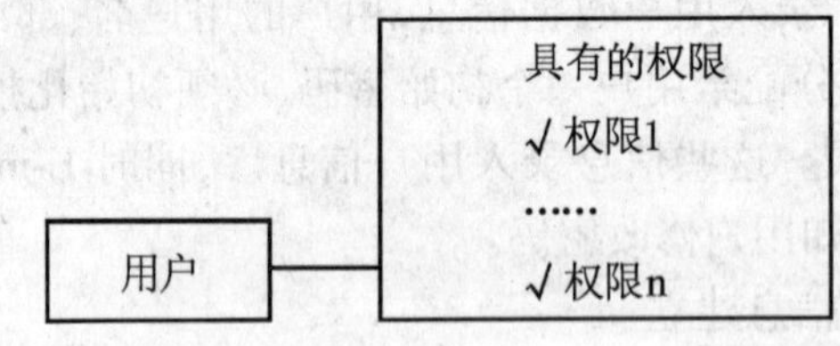

图7-19 用户当前有操作权限的栏目

②显示用户当前没有操作权限但可能拥有权限的栏目:

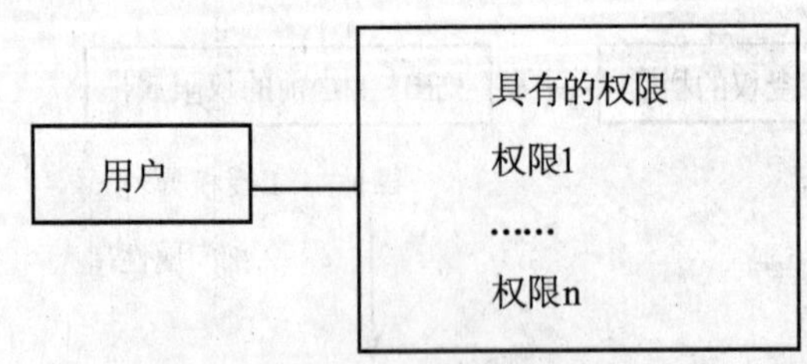

图7-20 用户当前没有操作权限但可能拥有权限的栏目

(5)管理员修改个人密码

用户密码修改,用户首先需要用户名和旧密码登录,然后进入修改密码界面,两次输入新密码,密码长度必须大于 8 位,并检验两次密码的一致性。

(6)改变用户权限的构成

修改后提交,根据以上所选,产生新的用户权限标志,造成用户权限更改。

3. 后台权限管理系统解决方案分析

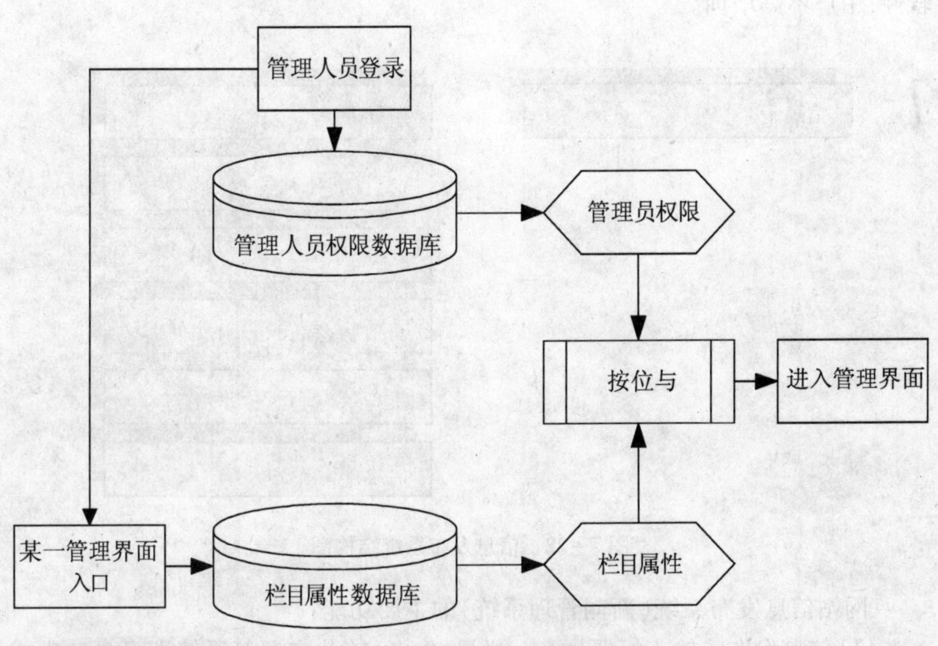

图 7－21　后台权限管理流程图

(三)信息发布系统

信息分类可创建无级分类。实现信息图片、文字混合显示,以及信息附件的增加/修改。前台可根据管理员的设定查看信息列表、信息详细内容,以及允许对具体信息进行评论。后台对信息的添加、审核、撤下、修改、删除操作,以及信息评论的删除,可随意重新移到其他分类名下。提供对信息的分类查看,信息的搜索。用户可以把查看的信息通过邮件推荐给好友。可对信息列表、信息内容显示样式的自定义。

网站管理人员可设定某条信息允许浏览的会员组,这样只有此组的会员才能查看到这条信息(这需要同会员系统结合使用),假如管理员在发布信息时没有做相应设定,那么信息将对所有访问者开放。网站管理人员也可以设定某条信息作为公告,在访问者浏览网站首页时将以弹出窗口的形式将信息内容显示出来。

1. 功能介绍

通过信息发布系统编辑并发布各类信息:新闻、排行榜、文章、频道内容等到相应板块。

网站信息发布系统基于 WEB 工作界面,无论采编人员身处何地,无论通过局域网还是互联网,都能在浏览器中直接对稿件进行录入、浏览、修改、删除、查阅等管理工作。所有的操作可以通过浏览器完成,客户端不需要配置其他应用软件,用户不需培训。

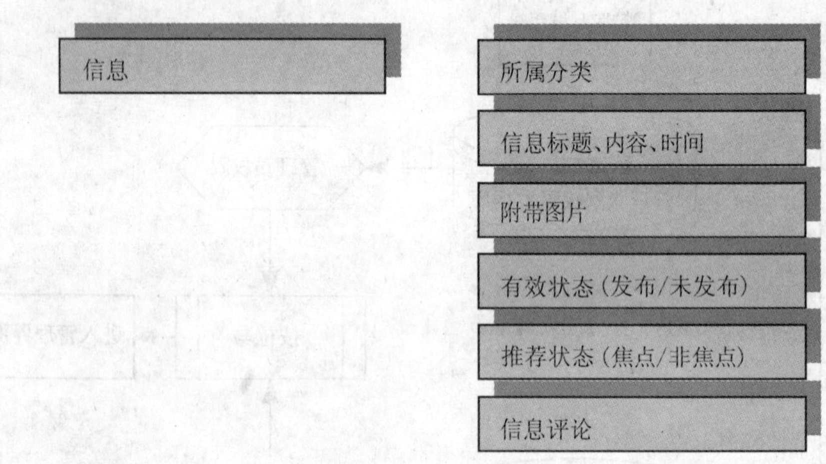

图 7-22　信息发布系统结构图

网站信息发布系统(新闻管理系统)的主要功能:

(1)信息发布。输入标题、内容、栏目、作者、转载来源等系统即可自动生成新闻,并可立即发布到网站上,或按系统管理员设置的分级审查步骤审核之后才发布,以减少失误。还可先预览以减少失误。支持图片新闻,并可上传多幅图片。支持相关链接自动化,可搜索信息数据库并选择相应的信息作为该信息的相关信息,这与专题的性质相类似。还可定时发布信息,缺省为立即发布。

(2)信息管理。信息管理实现网站内容的更新与维护,提供在后台输入、查询、修改、删除、暂停各新闻类别和专题中具体信息的功能,每条信息还可选择是否出现在栏目的首页、网站的首页等一系列完善的信息管理功能。

(3)信息检索。可按关键字、标题、全文、作者、来源、时间等检索信息。

(4)信息排序。可手工调整信息排列的顺序。

(5)目录管理。网站管理员可随时调整各类别(包括总类别以及下一级的类别),都可以根据需要增加、修改或删除,支持多级子目录,也就是可以增加网站的栏目。这对于网站上新闻信息的分类调整以及网站发展规划中第二步的实现具有很大的作用,可以极大地减少二次开发的工作量。类别管理提供的具体功能为:①增加、修改、删除新闻类别和专题的功能;②更改类别顺序以确定新闻类别和专题在网站页面上出现的排序功能。

(6)专题管理。可搜索信息数据库并选择相应的信息组成信息专题或新闻热点专题。可组建组图新闻、图片专题,并自动生成可点击放大的组图。支持连载文章,连载文章中的每一篇均有明确的链接可以到任何其他一篇文章。

(7)模板管理。模板管理主要是用来管理网站各个栏目及不同页面的风格,我们使用模板来管理,这样就可以让用户随心所欲的按自己的风格来制定页面。可上传并选择模板文件,以使网站的风格更加丰富。可决定是否自动显示信息的发布时间,日期或时间的格式。可决定是否显示每条信息被点击的次数。可导入和导出 htm 模板文件。

(8)系统管理。系统管理员为网站信息管理系统中的最高权限,可增加和删除信息发布人员和审核人员账号,并规定其相应的权限和管理的目录。系统管理员拥有信息发布人员账号和审核人员所有的权限。系统管理员密码可更改。

2. 信息发布系统概述

(1)系统操作部分

操作部分指信息的形成及维护,每一种操作都有相应的权限控制,实现信息发布系统灵活严密的权限控制。下图所示为一个管理员可能具有的操作权限。

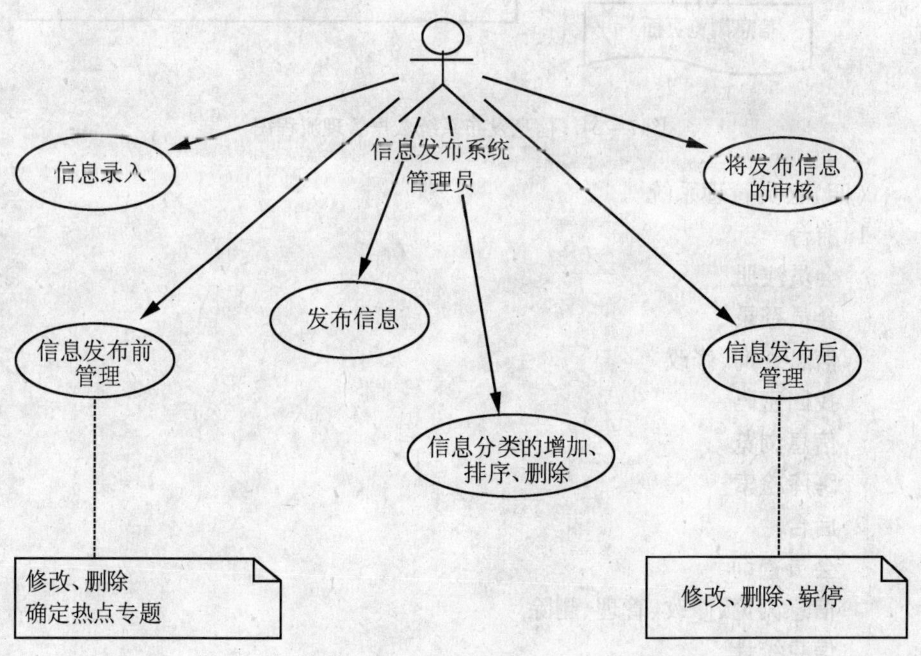

图 7－23　信息发布系统用例图

(2)系统浏览部分

可根据用户是会员或非会员以及会员的类型级别控制哪类新闻可以浏览，哪类不可以浏览。

3. 系统实现和系统结构

信息发布系统采用数据库和文件系统相结合的方式,既保证易用性,又兼顾了处理效率。

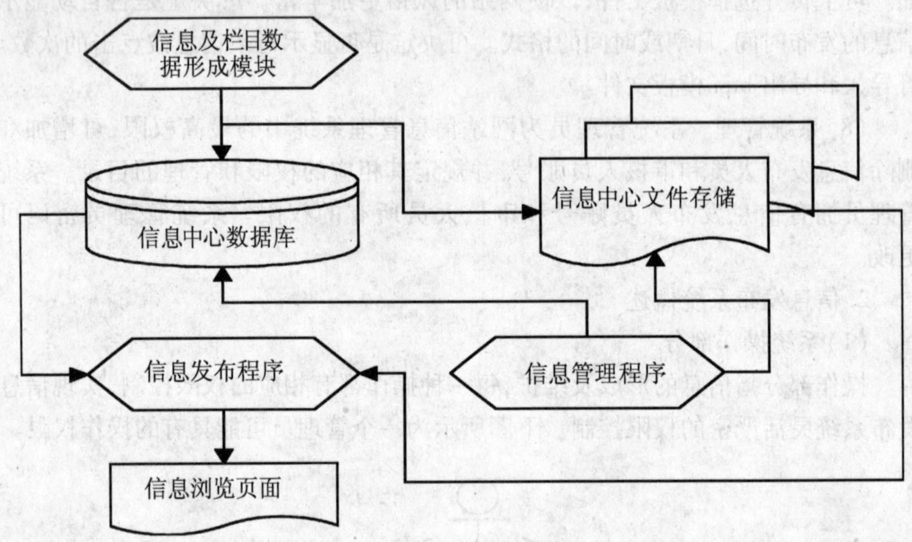

图 7－24　信息发布系统数据管理流程图

(四)会员管理系统

1. 前台

会员注册

会员登录

信息查询,修改

找回密码

信息浏览

跨库检索

2. 后台

会员查询

信息浏览、修改、管理、删除

信息统计

(五)文献工作者管理

1. 前台

会员注册

会员登录

信息查询,修改

找回密码

信息浏览

文章发布

跨库检索

2. 后台

会员查询

信息浏览、修改、管理、删除

信息统计(发布文章统计,登陆次数统计)

三、功能特点及作用

随着科技的迅猛发展,信息资源与信息需求急剧增加,尤其在文献费用持续上涨、信息需求日益交叉扩展的情况下,文献资源共享已是大势所趋。在众多的资源共享方式当中,以满足用户个性化需求为特色的文献提供服务,借助于互联网的普及与应用,已经成为图书馆资源建设和服务提供的主要形式之一,同时也已成为世界发达国家图书馆的核心业务。文献提供服务以其新的内容和新的形式,在新的信息环境下,必将发挥越来越重要的作用。

文献提供协作网正是顺应这种社会发展潮流而设计和建立起来的。其具有以下功能特点及作用:

(一)实现文献检索功能的聚合

系统的跨库检索功能,宗旨是为文献提供服务工作者提供一个文献检索的聚合入口,使其在从事文献提供服务过程中,所有需要检索的资源,在这一个入口都能得到解决。此外,在进行需求分析和系统设计开发工作中,还考虑从用户之间关系的角度,通过对用户权限管理的区分,将 ALEPH 系统、馆际互借系统与文献提供协作网建立连接,为文献提供服务工作者提供一个便捷的工作平台。

(二)发展文献提供服务新模式

随着社会的发展,传统的文献提供服务面临着新的局面,例如从到馆服务为主向到馆服务与非到馆服务并重转变;服务手段从以手工为主向数字化服务为主转移等,越来越强调以用户为核心,以需求为导向,创新服务模式。再加上 Google 等搜索引擎的不断发展壮大,给图书馆的文献提供服务带来了新的挑战。

如何以更人性化的优质服务留住用户,并进一步拓展用户群以扩大社会效益已成为亟待解决的问题。网络联盟的建立为文献提供服务模式开辟了新思路。笔者认为文献提供服务必须转变服务观念和服务模式,从过去被动式服务走向主动推送式服务,从过去的机械的操作界面设计走向人性化服务向导设计,帮助读者以最便捷的方式获取所需信息。

1. 主动推送服务

在协作网网站的用户个性化模块中融入 RSS 技术,将各协作机构最新购进的外文图书、期刊及外文数据库内容目录,或其他对用户有价值的资料简介主动推送给用户。

2. 人性化服务设计

在系统的需求分析和功能设计中,考虑设置系统智能向导功能模块,运用人性化的操作提示,引导用户如何操作,体现人性化服务理念。

(三)促进文献提供服务工作者之间的交流

文献提供服务用户间的交流包括三个层面,一个层面是指馆际互借服务中文献提供馆与文献索取馆馆员之间的业务交流;另一层面是指文献传递服务中图书馆馆员与普通用户之间的交流;再一个层面是指同馆中馆员之间的交流。其中,前两个层面反映了社会化的一面,后一个层面反映了个性化及自组织的一面。如下图所示:

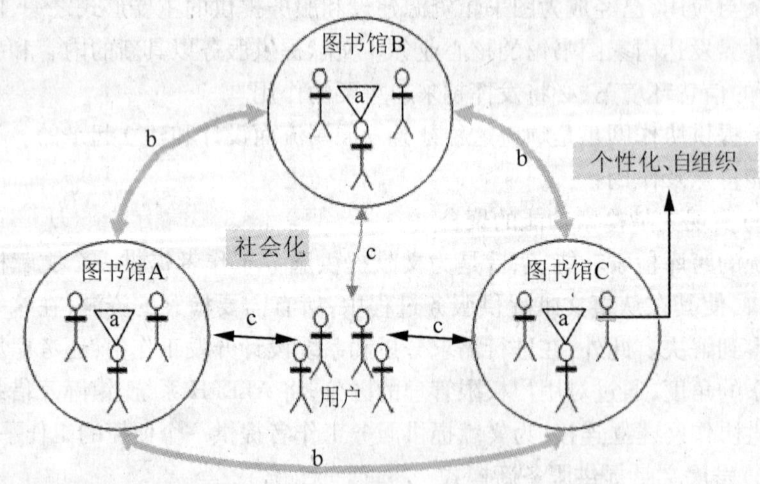

图解:a:同馆馆员之间的交流,交流方式有 Blog/RSS/IM/Wiki 等

b:不同馆馆员之间的交流,交流方式有 Blog/RSS/IM/Wiki 等

c:馆员与普通读者间的交流,交流方式有 Blog/IM 等

图 7-25　文献提供服务中的交流网络

1. 馆员与馆员之间的交流

从第一届“全国馆际互借与文献传递研讨会”的参会者反馈来看，目前，我国的文献提供服务缺少一个为馆际互借协作馆提供馆员之间信息交流的平台，这在某种程度上也影响到文献资源共建共享工作的有效实施。为此，此次研讨会发起倡议建立全国“文献提供协作网”，该协作网目前正处于调试阶段，将很快与用户们见面。下面以其中两大核心模块——业务交流模块和知识园地模块来阐述协作网在文献提供工作中发挥的作用。如下图所示：

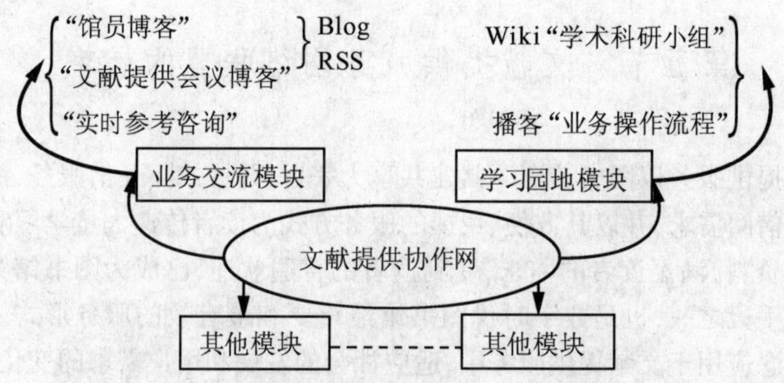

图 7－26　文献提供服务中馆员与馆员间的交流模式

首先，业务交流模块，不但使馆员能够拥有自己的博客空间，记录业务工作心得等；也可订阅其他馆员的博客，可随时获得对方更新的博客内容，有利于馆员之间的交流；还可建立“全国馆际互借与文献传递研讨会”会议博客及订阅国内外图书馆文献提供服务方面的新闻动态等；此外，也可将即时通讯技术运用于协作网中，使馆员之间可进行实时的业务交流、参考咨询及方便快捷的文献传递服务。

其次，知识园地模块，可组建馆员学术科研小组，不同协作机构的成员均可对业内的科研信息进行浏览、编辑和发布，突破不同馆馆员之间的时空界限，为他们更好地开展业务交流活动提供便捷的途径；还可利用播客技术，在线观看馆际互借系统操作流程视频教程等。

2. 馆员与普通读者之间的交流

可在图书馆门户网站的读者个性化模块中提供个人空间，利用 Blog 技术收集用户对文献提供服务的评价及建议等反馈信息，从而更好地了解读者对文献提供服务的需求，以便做出改进使其愈趋完善；也可将即时通讯技术应用其中，改变以往单纯靠 E-mail 和电话进行文献提供咨询服务的单一形式。

(四)体现文献资源全民共享及用户个性化服务新理念

图书馆的服务宗旨是为全民提供文献信息资源和图书馆服务，强调图书馆文献资源的全民共享，同样，文献提供服务也应最大限度地实现全民共享的目标。例如前文中的收集用户反馈信息、了解用户需求、改进文献提供服务质量等就是实现图书馆全民共享的典型例证。同时，文献提供服务网络联盟有效地克服我国信息资源共建共享地体制性障碍，建立信息资源联合保障体系，最大限度地满足读者的信息需求。此外，在以人为本的服务理念指导下，强调用户个性化服务也是文献提供服务的发展方向之一。例如为一些长期读者提供其所关注的某一特定领域的新资料目录的服务就属于个性化服务范畴。①

第五节　文献提供服务网络联盟的展望

文献提供服务以图书馆资源共建共享为宗旨，开展馆际互借服务，满足成员馆的文献借阅需求，并以其方便、快捷的服务方式为读者传递大量学习和科研急需的文献资料，满足读者的需求，受到读者的普遍欢迎，已成为图书馆为读者服务的主要手段之一，也是数字时代图书馆最重要和最有效的服务形式。将网络联盟的理念应用于文献提供服务中，适应社会的发展和用户需求的变化；以用户需求为导向，开展以人为本的用户满意的个性化、特色化信息服务新型服务模式，更好地实现资源的共建共享。

但是，文献提供服务网络联盟的建立中，也还存在一些需要进一步完善的方面。例如目前全国图书馆界尚未建立统一的联合编目系统；全国性和地方性文献提供协作网均还未建设完备，这些都在一定程度上阻碍图书馆文献资源共建共享的进程。笔者针对文献提供服务网络联盟的构建工作提出以下几点展望。

一、各成员机构之间扩大开放性，充分发挥各自资源优势

从现实来看，由于图书馆界的行政体制划分规划，从图书馆界自身发起的跨地域跨系统的资源共建共享体系难以形成，构建全国性的文献提供协作网络联盟不可避免地遇到诸多困难，同时仍然面临合理搭建与内地之外文献提供机构协作关系的问题。因此，今后的文献提供协作网络联盟的建立，必然会在已有的协作网络联盟的基础上，根据需求引入新的节点，搭建新的途径，并根据具体使用情况剔除效率不高的节点或放弃使用率不高的路径，即通过“试错”逐渐形成一个实用有效的协作网络。在这一过程中，必然要求不仅大馆、各单位均应开放资源，发挥特色，利用优势，积极有效地搭建文献提供协作网络联盟，力争成为重

① 张冬荣，戴利华等. 图书馆 Information Commons 建设实践研究. 图书情报工作，2006(10)

要节点或桥，以占据文献提供与获取的有利地位。馆际互借与文献传递是图书馆界资源共建共享的具体表现形式，共建共享意味互惠互利，仅想从他处获取文献，而不加强自身资源和特色建设，不为他人提供优质服务，其文献获取是难以持久的。

此外，要逐渐突破机构及地域界限，不仅是公共图书馆要积极参与，还应提倡将科研图书馆、高校图书馆及地区区域性图书馆均逐渐纳入文献提供服务网络联盟中来。例如，高校图书馆的社会化已成为当代高校图书馆事业发展的一个重要方向。随着社会开放的力度不断加大，图书馆的服务日益融入社会生活之中并扮演着越来越重要的角色，落后地区高校图书馆应改变资源单位独享的传统观念，大力开展社会化服务，以适应时代的需求。教育部2002年颁布的《普通高校图书馆规程》要求："有条件的高等院校图书馆应尽可能向社会读者和社区读者开放"。因此，落后地区高校图书馆应在服务学校教学、科研的同时，深入基层，传承文化知识，弘扬科学精神，倡导社会读书，传递情报信息，提高地方读者的科学文化素养，不断满足人们日益增长的文化需求，为构建社会主义和谐社会服务。

二、逐渐突破系统界限和资源界限

目前国内已有的文献提供服务网络联盟已有一定规模，例如前面提到的BALIS、CALIS、CASHL、NSTL等，都在业内发挥举足轻重的作用。但是，系统之间、机构之间的界限依然存在，这在很大程度上阻碍范围更广阔的文献提供服务网络联盟的建立。与此同时，资源所属机构之间的界限还十分明显，也对文献提供服务网络联盟的进一步发展产生不利的影响。

三、政府和权威机构的作用

文献提供协作网络联盟的构建和进一步发展，还有赖于政府或组织团体的支持及项目推动，如国家图书馆文献提供中心、CALIS文献传递网等。同时，个体文献提供机构也在积极搭建自身获取文献的渠道，以实现协作网与个体渠道共同构建虚拟的更大范围的文献提供协作网络联盟。

文献提供协作网的合理构建仅仅依赖网络试错和文献提供机构之间的协调是无法完全解决的，由于政府和组织团体在文献资源共建共享中扮演着重要角色，行政调节信息资源共建共享工程或者公共财政拨款对文献提供服务具有控制作用，因而可以充分发挥政府和权威机构的宏观调控作用，对文献提供的社会资源进行适当配置，促使文献提供协作网朝着有序、高效的方向发展。具体而言政府和权威机构可发挥如下作用：

(1)引导。主要是对文献提供服务方向、方式,协作网络联盟构建、分布等的引导,对于政府而言,政策和经费支持是其引导的重要手段,可充分利用政策和专项基金资助的强力作用促进特色联盟建设,促进全国性联合目录的建设和维护等,召集联盟、文献提供主体及相关单位会晤等方式,引导文献提供机构更新观念、共享资源、融合协作。

(2)管理、协调。这是政府和权威机构促进文献提供发展的重要职能。文献提供活动的开展必须遵循一定的规则,需要政府或权威组织机构进行统筹规划,积极参与制定统一的协作协调方案(规范、协议),成本分担和利益分配机制,推广文献提供专用系统软件,疏通各文献提供主体交流的渠道,统一商讨文献提供相关问题(如知识产权问题)的解决措施防止补贴资金投入无效等。保证文献提供服务持久、深入稳定发展。

(3)组织培训、交流。由于文献提供服务具有相互依存性,因而对相关单位的文献提供人员进行检索技能培训、系统操作培训、系统管理培训非常必要。同时还应形成一定的交流机制,开展文献提供学术交流、参观互访,便于文献提供工作的沟通和开展。

(4)评估、激励。政府和权威机构可制定恰当的评估体系和动态的判断标准,定期对文献提供机构的服务状况进行评价,采取有力的措施和后续支持策略,激励文献提供主体积极性,以助于巩固文献提供的建设成果,鞭策文献提供机构提供优质服务,而不能让其产生错觉,认为是否参加文献提供协作输出文献还是输入文献、服务好坏无关紧要。①

四、编制联合目录

为解决协作馆重订大型丛刊和经费不足的矛盾,避免资源浪费与重复,发挥协作网络联盟的整体优势,便于成员机构在所藏文献方面进行选择,实现馆藏文献资源的合理配置,达到建立各种特色馆的目的,应该编制预订联合目录。成员机构利用网络进行联机编目,共享编目成果,并通过规范文档进行规范控制,以减少书刊编目中的重复劳动,提高编目工作效率和书目数据质量,实现书目资源共享。同时,联机联合编目的基础是产生联合目录,分成集中式联合目录(如OCLC)和分布式联合目录。文献资源共享协作网的起步是迈向现代化图书馆的象征,随着通信技术和计算机技术在图书馆的应用,要提高资源共享的速度和效率,必须走联机编目的道路,以实现最大限度的书目资源共享。

---

① 吉卫红.搞好江苏省高校图书馆文献资源共享协作网的几点建议.江苏图书馆学报,1997(6)

另一方面，目前图书馆大多应用了计算机管理，编制机读目录，但由于缺乏全盘考虑，目录著录格式不一，很难进行联机共享。因此，从长远考虑，统一标准，统一系统，按照统一的国际标准进行目录编制，为实现机读目录联机共享打下基础，以便于更大限度实现文献资源的共建共享。例如深圳的“粤深文献处理中心”就进行富有成效的尝试。这个“中心”把新书发行与“中心”的各成员馆的文献采选、加工和利用进行一体化处理，建立“全国出版目录库”、“成员馆采购库”、“机读目录库”、“自定义汉语主题词库”、“规范档案库”以及“出版家库”等一系列数据库，在实现联网后将各成员馆共享数据库及“中心”提供的数据库和外来数据库，实现一种跨地区真正的资源共享。

五、适当扩大协作范围

众所周知，高校图书馆在基础理论的文献资源收藏方面有相当优势，而地方情报所和大型企业情报资料室则在外文期刊、大型工具书和应用性资料收藏方面有着明显优势。如果高校协作网能吸收一些地方情报所和大型企业情报资料室入网，实现两者优势互补，不仅可满足双方读者对文献资源的需求，而且可能促进高校与地方科情机构、大型企业之间在科学研究方面的进一步合作，还有可能加快科技成果转化为现实生产力的速度。

六、加快现代化信息系统建设

随着现代通信技术和计算机技术在图书馆工作中的应用，协作网络联盟内各成员机构的联网已成为现实。目前，国内大型公共图书馆或实力雄厚的图书馆，以及发达地区的图书馆资源共享协作网络联盟成员均已实现计算机联网，为读者利用协作网资源提供了快速、准确的服务。但是某些偏远落后地区的图书馆尚未联网，或者因为网络建设不能满足文献提供服务协作网络联盟的使用要求，致使网络时断时续，也严重影响文献提供服务网络联盟的进一步发展。甚至于有的成员馆还未建立馆内计算机信息系统，这不仅不便于读者快速、准确获取所需的图书文献情报信息，而且难以提高协作网的效率。因此，各协作网成员机构都应重视自身计算机信息系统的建设，尽快实现协作网成员机构的全部联网。这不仅可以为协作网读者提供更加快捷、方便、高质量的服务，而且还可以提高协作网效率，为未来协作网在更大规模内实行联网和以协作网整体进入 Internet 奠定基础。

七、发掘异质资源，发挥特色优势

文献提供服务网络联盟这一共生体的建立，也正是共生单元（各文献提供服务机构）利用自己的异质资源，吸引其他成员机构与之联盟，进而降低运作成本，获取更多的发展机会。随着网络信息技术的发展和联盟活动的深化，文献提供服务网络联盟的发展趋势，将会转向与不同类型的文献提供服务机构的联盟相互融合，或者吸收其他类型的成员机构。同时，为提高联盟工作效率，降低管理成本，满足文献提供服务机构不同时期的不同需要，可实现多级化发展，例如可同时参与多个联盟组织，获得更多优惠。由此可见，共生单元应充分发掘各自的异质资源，这样既有利于保持竞争优势，也能容易被多个联盟吸纳，从而实现合作共赢的目的。显然，各个共生单元所拥有的异质资源越多，联盟的竞争优势也越大，也越容易积聚联盟共生能量。因此，联盟应努力积聚有价值的资源，发现和开拓最佳资源，使其资源价值得到最好的实现。

此外，建立文献提供服务网络联盟的目的就是以合作创造新的共生能量，实现文献提供服务机构之间的知识和能力的互补。在信息化、知识化的现代社会中，知识的显性化趋势和物化趋势愈加明显，并已成为资本和商品，文献提供服务机构现有的知识存量决定其提供信息和配置资源的能力，他们之间的绩效差异来源于知识的不对称和由此导致的核心能力差异，因此，建立完善的学习机制，有助于激发各个图书馆的潜能，从根本上实现图书馆的创新。

构建文献提供服务网络联盟正是顺应信息时代发展的潮流，具有前瞻性和开拓性的思路模式，符合社会发展需要的举措。团结就是力量，合作的目的是发展，发展机遇与挑战并存。我们应从战略高度来认识加强合作、共同发展的重要性、必要性和紧迫性，联合、聚合、融合是现代文献提供服务发展的大势所趋，所以衷心地希望在图书馆文献资源共建共享的发展进程中，文献提供服务能够顺势而为，乘势而上，见势共赢，不断发展。

附　　录

英、美、日、德四国文献提供服务政策列表

<table>
<tr><td>文献提供机构名称</td><td colspan="5">收　费　标　准①</td><td>备注</td></tr>
<tr><td rowspan="14">大英图书馆文献提供中心BLDSC</td><td rowspan="4">复制服务</td><td>传递方式</td><td>标准</td><td>24 小时以内</td><td>2 小时以内</td><td rowspan="6"></td></tr>
<tr><td>电子传递</td><td>8.75 英镑</td><td colspan="2">16 英镑　25 英镑</td></tr>
<tr><td>航空快递</td><td>10.25 英镑</td><td>17.50 英镑</td><td>26.50 英镑</td></tr>
<tr><td>传真</td><td>11.50 英镑</td><td>18.50 英镑</td><td>27.50 英镑</td></tr>
<tr><td rowspan="6">馆际互借</td><td>标准快递</td><td colspan="3">17.50 英镑</td></tr>
<tr><td>24 小时内发出的快递</td><td colspan="3">27.00 英镑</td></tr>
<tr><td>2 小时内发出的快递</td><td colspan="3">36.75 英镑</td><td></td></tr>
<tr><td>续借</td><td colspan="3">3.4 英镑</td><td></td></tr>
<tr><td>丢失罚款</td><td colspan="3">129.50 英镑</td><td>根据书的费用而有所调整</td></tr>
<tr><td>拓展检索费用</td><td colspan="3">7.25 英镑</td><td></td></tr>
<tr><td rowspan="2">拓展检索</td><td>文献由合作馆通过航空快递传递</td><td colspan="3">17.50 英镑</td><td></td></tr>
<tr><td>文献通过航空快递传递，由合作馆提供借阅</td><td colspan="3">24.75 英镑</td><td></td></tr>
</table>

① 这里的收费标准均是按照注册用户罗列的。

续表

<table>
<tr><td>文献提供机构名称</td><td colspan="5">收费标准</td><td>备注</td></tr>
<tr><td rowspan="9"></td><td rowspan="3">缩微文献(不包括学位论文)</td><td>缩微文献借阅</td><td colspan="3">17.50 英镑</td><td rowspan="3">如果原始文献只是以缩微文献形式保存才能提供复制或借阅</td></tr>
<tr><td>Retention of microform</td><td colspan="3">9.75 英镑</td></tr>
<tr><td>还原缩微文献</td><td colspan="3">前 50 页 9.75 英镑,每增加 50 页或 50 页以内,5.80 英镑</td></tr>
<tr><td rowspan="2">英国博士论文</td><td>借阅博士论文的缩微版,并以航空快递邮寄</td><td colspan="3">17.50 英镑</td><td rowspan="2"></td></tr>
<tr><td>续借</td><td colspan="3">3.40 英镑</td></tr>
<tr><td>专利</td><td>标准传递</td><td colspan="3">前 100 页 32.50 英镑,每增加一页 1 英镑</td><td>所有的专利都以标准方式传递</td></tr>
<tr><td>借阅周期</td><td colspan="4">返还式文献的借阅周期均为一个月</td><td></td></tr>
<tr><td colspan="6">联系方式</td></tr>
<tr><td>地址</td><td colspan="2">邮箱地址</td><td>检索网址</td><td>电话</td><td>传真</td></tr>
<tr><td></td><td>The British Library
Boston Spa
P. O. BOX 117
Wetherby
West Yorkshire LS23 7HT
United Kingdom</td><td colspan="2">customer-services@bl. uk</td><td>http://catalogue.bl. uk/F/?func = file&file_name = login-bl-list</td><td>+44 (0)1937 546060</td><td>+ 44 (0)1937 546333</td></tr>
</table>

续表

<table>
<tr><td>文献提供机构名称</td><td colspan="6">收 费 标 准</td><td>备注</td></tr>
<tr><td rowspan="12">美国国会图书馆 LC</td><td colspan="6">收费标准</td><td>备注</td></tr>
<tr><td>复制服务</td><td colspan="5">2 IFLA FULL Vouchers/24 美元</td><td rowspan="2">不接受电子邮件申请，先收费后提供，第一次申请需要先网上注册</td></tr>
<tr><td>馆际互借</td><td colspan="5">3 IFLA FULL Vouchers/16 美元</td></tr>
<tr><td>提供范围</td><td colspan="5">美国出版的文献以及国外出版并且在出版国无法获取的二次文献</td><td></td></tr>
<tr><td>借阅周期</td><td colspan="5">60 天</td><td></td></tr>
<tr><td rowspan="2">传递方式</td><td>返还式文献</td><td colspan="4">海外邮包均通过联合包裹服务公司运送</td><td></td></tr>
<tr><td>非返还式文献</td><td colspan="4">通过 Ariel 传递</td><td></td></tr>
<tr><td>续借</td><td colspan="5">国际互借一般不能续借，如需续借，需要征得 CALM 部门同意</td><td></td></tr>
<tr><td colspan="7">联系方式</td></tr>
<tr><td colspan="2">地址</td><td>邮箱地址</td><td>检索网址</td><td colspan="2">电话</td><td>传真</td></tr>
<tr><td colspan="2">Library of Congress CALM Division 4670 101 Independence Avenue, S. E. Washington, D. C. 20540 - 4670</td><td>ill@ loc. gov</td><td>http://catalog. loc. gov/ cgi-bin/ Pwebrecon. cgi? DB = local& PAGE = First</td><td colspan="2">(202) 707 - 5444</td><td>未提供</td></tr>
<tr><td rowspan="3">日本国立国会图书馆</td><td>资料种类</td><td colspan="2">收费标准</td><td colspan="2">负责部门</td><td>备注</td><td>联系方式</td></tr>
<tr><td rowspan="2">纸类资料复印</td><td colspan="2" rowspan="2">黑白 24 ~ 96/张（日元/A2 ~ A4/不含税，以下同）彩色 210</td><td colspan="2">东京本馆：复制课</td><td>装订费 300 日元</td><td>东京千代田区永町 1 - 10 - 1</td></tr>
<tr><td colspan="2">关西馆：文献提供及亚洲资料情报课（亚洲相关资料的提供）</td><td>同上</td><td>京都府相楽郡精華町精華 8 - 1 - 3</td></tr>
</table>

续表

<table>
<tr><td>文献提供机构名称</td><td colspan="4">收 费 标 准</td><td>备注</td></tr>
<tr><td rowspan="6"></td><td>电子期刊
CD-ROM 类
复印</td><td>黑白 21 ~ 42
彩色 50 ~ 100</td><td rowspan="2" colspan="2"></td><td rowspan="5">同上</td></tr>
<tr><td>缩微制品转成复制纸张</td><td>黑白 68 ~ 400(A5 ~ A2)</td></tr>
<tr><td rowspan="2">缩微形式提供缩微文献</td><td>平片胶卷 黑白 150/张</td><td>同上</td><td>每次仅提供 30cm 以内</td></tr>
<tr><td>胶卷 黑白 150/张</td><td>同上</td><td>另加 68 日元额外金额</td></tr>
<tr><td>拍照制作成缩微品</td><td>纸类资料 黑白最初一帧 150 日元,其后每帧 38 日元</td><td>同上</td><td></td></tr>
<tr><td>海外申请</td><td>价格同上(另需加上实际发生的邮费)</td><td>关西馆文献提供课国际儿童馆资料情报课</td><td></td><td>東京都台東区上野公園 12 – 49 JAPAN</td></tr>
</table>

<table>
<tr><td rowspan="2"></td><td colspan="4">收费标准①</td><td rowspan="2">备注</td></tr>
<tr><td></td><td>DRM②</td><td>邮寄</td><td>传真</td></tr>
<tr><td>德国教育科研部 Subito</td><td>复制服务</td><td>5 欧元 +
7% 版权
许可增值税</td><td>6.5 欧元 +
7% 版权
许可增值税</td><td>6.5 欧元 +
7% 版权
许可增值税</td><td>要对照每个出版商的版权许可价格表</td></tr>
</table>

① 这里的收费标准专指针对国外图书馆的价格。

② 一种数字版权管理系统,通过 E-mail 传递的复制件通过数字版权管理系统制作而成,如果图书馆允许用户在同一台电脑上打开浏览该文献十次或者打印超过两次,数字版权管理系统将会限制其使用,而且自此邮件发出后一个月,任何人无法对该文献进行浏览或打印操作。

续表

文献提供机构名称	收费标准				备注
	馆际互借	14 欧元			
	地址	邮箱地址	检索网址	电话	传真
	subito e. V. -Business Office Berliner Str. 53 D – 10709 Berlin, Germany	info@ subito-doc. com	http://www. subito-doc. de/index. php? l ang = en	49 (0)30/417497 – 10	49 (0) 30/417497 – 20?

国内五大文献提供中心及中国台湾地区汉学研究中心文献提供服务政策列表①

<table>
<tr><td rowspan="18">国家图书馆文献提供中心</td><th colspan="3">收费标准</th><th>备注</th></tr>
<tr><td rowspan="8">文献传递</td><td>服务内容</td><td>提供参考工具书、年鉴、中外文期刊、图书中的部分内容，国际组织和外国政府出版物，专利文献、所购数据库的复制传递服务。</td><td></td></tr>
<tr><td>提供方式</td><td>收费标准②</td><td rowspan="4">检索费2元/条，扫描费均为0.5元/页，打印费为1元/页，单篇文献8元/条，多篇文献按照上述标准执行。如果是缩微文献，则还原费1.3元/页。</td></tr>
<tr><td>Ariel</td><td>检索费+扫描费/打印费+15%的服务费（前两项之和）</td></tr>
<tr><td>E-mail</td><td>检索费+扫描费/打印费+15%的服务费（前两项之和）</td></tr>
<tr><td>文献提供与馆际互借系统</td><td>检索费+扫描费/打印费+15%的服务费（前两项之和）</td></tr>
<tr><td rowspan="2">邮寄</td><td>普通文献：检索费+复印费/打印费+15%的服务费+实际发生的邮寄费用</td><td rowspan="2">双面复印0.2元/页，单面复印0.1元/页；刻录费10元/盘邮寄分普通邮寄，中铁快运和特快专递三种。</td></tr>
<tr><td>光盘刻录文献：检索费+扫描费+刻录费+实际发生的邮寄费用</td></tr>
<tr><td>馆际互借</td><td colspan="2">国内用户：20元/册（包括邮寄费，邮寄方式为中铁快运），本市用户：6元/册（自取）</td><td>服务内容：我馆集藏库所藏图书</td></tr>
<tr><td rowspan="3">国际互借</td><td>文献传递</td><td>10页以内150元/篇</td><td rowspan="3">任何类型的国外文献我中心都会尝试借阅</td></tr>
<tr><td>馆际互借</td><td>借阅费280元/册，复印或还原费另收。如果借出方收费过高，我中心也会相应提高价格</td></tr>
<tr><td>博硕士论文</td><td>价格在500元以上</td></tr>
<tr><td>代查代借</td><td colspan="2">外查费10元/条</td><td></td></tr>
</table>

<table>
<tr><th colspan="6">联系方式</th></tr>
<tr><td>地址</td><td>邮箱</td><td>检索网址</td><td>馆际互借与文献提供系统网址</td><td>电话</td><td>传真</td></tr>
<tr><td>北京海淀区中关村南大街33号国家图书馆文献提供中心100081</td><td>dcjyb@nlc.gov.cn</td><td>http://opac.nlc.gov.cn/F</td><td>http://202.96.31.83/gateway/index.jsf</td><td>010-8854 5382</td><td>010-6841 9290</td></tr>
</table>

① 相关数据仅供参考，具体费用以各文献提供中心网页的信息为准。

② 加急服务费用加倍。

续表

<table>
<tr><td rowspan="9">国家科技图书文献中心NSTL</td><td>服务内容</td><td colspan="4">中外文期刊、会议文献、学位论文①、国内外标准②、专利等科技文献全文</td></tr>
<tr><td>文献类型</td><td colspan="3">收费标准</td><td>备注</td></tr>
<tr><td>非标准和专利文献</td><td colspan="3">大陆地区：复印费 0.3 元/页，加急费 10 元/篇，邮寄、包装费根据地区、邮寄方式、页码数量而有所区别；邮寄方式分：普通函件、平信挂号、电子邮件、特快专递、传真五种
大陆以外地区：复制费 0.5 元/页，邮费、包装费等邮寄方式、页码数量而有所区别；加急费 50 元/篇；邮寄方式分：普通航空、航空挂号、电子邮件、特快专递、传真五种</td><td rowspan="3">最终费用 = 复制费 + 邮费 + (加急费)
西部用户享受“半价优惠”政策</td></tr>
<tr><td>标准文献</td><td colspan="3">复制费 1.7 元/页，加急费 10 元/篇，邮寄方式与其他文献类型相同</td></tr>
<tr><td>专利文献</td><td colspan="3">复制费 15.00 元/篇，加急费 10 元/篇，邮寄方式与其他文献类型相同</td></tr>
<tr><td>代查代借</td><td colspan="3">NSTL 以内：以上费用的基础上加收服务费 2.00 元/篇
NSTL 外，实际发生的费用加服务费 2.00 元/篇</td><td>西部用户没有优惠</td></tr>
<tr><td colspan="5">联系方式</td></tr>
<tr><td>地址</td><td>邮箱</td><td>检索网址</td><td>电话</td><td>传真</td></tr>
<tr><td>北京市复兴路 15 号 100038</td><td>service@nstl.gov.cn</td><td>http://www.nstl.gov.cn/index.html</td><td>010-58882057</td><td></td></tr>
</table>

① 中文学位论文对大陆以外地区暂不提供全文服务。

② 暂不向大陆以外用户提供复制服务。

续表

	收费标准		备注
中国高等教育文献资源保障体系CALIS	文献传递	文献传递收费＝服务费＋(加急费) 其中,复制费:1元/页(包括复制＋扫描＋普通传递);加急费:10元/篇 普通传递包括:E-mail,CALIS传递,Ariel,平寄、挂号、传真、自取,特快和人工专送文献按照实际发生的费用计算	提供本馆收藏的期刊论文、学位论文、会议论文、科技报告、专利文献、可利用的电子全文数据库等。
	馆际互借	不提供原书,提供原书的部分复印服务(最多能复印三分之一),按页码收费	提供本馆收藏的中文书和部分外文书的馆际互借服务(复印件)。
	特种文献	古籍、缩微品、视听资料等文献是否提供服务,各服务馆根据各馆情况自行制定。	
	代查代借	文献传递收费＝实际付出的费用＋代查外馆文献手续费 实际付出的费用为文献提供馆收取的全部费用 代查外馆文献手续费:CALIS文献传递网内服务馆收藏的文献:2元/篇,国内其他图书馆收藏的文献5元/篇,国外图书馆收藏的文献10元/篇	
中国高校人文社科中心CASHL	收费标准		备注
	文献传递	文献传递费＝查询费＋复制费＋传递费＋(加急费) 查询费:2元/篇,复制费0.5元/页(指复制＋扫描) 传递费:普通函件:本地0.3元/页,外地0.6元/页 平信挂号:本地4元起(10页以内),以后每增加一页加收0.3元;外地6元起(10页以内),以后每增加一页加收0.6元 特快专递:本地50页以下15元,每增加50页加收3元(不足50页者按50页计算);外地50页以下30元,每增加50页加收6元(不足50页者按50页计算) 传真:1元/页 加急费10元/篇	提供CASHL收录的7500多种人文社会科学外文期刊

续表

<table>
<tr><td rowspan="5"></td><td>馆际互借</td><td colspan="2">不提供原书，部分书籍提供复印件，80 元/册</td><td colspan="2">目前，外文图书的馆际互借服务正在试运行阶段，服务范围仅限于 17 家中心馆的高级职称用户，每次最多可以借阅 3 本图书(复印件)。</td></tr>
<tr><td>代查代检</td><td colspan="2">代查代检的文献执行提供馆的收费标准，从国内获取全文基本复制费/扫描费为 1 元/页，国外获取一篇文献费用大致为 100 ~ 200 元不等。
提供服务的图书馆在此基础之上，依据查询范围不同收取一定的查询费：
高校系统内：2 元/篇查询费；</td><td colspan="2">高校外的国内其他文献收藏机构：5 元/篇查询费；
国外高校或文献收藏机构：10 元/篇查询费。</td></tr>
<tr><td colspan="5">联系方式</td></tr>
<tr><td>地址</td><td>邮箱</td><td>检索网站</td><td>电话</td><td>传真</td></tr>
<tr><td>北京市海淀区北京大学图书馆内 CASHL 管理中心 100871</td><td>ref@ cashl. edu. cn</td><td>http://www. cashl. edu. cn/portal/index. jsp</td><td>010 - 62759723</td><td></td></tr>
<tr><td rowspan="5">中国科学院国家科学图书馆LCAS</td><td>收费标准</td><td>馆内</td><td colspan="2">全国范围</td><td>备注</td></tr>
<tr><td>服务费</td><td>5 元/篇</td><td colspan="2">8 元/篇</td><td></td></tr>
<tr><td>加急服务费</td><td>10 元/篇(一个工作日内完成)</td><td colspan="2">20 元/篇(二个工作日内完成)</td><td></td></tr>
<tr><td>文献传递费(包括复印费、电子扫描电子邮件传送、复印件挂号邮寄、传真)</td><td>1 元/页</td><td colspan="2">2 元/页</td><td>专利文献、国外标准等如果有特殊收费另算</td></tr>
<tr><td>特快专递</td><td colspan="4">京区 10 元/次，外埠 25 元起价/次。</td></tr>
</table>

续表

	文献保护	中、西、日、俄文期刊：1 元/页（1945—1949 年），2 元/页/（1932—1944 年），3 元/页/（1900—1931 年），4 元/页/1900 年前，古籍善本 6 元起价/拍。			
	国际查询	期刊、会议录 150 元/篇，UMI 收藏的学位论文 530/篇。			
	特殊服务	时间和收费面议（例如：专利局提供专项文献服务）。			
	联系方式				
	地址	邮箱	检索网站	电话	传真
	北京中关村北四环西路 33 号 2C8 室 100080	servi @ mail. las. ac. cn	http://www. csdl. ac. cn/index. jsp	010－62539186/82622334，转 6228，6402	010－82622554

台湾汉学研究中心	收费标准①			备注
	复制服务	在线显示及打印（待扫描后在线打印）	无偿授权：系统工本费②	1. 到“我的账户”点击“申请件打印”进行打印 2. 已扫描文献可以保留 7 天，待扫描后在线打印之文献可保留 30 天（自扫描完成起算）； 3. 有偿授权之著作权费，视各合作单位与该馆协议按篇或按页计费。
			有偿授权：系统工本费＋著作权费	
		传真	系统工本费＋通讯费（一页 30 点③）	1. 传真限 30 页以下之文章。 2. 申请后，约 60 分钟内传出，服务中心提供全天候传送服务，请注意您的传真机状是否正常。 3. 若传真失败，您将会收到 E-mail 通知，您可透过 E-mail 或来电方式说明，服务中心将会为您再处理。

① 此收费标准专指成为注册会员内地用户和国外用户。

② 储蓄会员 2 台币/页。

③ 300 美金可购买 1000 点。

续表

<table>
<tr><td>文献提供机构名称</td><td colspan="5">收 费 标 准</td><td>备注</td></tr>
<tr><td rowspan="6"></td><td></td><td>邮寄</td><td colspan="2">1. 系统工本费
2. 人工处理费：每篇 20 点
3. 邮寄费用：限时——基本费 80 点 + 每 4 页加收 10 点；挂号——基本费 150 点 + 每 4 页加收 10 点；快递——基本费 250 点 + 每 4 页加收 10 点</td><td>1. 邮寄费用为左列三项加总而成；提供快捷、挂号、限时三种方式。
2. 利用"购物车"将多篇文献一次结账，邮资费用才会合并计算。
3. 申请后，隔天为您寄出（周一至周六服务时间，遇周日及例假日则顺延），寄出后再配合邮局的作业时间收件。</td><td></td></tr>
<tr><td>尚未扫描之文献</td><td colspan="4">可提出申请，等待三个工作天的时间处理，扫描完成后再依读者申请传递方式处理。</td><td></td></tr>
<tr><td>馆际互借</td><td colspan="4">对内地用户和国外用户不提供馆际互借</td><td></td></tr>
<tr><td colspan="6">联系方式</td></tr>
<tr><td>地址</td><td>邮箱地址</td><td>检索网址</td><td>电话</td><td colspan="2">传真</td></tr>
<tr><td></td><td></td><td>http://www.read.com.tw/index.html</td><td>022 - 3958355</td><td colspan="2">022 - 3957229</td></tr>
</table>

后 记

终于结束了对本书的改稿,那一刻,我们的心情只有自己才能意会。

现代意义的文献提供服务是在信息技术的支撑下,从馆际互借发展而来,是图书馆的一项重要业务。文献提供服务在馆藏资源建设、满足用户需求、提供高效和经济的信息服务方面发挥着重要作用,已经发展成为图书馆主流信息服务。

本书针对国内图书馆文献提供服务工作者的实际需要编撰而成,希望对实际工作能有参考价值。参与本书编写的同事有:第一章,刘庆财、王广生;第二章,唐晶;第三章,马新蕾、王广生;第四章,胡月平;第五章,马文筠;第六章,张煜;第七章,翟蓉。

这是我们编写的第一本专业图书,不过,要诚实地告诉读者,本书还很不成熟,从细节说,可能对材料取舍不够精致,在这个过程中,我们得到了太多的帮助,因此,要感谢的人也太多。

首先要十分感谢国家图书馆党委书记、馆长詹福瑞为本书题写书名,其次要感谢国家图书馆副馆长张玉辉为本书写序,他们的关心,使我们有机会编写这样一本书,充分表明对文献提供服务工作的重视,反映图书馆界要走联合发展、共建共享信息资源之路。最后要感谢国家图书馆参考咨询部主任方自今给予了特别的关心,对我们不断的鞭策与鼓励,在我们最需要帮助之时鼎力相助,并力荐本书的出版。对此,我们要致以衷心地感谢!

我们的另一类老师,是本书参考文献中所列论著的作者们,以及我们所读过的不可能一一列举的更多文献的作者,我们要向他们中的每一位致以衷心的谢意。我们只是在他们所阐发的知识基础上进行了一些整合或重组的工作。即使有原创性的闪光,也是由他们的思想所激发。

感谢国家图书馆出版社社长郭又陵、编辑金丽萍老师,是你们认真细致的工作,才减少了书稿中的许多错漏,使本书得以顺利出版。

编者

二〇〇九年二月二十八日

国家图书馆出版社已出相关书目

书名	编著者	出版时间	定价
中国图书馆事业发展报告 2007	中国图书馆学会，国家图书馆编	2008－05	30.00
中国图书馆年鉴 2007	中国图书馆学会，国家图书馆编	2009－02	280.00
中国图书馆年鉴 2008	中国图书馆学会，国家图书馆编	2009－08	280.00
国外公共图书馆建设标准与规范概览	张广钦主编	2009－01	30.00
公共图书馆规划与建设标准解析	李国新等编著	2009－03	20.00
图书馆职业英语阅读	肖燕编著	2009－07	36.00
“十一五”教材 图书馆学概论(修订二版)	吴慰慈、董焱编著	2008－07	35.00
“十一五”教材 信息资源检索教程	马文峰著	2009－03	36.00
覆盖全社会的公共图书馆服务体系：模式、技术支撑与方案	邱冠华、于良芝、许晓霞著	2008－04	60.00

国家图书馆出版社简介

国家图书馆出版社,原名书目文献出版社,1979 年成立。1996 年更名为北京图书馆出版社,2008 年改为现名。

本社是文化部主管、国家图书馆主办的中央级出版社。2009 年 8 月新闻出版总署首次经营性图书出版单位等级评估定为一级出版社,并授予“全国百佳出版单位”称号。

建社三十年来,依托国家图书馆的丰富馆藏,并与各图书馆密切合作,形成了两大专业出版特色:一是编辑出版图书馆学和信息管理科学著译作,出版各种书目索引等中文工具书。二是整理影印中文古籍等各种稀见历史文献;此外还编辑出版各种文史著作和传统文化普及读物。

国家图书馆出版社设有社长总编办公室、财务部、营销策划部、古籍影印编辑室、图书馆学情报学编辑室、综合编辑室、文史编辑室、中华再造善本编辑室、发行部、储运部等部门。